Christopher Willard

Aufwachsen in Achtsamkeit

CHRISTOPHER WILLARD

Aufwachsen in Achtsamkeit

Wie wir Kinder, Jugendliche und Familien dabei unterstützen können, Ausgeglichenheit, Ruhe und Resilienz zu finden

Aus dem Amerikanischen von Sabine Bongartz

Arbor Verlag
Freiburg im Breisgau

© 2016 Christopher Willard
© 2016 der deutschen Ausgabe: Arbor Verlag GmbH, Freiburg

Die Originalausgabe erschien unter dem Titel:
Growing Up Mindful – Essential practices to help children, teens, and families find balance, calm and resilience
First published in the United States by: Sounds True, Inc.

Alle Rechte vorbehalten
1. Auflage 2016

Titelfoto: ©Francesca Schellhaas/photocase.de
Lektorat: Georg Grässlin
Druck und Bindung: Kösel, Krugzell
Hergestellt von mediengenossen.de

Dieses Buch wurde auf 100% Altpapier gedruckt und ist alterungsbeständig.
Weitere Informationen über unser Umweltengagement finden Sie unter
www.arbor-verlag.de /umwelt

www.arbor-verlag.de
ISBN 978-3-86781-187-3

Wichtiger Hinweis

Die Ratschläge zur Selbstbehandlung in diesem Buch sind von dem Autor sowie dem Verlag sorgfältig geprüft worden. Dennoch kann eine Garantie nicht übernommen werden. Bei ernsthafteren oder länger anhaltenden Beschwerden sollten Sie auf jeden Fall einen Arzt, Psychotherapeuten, Psychologen oder Heilpraktiker Ihres Vertrauens zu Rate ziehen. Eine Haftung des Autors oder des Verlages für Personen-, Sach- und Vermögensschäden ist ausgeschlossen.

Für Leo

Nichts offenbart die Seele einer Gesellschaft deutlicher
als die Art und Weise, wie sie ihre Kinder behandelt.

Nelson Mandela – *Grußworte anlässlich der Eröffnung*
des Nelson Mandela Children's Fund in Pretoria (Südafrika)
im Mai 1995

Vorwort

Mit diesem Buch in der Hand beginnen Sie etwas Außerordentliches, das die Welt verändern wird. Und wo auch immer Sie sind und wie auch immer Sie sich fühlen, Sie sind nicht allein. Sie sind Teil einer wachsenden Bewegung, die es sich zum Ziel gesetzt hat, Staunen, Neugier und Nachdenken zurück in die Kindheit zu bringen, aus der diese nach und nach verschwunden sind. Dieses Buch und ähnliche Bücher existieren, weil es eine Leserschaft gibt, eine Gemeinschaft von Menschen, die wie Sie der nächsten Generation helfen will, erfüllter und mit mehr Mitgefühl zu leben. Ein chinesisches Sprichwort lautet: „Die eine Generation pflanzt die Samen, die nächste Generation erfreut sich am Schatten." Es fängt mit Ihnen an, es fängt mit uns an. Daher spreche ich Ihnen, ob Sie Eltern sind oder sich beruflich mit Kindern beschäftigen, meinen Dank aus. Es berührt mich Sie und andere, die Sie still und leise die Samen der Achtsamkeit in ihrer Gemeinschaft pflanzen und wässern, ein Stück auf Ihrer Reise begleiten zu dürfen.

Einleitung

Meditation ist ein Mikrokosmos, eine Vorlage und ein
Spiegel. Die Fertigkeiten, die wir üben, wenn wir in Stille
sitzen, lassen sich auf den Rest unseres Lebens übertragen.

SHARON SALZBERG – *Entdecke die Kraft der Meditation*

Achtsamkeit mit Kindern bedeutet nicht, zwanzig Minuten ruhig auf einem Meditationskissen zu sitzen. Als Lehrer, Therapeut und Vater habe ich Hunderte von Kindern aller Altersstufen und sozialer Herkunft dabei beobachtet, wie sie Achtsamkeit praktizierten. Die Achtsamkeitspraxis eines jeden Kindes war so unterschiedlich wie die Kinder selber.

Für die siebenjährige Jackie, die mit ADHS und der Scheidung ihrer Eltern zu kämpfen hatte, bedeutete Achtsamkeit auf dem Fußboden mit Stofftieren zu spielen, bis sie oder ich eine kleine Glocke läutete und dann dreimal achtsam ein- und wieder ausatmete. Für Alexa, eine Teenagerin mit Lockenkopf und Essstörung, ist Achtsamkeit die Einstimmung auf die Signale ihres Körpers, um das zu essen, was ihr Körper, nicht ihre Emotion, ihr sagt. Für den kräftigen Jared, einen Sportler, der Angst davor hat auf dem Spielfeld in Panik zu geraten, heißt Achtsamkeit, während des Spiels schnell einen Body-Scan zu machen und sein Gewahrsein auf die Fußsohlen zu richten, wenn er Angst in sich aufsteigen spürt. Für Ellie, die zum ersten Mal im Alter von zwölf Jahren wegen chronischer Schmerzen aufgrund einer Kinderkrankheit in meine Praxis kam, ist achtsam sein ruhig im Meditationsklub in der Schule auf einem Kissen zu sitzen und an ihrem ersten Achtsamkeitsretreat für Teenager für ihr eigenes spirituelles Wachstum teilzunehmen.

Für eine Klassenlehrerin mag Achtsamkeit bedeuten, den Kindern eine Übung zum achtsamen Zuhören vorzuschlagen, die sie vor staatlichen Prüfungen machen können. Für eine Therapeutin ist es vielleicht die Patienten malen zu lassen und dabei gleichzeitig alle ihre Sinne anzusprechen. Bevor mein Sohn auf die Welt kam, waren Meditationsretreats und der Mittwochskurs im Meditationszentrum für mich Achtsamkeit. Heute ist Achtsamkeit, die Freude und Ängste über seine Zukunft und die Welt wahrzunehmen, in die er hineinwächst, während ich ihm beim Schlafen oder Spielen zusehe.

Auf welche Weise wir auch immer Achtsamkeit praktizieren, sie bietet uns Ruhe und Klarheit in schwierigen Momenten, die es unweigerlich geben wird, ganz gleich, wie sehr wir auch versuchen unsere Kinder zu beschützen. Die Welt ist nicht immer ein mitfühlender Ort und unsere Kinder werden Verletzungen erleben, wenn sie sie nicht bereits erlebt haben. Aber wenn wir ihnen Achtsamkeit vermitteln, werden sie entdecken, dass ihre größten Herausforderungen auch ihre größten Lehrmeister sein können. Eines der größten Geschenke der Achtsamkeit ist, dass sie das unvermeidliche Leid des Lebens in Weisheit und Mitgefühl verwandelt. Die großen Philosophen sprechen alle vom Leid als Prüfstein für inneres Wachstum. Wenn wir möchten, dass unsere Kinder wachsen und aufblühen, statt an den Herausforderungen des Lebens zu verkümmern, müssen wir ihnen die Mittel zur Verfügung stellen mit Leid zu arbeiten.

Menschen müssen ein gewisses Maß an Leid erleben, um Mitgefühl zu entwickeln, und das Leben liefert uns genug davon. Kontemplative Praktiken wie Achtsamkeit ermöglichen es Kindern zu heilen und sich selbst zu beruhigen, anstatt sich vom Schmerz und Leid abzulenken. Kinder müssen sich verletzen, das Knie aufschlagen, die eine oder andere Klassenarbeit in den Sand setzen, über den ersten Liebeskummer weinen und sehen, dass sie all das überleben und an der Erfahrung wachsen können. Und wenn sie ihre Erfahrung mit anderen teilen, lindern sie auch das Leid in der Welt.

Viele Menschen assoziieren Achtsamkeit mit Buddhismus. Aber Sie müssen kein Buddhist, religiös oder spirituell sein, um Achtsamkeit zu praktizieren oder um wertzuschätzen, wie sie uns allen, jedem Einzelnen und der Gemeinschaft, helfen kann. Die Geschichte des historischen Buddha ist im Wesentlichen die Geschichte eines überbehüteten Kindes mit gut situierten Helikopter-Eltern, die ihre Elternrolle auf andere übertrugen, damit ihr Kind beschützt, behütet und sicher war, um ihn so auf eine sichere, vorhersehbare Erwachsenenzeit vorzubereiten. Erst als der junge Mann auf Leid in der Welt traf, begann er seine lebenslange Suche danach, Leiden zu beenden. Er fand die Antwort in Weisheits- und Mitgefühlspraktiken. Jesus verwandelte sein Leid in Erlösung für die gesamte Menschheit. Das Judentum strebt danach, im Leid eines Volkes Sinn zu finden und eine verwundete Welt zu heilen. Andere Religionen und Philosophien versuchen irdische Herausforderungen zu transformieren und zu transzendieren.

Psychologische Forschungsarbeiten über Achtsamkeit zeigen, dass sie einen von Psychologen als „Aufblühen" bezeichneten Prozess fördern. Entfaltung ist das Gegenteil von Depression, Vermeiden und Abschalten. Achtsamkeit begünstigt emotionale Intelligenz, fördert Freude und Neugier, besänftigt schwierige Emotionen und Traumata und hilft Kindern (und Erwachsenen) sich besser zu konzentrieren, zu lernen und gute Entscheidungen zu treffen.

In unserer abgelenkten Welt ist die Standardreaktion auf Stress, unangenehme Erlebnisse und neutrale Erfahrungen *auszuchecken*. Dir gefällt nicht, wie du dich innerlich fühlst? Du langweilst dich im gegenwärtigen Moment? Dann checke aus und beschäftige dich mit etwas anderem, das nichts mit deinem Innenleben zu tun hat: Schau dir ein Video an, spiel ein Computerspiel, lies deinen Twitter-Feed, sieh dir Instagram-Bilder an. Eine aktuelle Studie hat herausgefunden, dass junge Männer lieber zehn Minuten lang kleine Stromschläge erhielten, als zehn Minuten mit ihren Gedanken und ganz ohne ihre elektronischen Geräte zu verbringen.[1] Drogenkonsum, Selbstverletzungen und Ausagieren sind weitere Signale, dass Kinder aus ihrer gegenwärtigen Erfahrung auschecken. Wenn wir Kindern beibringen, sich von ihrer Erfahrung abzukoppeln, dann ist es kein Wunder, dass sie mit ihren Emotionen kämpfen.

Praktiken der Achtsamkeit und des Mitgefühls laufen dieser kulturellen Konditionierung völlig zuwider, denn sie betonen, im Gegensatz zum Auschecken, das *Einchecken* in unsere Erfahrung, in uns selber und in die Welt um uns herum. Mit der Zeit lernen Kinder ihre Erfahrungen zu tolerieren, ob diese angenehm oder unangenehm sind, und erkennen, dass alles im menschlichen Erfahrungsspektrum, Angenehmes und Unangenehmes, Beliebtes und Unbeliebtes, vorübergeht. Mit der Zeit und durch das Objektiv der Achtsamkeit werden sie vielleicht auch neugierig auf ihre Erfahrungen, ihre Auslöser und ihre automatischen Reaktionen. Kindern zu vermitteln, in ihre Erfahrung einzuchecken, statt auszuchecken, fördert emotionale Intelligenz, was wiederum zu glücklicheren Kindern und Familien führt. Und die Vorteile können sich in Gemeinschaften viral verbreiten. Die Folge sind glücklichere Klassenzimmer, Schulen, Krankenhäuser und psychiatrische Ambulanzen – und letztlich eine glücklichere, mitfühlendere Zukunft für die Menschheit.

Einige der vielversprechendsten Studien über Achtsamkeit zeigen, dass diese Praktiken nicht nur für die Kinder in Ihrem Leben hilfreich sind. Sie helfen auch *Ihnen*, ruhiger, weniger gestresst, weniger reaktiv, gegenwärtiger und bessere Eltern oder Partnerinnen oder Pädagogen und Therapeutinnen zu sein. Das ist eines der wertvollsten Geschenke der Achtsamkeitspraxis: dass das, was wir selber physisch, emotional, spirituell, persönlich und beruflich praktizieren, anderen hilft.

Über dieses Buch

In meiner Arbeit mit jungen Menschen habe ich in den letzten Jahrzehnten entdeckt, dass jeder Achtsamkeit lernen kann – von kleinen Kindern mit beträchtlichen Behinderungen bis hin zu rebellierenden Jugendlichen. Ich habe gesehen, dass sie alle Achtsamkeit üben und selbst von einer kleinen Dosis profitieren können. Darum enthält dieses Buch über siebzig Übungen, damit Sie zumindest einige darunter finden, die für Sie und Ihre Kinder in Frage kommen. Jede davon wurde von mir, anderen Eltern, Therapeuten, Lehrerinnen und – ganz wichtig – Kindern ausprobiert. Darüber hinaus müssen Sie kein Fachmann, keine Fachfrau sein. Jeder und jede mit einer authentischen und warmherzigen Intention kann diese einfachen Übungen gemeinsam mit Kindern machen.

Ich wollte Achtsamkeit eben nicht als weitere lästige Pflicht zum vollen Terminkalender von Familien und Lehrern hinzufügen. Aus diesem Grund enthält Kapitel elf Dutzende von Übungen, die weniger als eine Minute dauern. Dieses Buch beschreibt ebenso, wie Sie Achtsamkeit in das einbringen können, was Sie und Ihre Kinder bereits tun, wie zum Beispiel essen, spazieren gehen, Sport machen, malen, basteln und Computer, Tablets und Smartphones benutzen.

Dieses Buch ist kein Lehrplan, sondern ein Baukasten und eine Gebrauchsanleitung, wie Sie Achtsamkeit mit Ihren Kindern in ihrem eigenen Tempo und für ihren Geist teilen. Als ich klein war, war Lego mein Lieblingsspielzeug, weil ich entweder die Steine laut Anweisungen zusammensetzen oder aber mit denselben Steinen meine eigenen Kreationen schaffen konnte. Ich hoffe sehr, dass Sie mit den Übungen in diesem Buch spielen werden, um mit Ihren Kindern gemeinsam etwas zu kreieren.

Teil 1 befasst sich mit den Grundlagen der Achtsamkeit, einschließlich der zugrunde liegenden Theorie, Forschung und Wissenschaft. Ob Sie Neuling auf dem Gebiet der Achtsamkeit sind oder bereits viel über dieses Konzept wissen, eine solide Grundlage, warum Achtsamkeit wichtig ist spielt eine große Rolle, wenn wir sie mit Kindern oder anderen Erwachsenen teilen. Kapitel 3 enthält Übungen für Sie, die Erwachsenen, weil Sie bei Ihrer eigenen Achtsamkeitspraxis anfangen müssen, wenn Sie sie mit Kindern teilen wollen.

Teil 2 befasst sich eingehend mit einer Reihe verschiedener Praktiken und stellt Adaptierungen je nach Kind und Ort (Familie, Schule usw.) vor. Ich beschreibe Adaptierungen für das Klassenzimmer und die Gruppe, sowie altersgerechte und lernstilspezifische Variationen.

In Teil 3 diskutiere ich, wie man Achtsamkeitspraktiken in einem formellen Rahmen unterrichtet, das Interesse von Kindern an Achtsamkeit weckt und wie man eine Kultur der Achtsamkeit unter Erwachsenen aufbauen kann.

Die grundlegenden Achtsamkeitspraktiken, die ich in diesem Buch mit Ihnen teile, haben sich über Jahrtausende entwickelt. Bis vor Kurzem praktizierten Laien Meditation selbst an Orten, die wir mit Meditation assoziieren, eher selten. Viele Techniken in diesem Buch sind Adaptierungen bestehender Praktiken, die oft von führenden Vertretern der Achtsamkeitslehre wie Susan Kaiser Greenland, Amy Saltzman, Jon Kabat-Zinn und Thich Nhat Hanh entwickelt wurden. Bestimmte Praktiken haben ihren Ursprung in spirituellen Traditionen, aber alle Praktiken in diesem Buch sind säkular. Ich habe durch das ganze Buch hindurch versucht die Quelle der Praktik, so wie ich sie kenne, namentlich zu nennen. Das war nicht immer möglich, da es sich um eine weitgehend mündliche Tradition handelt.

Meine Absicht war es auch, Achtsamkeit in diesem Buch nicht zu erklären, sondern näher zu erkunden. Ich lade Sie daher ein, die transformative Macht von Achtsamkeit für Sie selber und die Kinder in Ihrem Leben zu entdecken. Lernen Sie die Übungen oder vertiefen Sie Ihr Wissen und geben Sie diejenigen weiter, die in Ihnen Anklang finden. Heben Sie Ihr Kritikvermögen auf und öffnen Sie Herz und Geist. Lassen Sie sämtliche vorgefassten Meinungen und Vorurteile über bestimmte

Übungen los und probieren Sie sie einfach beim Lesen aus. Lassen Sie dieses Buch ein Laborhandbuch sein mit Ihnen als Versuchskaninchen und Wissenschaftler zugleich.

Experimentieren Sie mit den Übungen in diesem Buch, auch wenn sie zuerst vielleicht nicht wie Ihr Ding erscheinen. Einige werden in Ihnen nachhallen, andere nicht. Seien Sie mutig, seien Sie verletzlich und legen Sie die Befangenheit ab, die uns Erwachsenen eigen ist. Wir bitten unsere Kinder jeden Tag, verletzlich zu sein und Risiken einzugehen, ob beim Abendessen, wenn wir möchten, dass sie ein neues Gemüsegericht ausprobieren, im Klassenzimmer, wenn wir ihnen eine neue Mathematikformel beibringen, oder im Therapieraum, wenn sie zutiefst persönliche Geschichten mit uns teilen sollen. Um eine authentische Verbindung zu ihnen herzustellen, müssen wir die gleiche Verletzlichkeit, um die wir sie bitten, er- und vorleben. Wenn wir von unseren Kindern erwarten, ihren neuen Erfahrungen gegenüber offen zu sein, dann ist es nur fair, wenn wir es auch sind. Bewegen Sie Ihren Körper so, wie Sie ihn noch nie bewegt haben, und entdecken Sie ein neues Gewahrsein. Malen Sie, wenn Sie seit Jahrzehnten keinen Buntstift mehr in der Hand hatten, singen Sie, selbst dann, wenn Sie den Klang Ihrer Stimme nicht mögen. Oder gestalten Sie etwas Neues, das Sie mit anderen teilen. Haben Sie vor allem Spaß!

Seien Sie beim Lesen und Ausprobieren der Übungen ruhig überrascht, wenn Sie entdecken, was in Ihnen nachklingt und was nicht. Probieren Sie beim ersten Durchgang durch dieses Buch von allem ein bisschen und kehren Sie dann zu den Übungen zurück, die für Sie und Ihre Kinder funktionieren.

Thich Nhat Hanh, der vietnamesische Mönch, der vor allem dafür bekannt ist Achtsamkeit in den Westen gebracht zu haben benutzt das Bild vom Pflanzen von Samenkörnern, wenn er davon spricht, wie man Kindern Achtsamkeits- und Mitgefühlsübungen beibringt. Ein kleines Samenkorn der Achtsamkeit kann in uns allen gepflanzt werden und kann dann zu einem achtsamen, mitfühlenden Leben heranwachsen und aufblühen. Dieses Buch wird Ihnen nicht nur dabei helfen, die Samenkörner zu pflanzen, sondern auch die Bedingungen zu schaffen, unter denen junge Menschen physisch, emotional, intellektuell und spirituell aufblühen können.

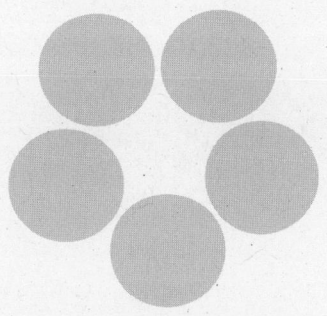

TEIL 1

Achtsamkeit verstehen

1

Amerikanische Kinder und Stress

Das Leben geht ziemlich schnell vorbei. Wenn ihr nicht ab und zu stehen
bleibt und euch umschaut, könntet ihr es verpassen.

FERRIS BUELLER – *Ferris macht blau*

Die American Psychological Association führte 2014 eine Studie über
Stress in den USA durch. Diese fand heraus, dass die Gruppe mit dem
meisten Stress Teenager waren. Wenn Sie kürzlich Zeit mit Teenagern
verbracht haben, hätten diese Ihnen das bestätigen können – und vielleicht haben sie es ja auch.

Abbildung 1 zeigt ein Venn-Diagramm, das zur Zeit im Internet die
Runde macht. „Das Schüler-Paradox" ist sicher lustig, aber es trifft es auch
für die meisten Teenager genau auf den Punkt. Und dieses Diagramm
zeigt keine anderen Aspekte auf, wie etwa die Pflege kranker Eltern, einen
Bruder, der im Gefängnis sitzt, einen Zweitjob, um das Haus der Eltern
vor der Zwangsvollstreckung zu bewahren, und andere Stresssituationen,
in denen sich viele Teenager befinden.

Es sind nicht nur Teenager, die unter Stress leiden. Ob ich mit Kindern in innerstädtischen sozialen Brennpunkten oder Studenten auf
gepflegten Universitätsgeländen spreche, ich höre immer die gleichen
Bedenken. Kinder aller Altersstufen machen sich Sorgen darüber, ob

sie angesichts der Kriege und Umweltzerstörung auf unserem Planeten überhaupt eine Zukunft haben. Sie machen sich Sorgen über die wirtschaftliche Lage, Gewalt, Armut und Vorurteile. Es stimmt mich traurig, wenn mir ein schlankes, siebenjähriges Mädchen in einem Vorort erzählt, sie sei zu fett, um Freundinnen zu haben, oder wenn ein elfjähriger Junge in der Stadt sagt, er könne nur in einer Strafanstalt älter als zwanzig werden. Wie auch immer der Hintergrund der Kinder aussehen mag, Leiden und Angst sind universell.

Kinder haben nicht nur mehr Stress, sie haben auch weniger Fertigkeiten damit umzugehen. Überlastete Eltern und Lehrerinnen wissen nicht, wie sie helfen können. Schulen streichen Lebenskompetenzprogramme zugunsten von „High-Stakes-Tests" [Prüfungen, deren Ergebnisse entscheidende Auswirkungen auf die Prüflinge haben]. Wenn Jugendliche jedoch vor Erreichen der Teenagerzeit nicht gelernt, mit Stress umzugehen, ist es unwahrscheinlich, dass sie es später lernen werden. Automatische Reaktionen auf Stress werden früh gelernt und durch Lebenserfahrungen verstärkt. Stress und die kindliche Reaktion darauf sind ansteckend – sie gelangen wie die jährliche Grippe in Schulen und Familien von einem Kind zum anderen und haben lang- und kurzfristige Auswirkungen auf die physische und psychische Gesundheit sowie die Bildung. Die gute Nachricht ist, dass Achtsamkeit und Mitgefühl genauso ansteckend sind.

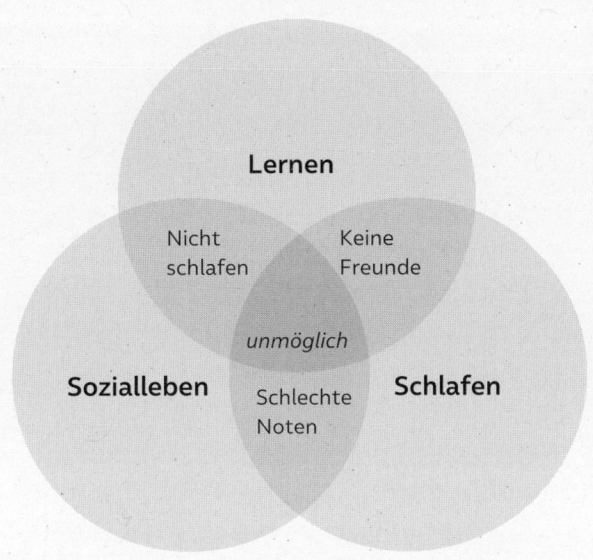

ABBILDUNG 1: Das Schüler-Paradox: Entscheide dich für zwei

Wie wir gewöhnlich auf Stress reagieren

Stress ist grundsätzlich eine Reaktion auf reale oder empfundene Angst. Wir Menschen sind fest verdrahtet nur einige wenige Reaktionen auf Angst zu haben. Unsere Kinder reagieren auf zentrale Prüfungen genauso wie unsere Vorfahren auf Säbelzahntiger. Leider haben wir uns in dieser Hinsicht nicht weiterentwickelt.

Die folgende Übung basiert auf einer Übung von Christopher Germer und Kristin Neff, die sich beide auf die Vermittlung von achtsamem Mitgefühl spezialisiert haben. Sie veranschaulicht zwei angeborene Mechanismen des Körpers auf Stress.

Schließe die Augen. Mache Fäuste und strecke die Arme nach vorne. Beantworte dabei folgende Fragen:

- Was bemerkst du im Körper? Und was im Geist?
- Welche Emotionen spürst du?
- Welche Gedanken hast du?
- Wann fühlst du dich gewöhnlich während des Tages oder der Woche so?
- Wie fühlt sich dein Atem an?
- Wie offen oder verschlossen fühlst du dich?
- Wie viel Energie hast du?
- Wie wäre es, wenn du dich immer so fühlen würdest?

Löse jetzt die Fäuste und lasse die Hände fallen. Sacke in dich zusammen und lasse deine Schultern hängen und den Kopf nach vorn fallen.

- Was bemerkst du im Körper? Und was im Geist?
- Welche Emotionen spürst du?
- Welche Gedanken hast du?
- Wann fühlst du dich gewöhnlich während des Tages oder der Woche so?
- Wie fühlt sich dein Atem an?
- Wie offen oder verschlossen fühlst du dich?
- Wie viel Energie hast du?
- Wie wäre es, wenn du dich immer so fühlen würdest?

Die erste Haltung mit den Fäusten aktiviert den *Kampf-oder-Flucht-Modus* auf Stress. Wir kämpfen entweder gegen den Stressor an oder fliehen vor ihm. So fühlen wir uns oft im Straßenverkehr oder an dem hektischen Tag, an dem wir zwanzig neue, dringende E-Mails in unserem Posteingang finden, und wenn unser Telefon klingelt, wenn sich unser Kind auf dem Fußboden übergibt, während der Hund anfängt zu bellen.

Wenn wir uns im Kampf-oder-Flucht-Modus befinden, ist unser Atem angespannt. Im Grunde ist unser gesamter Körper samt Geist und Herz angespannt. Wir fühlen uns, als ob uns der geringste Anlass aus der Fassung bringen kann, wahrscheinlich, weil es so ist. Wir sind auf der Hut, wir verschließen uns allem außer Gefahrensignalen. In unserem Gehirn ist die Amygdala (unsere „Alarmglocke", Teil des limbischen Systems, das auch als „Reptiliengehirn" oder „Höhlenmenschgehirn" bezeichnet wird) hoch aktiviert, während der präfrontale Kortex, unser denkender Gehirnbereich, ausgeschaltet ist. Wir denken nur an uns selbst und die nächsten Sekunden, wir denken weder an das große Ganze, noch erleben wir Mitgefühl oder die Perspektive der anderen. Wenn wir uns in diesem Modus befinden, lassen unsere Filter nur die Anzeichen von Gefahr durch und deuten selbst neutrale oder sichere Reize wie Eltern oder Lehrer, die helfen wollen, als Bedrohung oder Gefahr. Das Stresshormon Cortisol überschwemmt unseren Körper und blockiert die Rezeptoren für Oxytocin im Gehirn, jenem Hormon, das uns erlaubt, Liebe, Mitgefühl und andere Emotionen menschlicher Wärme zu empfinden. Die Tatsache, dass unser Kampf-oder-Flucht-Modus unser Mitgefühl blockiert, erklärt, warum wir nicht bereit sind drei Sekunden zu verlieren, damit sich jemand anderes in den Verkehr einfädeln kann, oder warum wir unsere Kinder oder unseren Partner nach einem anstrengenden Arbeitstag anfahren. Sie erklärt vielleicht auch Mobbing und Gewalt an Schulen mit einem hohen Stressniveau. Körper und Gehirn senden die Nachricht aus, dass alles eine Gefahr darstellt und dass in unserer Reaktion kein Platz für Mitgefühl oder Verständnis ist.

Viele Kinder verbringen zu viel Zeit im Kampf-oder-Flucht-Modus, ihr Körper reagiert auf Gefahren, auch wenn es keine gibt. Viele beschreiben den Kampf-oder-Flucht-Modus als mächtig. Diese Macht kann aber nicht aufrechterhalten werden. Die Kampf- beziehungsweise Angriffsreaktion wird als Aggression empfunden. Die Flucht- oder Meiden-Reaktion manifestiert sich als Angst. Die langfristigen Folgen eines dauerhaften Kampf-oder-Flucht-Modus als Reaktion auf Stress sind für die physische und psychische Gesundheit verheerend. Sie beeinträchtigen einfach alles: von unserer Stimmung und der Fähigkeit, klar zu denken, über die kardiovaskuläre Gesundheit und das Immunsystem (denn wer braucht langfristig ein gut funktionierendes Immunsystem für ein kurzfristiges Überleben?), den Metabolismus (ja, der ganze Stress ist zum Teil für die Übergewichtskrise verantwortlich) bis hin zu unseren Beziehungen.

Zu viel Zeit im Kampf-oder-Flucht-Modus und die Gehirne unserer Kinder werden fest für Reaktivität vernetzt, wodurch es für sie schwierig wird sich auf ihre eigene Weisheit zu berufen und klar zu denken. Eltern und Lehrer sehen vielleicht, wie Kinder Stunden beim Lernen verbringen und ihr Gehirn mit Informationen füllen. Therapeuten helfen ihnen vielleicht dabei, wichtige Bewältigungsmechanismen zu entwickeln. Trotzdem können Kinder eine Prüfung in den Sand setzen oder in einer wichtigen Situation die Fassung verlieren, weil sie nicht über die Bandbreite verfügen, um in dem jeweiligen Moment auf ihren präfrontalen Kortex oder ihr bestes Ich zuzugreifen.

Sehen wir uns die zweite Haltung genauer an, die eine andere angeborene Stressreaktion veranschaulicht. Die zusammengesunkene Körperhaltung stellt den *Erstarren-/Sich-Ergeben-Modus* als Reaktion auf Stress oder Gefahr dar, über den weitaus seltener gesprochen wird. In der modernen Erwachsenenwelt können wir diese Reaktion mit dem Sechzehn-Uhr-am-Freitag-Gefühl vergleichen. Tiere in der Wildnis reagieren manchmal auf Bedrohungen auf diese Weise. Sie erstarren in der Hoffnung, mit ihrer Umgebung eins zu werden, damit Raubtiere sie nicht sehen können. Oder sie stellen sich tot, damit Raubtiere sie in Ruhe lassen. Ist diese Reaktion allgegenwärtig, bezeichnen Verhaltensforscher sie als Hilflosigkeit oder sogar Depression, eine weitere Reaktion auf chronischen Stress oder chronisches Trauma. Im Verhalten manifestiert sich eine solche Reaktion als Aufgeben, Sich-nach-innen-kehren und Abschotten gegen die Welt. Wir könnten sie auch als

„Du-mich-auch"-Reaktion bezeichnen. Wir sehen sie in uns selber und in den Kindern, die mit hängenden Schultern in der letzten Reihe sitzen und so aussehen, als hätten sie aufgegeben. Im Erstarren-/Sich-Ergeben-Modus werden auch Sicherheitssignale herausgefiltert und Gründe, aufzugeben, hineingefiltert, wodurch sich der depressive Zyklus verstärkt.

Während der Erstarren-/Sich-Ergeben-Modus seine Vorteile hat und sich sogar gut anfühlen kann, ist er, wie der Kampf-oder-Flucht-Modus, untragbar. Aufgeben ist nicht die richtige Geisteshaltung für einen sportlichen Wettkampf oder ein Hochschulinterview und führt mit der Zeit zu mehr Depressionen und weiterem Meiden von Situationen.

Sowohl die Kampf-oder-Flucht- als auch die Erstarren-/Sich-Ergeben-Modi haben sich herausgebildet, damit unsere Jäger-und-Sammler-Vorfahren gut mit den körperlichen Gefahren umgehen konnten, denen sie ausgesetzt waren. Sie erweisen sich jedoch als wirkungslos angesichts der emotionalen Gefahren und Stresssituationen der modernen Welt, in der sich die Bedrohung weniger auf uns selber als auf unser Selbstverständnis richtet. Wir verstehen immer noch nicht ganz, warum manche Menschen mit Aggression reagieren, andere mit Angst und wieder andere mit Depression. Es mag an der neuronalen Vernetzung im Gehirn liegen. Vielleicht ist es auch eine Kombination von genetischer Veranlagung, kultureller Konditionierung und früher Bindung zu Bezugspersonen (oder deren Fehlen).

Die vorangegangene Übung mit den Fäusten ermöglicht es Ihnen zu erleben, wie ein Kind oder Erwachsener unter Stress die Welt um sich herum wahrnimmt und mit ihr interagiert. Die Kampf-Reaktion kommt wahrscheinlich jedem bekannt vor, der Zeit mit einem wütenden Kind verbracht hat. Die Flucht-Reaktion manifestiert sich in einem ängstlichen Kind und Erstarren in einem deprimierten oder traumatisierten Kind.

Klugen Umgang mit Stress kultivieren

Die gute Nachricht ist, dass Kampf, Flucht und Erstarren/Sich-Ergeben nicht unsere einzigen Optionen sind, wenn wir auf Angst und Stress reagieren. Heute beschäftigen sich Biologen mit zwei weiteren Reaktionen auf Stress, die in unserem Körper und Geist natürlicher Weise zur Verfügung stehen. Viele von uns erleben sie nur selten, da wir sie nicht in uns kultivieren.

Ich möchte Ihnen gerne zeigen, was ich meine. Lassen Sie uns dazu die folgende Übung machen.

Sitze oder stehe. Dein Körper sollte weder angespannt noch zu entspannt sein. Strecke die Arme nach vorn, die Handflächen zeigen nach oben.

- Was bemerkst du im Körper? Und was im Geist?
- Welche Emotionen spürst du?
- Welche Gedanken hast du?
- Wann fühlst du dich gewöhnlich während des Tages oder der Woche so? Wie fühlt sich dein Atem an?
- Wie offen oder verschlossen fühlst du dich?
- Wie viel Energie hast du?
- Wie wäre es, wenn du dich öfter so fühlen würdest?

Lege in aufrechter Haltung eine oder beide Hände auf dein Herz. Spüre die Wärme der Hand/Hände.

- Was bemerkst du im Körper? Und was im Geist?
- Welche Emotionen spürst du?
- Welche Gedanken hast du?
- Wann fühlst du dich gewöhnlich während des Tages oder der Woche so?
- Wie fühlt sich dein Atem an?
- Wie offen oder verschlossen fühlst du dich?
- Wie viel Energie hast du?
- Wie wäre es, wenn du dich öfter so fühlen würdest?

Die Haltung mit den ausgestreckten Händen und Handflächen nach oben stellt einen Modus der Stressreaktion dar, der als *Achtgeben-Modus* bezeichnet wird. Diese Einstellung unterscheidet sich in qualitativer Hinsicht vom Kämpfen, Fliehen und Erstarren. Wir geben auf das acht, was da ist. Wir sind offen, wach und aufmerksam und trotzdem ruhig. Wir ruhen in uns, ohne phlegmatisch zu sein. Anstatt die Situation zu meiden, begegnen wir ihr direkt, ob wir sie mögen oder nicht, und wir bewahren einen klaren und empfänglichen Geist. Dieser wachsame Zustand von Körper und Geist ist Achtsamkeit.

Wenn wir uns in diesem achtsamen, achtgebenden Zustand befinden, benutzen wir weisere Teile unseres Gehirns und denken kreativ. Wir können uns sowohl auf das Gesamtbild als auch auf das, was im Moment geschieht, konzentrieren. Wir atmen leicht und tief und nehmen dabei Informationen über die Welt um uns herum und in uns auf. Im Gehirn sind die präfrontalen Hirnlappen online geschaltet, die Amygdala, unser inneres Alarmsystem, ist ruhig und es gibt keine Stresshormone, die unser System lahmlegen. Im Achtgeben-Modus sind wir nicht passiv, sondern aufmerksam und wach.

Die letzte Haltung mit einer Hand oder beiden Händen auf dem Herz stellt den *Anfreunden-Modus* dar. Wir können sie uns als Mitgefühl und Selbstmitgefühl vorstellen. Wir bleiben nicht nur gegenwärtig für den Stress, für das, was für uns in dem Moment schwierig ist, sondern wir kümmern uns auch aktiv um uns selber und lernen dabei, uns mit den schwierigen Emotionen anzufreunden. Wir können alle anfangen von unseren Emotionen, unserer inneren Stimme zu lernen und uns angemessen um sie kümmern. Und dabei fangen wir an uns um uns selber und dann auch um unsere Mitmenschen zu kümmern.

Denken Sie einen Moment über Folgendes nach: Welche dieser Reaktionen sind der beste Geisteszustand für Ihre Kinder (und Sie selber), wenn sie mit Ihnen über eine neue späteste Heimkommenszeit verhandeln, sich auf eine Klassenarbeit vorbereiten oder eine potenziell stressige

Situation angehen? Die Achtgeben- und Anfreunden-Reaktionen sind gesünder und nachhaltiger als Kampf, Flucht oder Erstarren/Sich-Ergeben und sie sind genauso fest in unserem neuronalen System verdrahtet. Im Jahr 2013 unterrichtete ich in Europa, als ich die Nachricht vom Bombenanschlag auf den Boston-Marathon in meiner Heimatstadt erhielt. Meine erste instinktive Reaktion war, nach meinem Herz zu greifen, es war eine unbewusste, automatische Geste des Selbstmitgefühls. Hätte ich an der Zielgeraden gestanden, als die Bomben explodierten, wäre der Kampf-oder-Flucht-Modus ganz sicher nützlicher gewesen. Es ist also nicht so, dass manche Reaktionen generell besser sind, sondern dass manche Reaktionen in bestimmten Kontexten besser sind. Warum greifen wir dann aber so oft auf Kämpfen, Flucht oder Erstarren/Sich-Ergeben als unsere Standardreaktionen zurück? Weil wir unsere natürlichen Achtgeben- und Anfreunden-Reaktionen nicht kultivieren oder fördern, wenn sie auftreten.

Und genau hier kommt die Achtsamkeitspraxis ins Spiel. Anhand von Praktiken, die uns helfen, uns zu öffnen, wie im zweiten Teil dieser Übung, kultivieren wir neue Arten des Gewahrseins und trainieren dadurch unser Gehirn neu uns die Möglichkeit zu geben, auf Stress mit Achtgeben oder Anfreunden zu reagieren, anstatt automatisch auf die einschränkenden und zermürbenden Reaktionen des Kämpfens, Fliehens und Erstarrens/Sich-Ergebens zuzugreifen. Wir können mit diesen Praktiken auch unsere Kinder darin unterstützen, ihre Achtgeben- und Anfreunden-Reaktionen zu kultivieren, damit sie die Gefühle der offenen, ruhigen Wachsamkeit und des Mitgefühls in den Momenten für sich selber finden, in denen sie sie am meisten brauchen. Diese Übung mit den vier Haltungen ist eine gute Achtsamkeitseinführung. Andere durch die dritte Haltung Achtsamkeit erleben zu lassen ist stets überzeugender, als Achtsamkeit für sie zu definieren.

Wenn ich diese Übung mit Kindern mache, sage ich scherzhaft, dass wir in den ersten beiden Haltungen Roboter und Stoffpuppen und in den letzten beiden Haltungen Menschen sind. Eine Freundin beschreibt sie als Tiger-Energie, Faultier-Energie und Schwan-Energie. Sie oder Ihre Kinder können auch zu sich selber im Kampf-oder-Flucht-Zustand spielerisch „Ich bin ruhig" sagen oder „Ich schaffe es!", wenn Sie die Schultern hängen lassen, „Ich bin so gestresst", wenn Sie sich in der Achtgeben-Haltung befinden, oder aber „Ich bin ein kompletter Versager", wenn Sie die Anfreunden-Haltung einnehmen. Es ist schon kurios, wie falsch sich die Worte anfühlen.

Es ist nicht so, dass Stress schlecht wäre. Wir müssen einfach nur unseren Umgang mit der jeweiligen Situation besser anpassen. Achtgeben und Anfreunden sind nicht immer die beste Lösung. Manchmal sind unsere Kinder und wir einer wirklichen Gefahr ausgesetzt und müssen, um unser Überleben zu sichern, in den Kampf-Modus überwechseln oder fliehen (wenn ein Auto wie aus dem Nichts vor uns auftaucht) oder „erstarren" und zur Ruhe kommen. Die Achtgeben- und Anfreunden-Reaktionen machen uns vielleicht zuerst verletzlich und manche Kinder werden sich vermutlich physisch und emotional nicht sicher fühlen, auf diese Weise in ihrem Wohnumfeld oder zuhause zu reagieren. Hätte ich an der Zielgeraden des Boston-Marathons gestanden, als die Sprengkörper explodierten, hätte ich kämpfen/fliehen wollen, bis ich in Sicherheit gewesen wäre, wo ich dann für mich selber und meine Mitmenschen in einen Achtgeben-/Anfreunden-Zustand übergewechselt wäre. Als Erwachsene können wir Kindern helfen, einen sicheren Raum zu finden, in dem sie die Achtgeben- und Anfreunden-Modi üben können, damit sie sie dann auch ergreifen, wenn sie erforderlich sind.

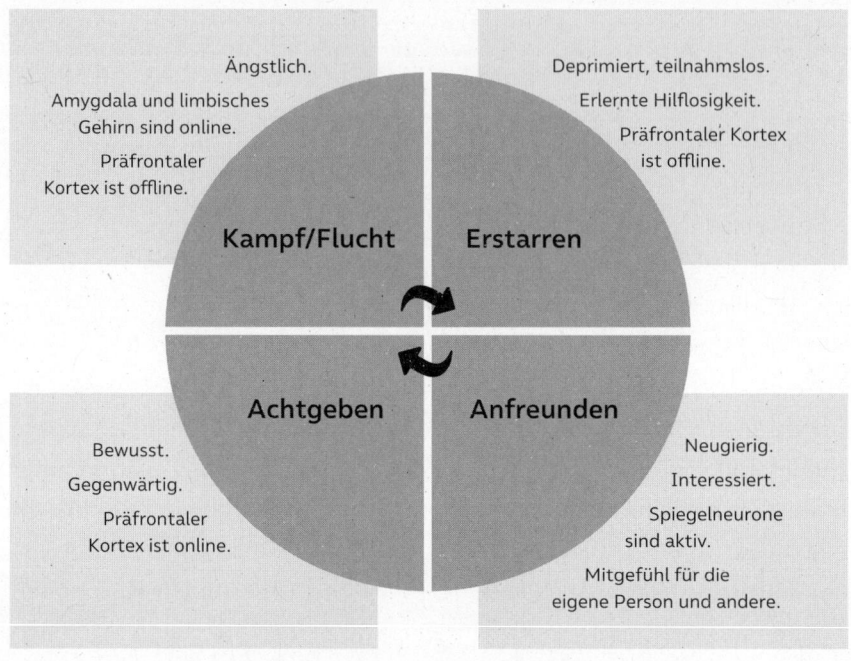

ABBILDUNG 2: Wie wir auf Stress reagieren können

Achtsamkeit und Gehirn

Früher glaubte man, dass das Gehirn, mit dem man geboren wird, auch das Gehirn sein würde, mit dem man alt werden würde, war es erst einmal im späten Teenager-Alter ausgewachsen. Aber in den letzten zehn Jahren erzählen Forschungen auf dem Gebiet der *Neuroplastizität*, der Fähigkeit des Gehirns, sich als Folge unseres Verhaltens und unserer Gedanken zu verändern und wie ein Muskel zu wachsen, eine ganz andere Geschichte.

Das Gehirn ist dem Körper sehr ähnlich. Wir werden mit bestimmten physischen Parametern geboren, aber wenn wir uns gesund ernähren, auf uns achtgeben und uns körperlich betätigen, können wir Muskeln aufbauen und unsere Beweglichkeit und Ausdauer fördern. Wir können ebenso die Form und Größe unseres Gehirns verändern und unsere Konzentration, geistige Beweglichkeit und Intelligenz erhöhen sowie neue neuronale Pfade und Netze aufbauen, indem wir unser Gehirn, insbesondere mittels Achtsamkeit und ähnlicher Praktiken, trainieren.

Sara Lazar, Freundin und Kollegin und ihres Zeichens Neurowissenschaftlerin an der Harvard Medical School, hat mit Hilfe von funktioneller Magnetresonanztomografie (MRT) das Gehirn Achtsamkeitsmeditierender untersucht und mit ihrer Arbeit viel Aufsehen erregt. Denn sie bestätigte genau das, nämlich dass die Bereiche des Gehirns, die während der Achtsamkeitsmeditation aktiv waren, durch Übung wachsen, genauso wie der Körper durch Sport.[1]

Der Bereich, der am meisten wächst, ist der präfrontale Kortex, der hinter der Stirn liegt. Dieses Areal beinhaltet unsere Exekutivfunktionen, es ist unsere Kommandozentrale; in ihm findet analytisches Denken statt. Hier sehen wir unsere Zukunft, verstehen die Konsequenzen unseres Verhaltens, sehen Möglichkeiten und entwerfen Pläne und Strategien, um unsere Ziele zu erreichen.

Dieser Bereich des Gehirns ermöglicht es uns auch Impulse zu unterdrücken und nicht auf jede Emotion zu reagieren. Er ist Sitz der Aufmerksamkeitsregulation und des von Psychologen als Arbeitsspeicher bezeichneten Areals, das für unsere Konzentration und unseren Fokus verantwortlich ist und dadurch Informationen auf unserem kognitiven Desktop speichert. Viele Interaktionen zwischen Emotionen und Gedanken finden hier statt, während wir zuerst emotionale Signale deuten und danach moralische und rationale Entscheidungen treffen.

Eine geringe Aktivität und kleine Größe des präfrontalen Kortex werden mit psychischen Störungen wie Aufmerksamkeitsdefizit-/Hyperaktivitätsstörung (ADHS), Substanzmissbrauch und anderen Verhaltensauffälligkeiten, Störungen der Impulskontrolle, Schizophrenie, Zerstreutheit, Depressionen und Gemütsstörungen assoziiert. Interessanterweise hat sich dieser Bereich des Gehirns zuletzt entwickelt. Man könnte daher sagen, dass erst der präfrontale Kortex den Menschen zum Menschen macht. Er ist auch der Bereich, der zuletzt und erst im Alter von Mitte zwanzig voll ausgereift ist. Forschungsarbeiten legen nun nahe, dass er bei Männern erst Ende zwanzig vollständig ausgebildet ist. (Versicherungsunternehmen und Autovermietungen wissen das schon lange, genauso wie Eltern und Lehrer und alle, die in ihren Zwanzigern auf Partnersuche waren.) Forschungsergebnisse zur Achtsamkeit zeigen, dass sich anhaltende Aufmerksamkeit (der Lehrerin während des gesamten Unterrichts zuhören) und selektive Aufmerksamkeit (die vorbeifliegende Papierkugel ignorieren) verbessern. Beide haben ihren Sitz im präfrontalen Kortex.

Die tiefer gelegene Inselrinde ist ebenfalls beim Meditieren aktiv und wächst durch regelmäßige Praxis. Diese Region steuert die viszeralen Vorgänge, einschließlich Herzfrequenz, Atmung und Hunger. Die Inselrinde hilft auch bei der Emotionsregulation, der Integration von Gedanken und Emotionen sowie dem Bewusstsein und der Selbstwahrnehmung. Hier befinden sich die Spiegelneuronen, mit deren Hilfe wir uns in die Lage anderer versetzen und Mitgefühl für sie empfinden. Dieser Bereich ist in Menschen mit schweren psychischen Erkrankungen wie bipolaren Störungen und Schizophrenie kleiner. Dennoch scheint er selbst bei kurzzeitiger Meditation größer zu werden. Genauso wie unsere Muskeln während des körperlichen Trainings aktiv sind, sind diese Bereiche während des geistigen Trainings aktiv und werden größer, je mehr wir sie benutzen.

Andere Gehirnbereiche verändern sich durch Achtsamkeitsmeditation ebenfalls positiv. Wissenschaftler glauben, dass der temporo-parietale Übergang viele Aspekte der emotionalen Intelligenz beherbergt, einschließlich der Fähigkeit, Situationen im Gesamtkontext zu sehen, die Perspektive anderer wahrzunehmen und die Konsequenzen von Handlungen und Verhaltensweisen zu berücksichtigen. Der Hippocampus ist wichtig für die Erinnerung und das Lernen sowohl im Klassenzimmer als auch aus vergangenem Verhalten. Dieser Teil des Gehirns ist kleiner bei

Patienten mit einer posttraumatischen Belastungsstörung (PTBS) und bei Menschen mit sozialen Schwierigkeiten. Der Hippocampus hilft uns, angemessen auf eine Situation zu reagieren, indem er Informationen aus dem präfrontalen Kortex abfragt, mit deren Hilfe wir kluge Entscheidungen treffen. Der posteriore cinguläre Kortex hilft uns von einer egozentrischen Perspektive zum Gesamtkontext überzuwechseln und verändert sich ebenso durch Achtsamkeitsmeditation. Andere Forschungsarbeiten zeigen, dass Achtsamkeitsmeditation die Hirnstrommuster kurz- und langfristig zu mit größerem Glück assoziierten Mustern verändert.

Während bestimmte Hirnbereiche durch Meditation größer, stärker und aktiver werden, werden andere ruhiger. Eine wesentliche Veränderung vollzieht sich in der Amygdala, in dem Areal, das am meisten mit dem Kampf-oder-Flucht-Modus und dem Erstarren/Sich-Ergeben-Modus als Stressreaktion sowie mit Depressionen assoziiert wird. Wenn die Amygdala („Alarmglocke im Höhlenmenschgehirn") aktiv ist, schaltet sich der präfrontale Kortex (das zivilisierte Gehirn) ab und umgekehrt. Bei einer überaktiven Amygdala sehen wir überall Gefahren und können nicht klar denken. Wenn die Amygdala ruhiger oder kleiner wird, wird unsere Sicht der Gefahr realistischer und unser Stressniveau geringer, wodurch wir rational auf stressige Situationen antworten können, statt irrational auf sie zu reagieren.

Die Forschung auf dem Gebiet der Achtsamkeit ist etabliert und wird ständig größer: von einigen Dutzend Studien pro Jahr noch vor zehn Jahren bis zu einigen Tausend Studien in der jüngsten Vergangenheit. Abbildung 3 fasst die Ergebnisse einiger Achtsamkeitsstudien hinsichtlich der positiven Wirkung dieser Praxis zusammen.

AUSWIRKUNGEN VON ACHTSAMKEIT

Neurologisch

- Wachstum der grauen Substanz im präfrontalen Kortex und der Inselrinde.
- Reduzierte Aktivität der Amygdala.
- Wachstum im temporo-parietalen Übergang und Hippocampus.
- Positive Veränderungen der mit Wohlbefinden assoziierten Hirnstrommuster.

Psychologisch

- Verbesserung von Stimmung, Selbstwert und Mitgefühl.
- Positive Auswirkungen auf psychische Erkrankungen wie Depression, generalisierte Angststörung, Zwangsstörung, soziale Angst, posttraumatische Belastungsstörung (PTBS) und Borderline-Persönlichkeitsstörung (BPS).

Physisch

- Verbesserung des Immunsystems und der kardiovaskulären Gesundheit.
- Verbesserter Schlaf.
- Verbesserung der Essgewohnheiten.
- Scheint bei Asthma und Entzündungen zu helfen und die Rekonvaleszenz nach chirurgischen Eingriffen zu verkürzen.
- Stressverminderung (anhand von Messungen des Hormonspiegels).
- Hilfe bei chronischen Schmerzen.

Akademisch

- Verbesserung von Konzentrationsfähigkeit, selektiver und anhaltender Aufmerksamkeit, exekutiven Funktionen, Gedächtnis, allgemeinen kognitiven Funktionen und Leistungen.
- Reduzierung von Prüfungsangst.
- Verbesserung von Kreativität, Lerneffizienz, Einsatz, Schulverhalten, Erledigung von Aufgaben und Anwesenheit.

Verhaltensspezifisch

- Reduzierung von Verhaltensweisen wie Essattacken (Binge-Eating-Störung), Selbstverletzungen, Substanzkonsum, Aggressivität und Unfällen.

ABBILDUNG 3: Studien zur Achtsamkeit zeigen, dass sie eine Reihe positiver Auswirkungen hat.[2]

Das kindliche Gehirn und Achtsamkeit

Das Gehirn ist immer „plastisch" oder veränderbar, aber während der Kindheit es ist am plastischsten. Weil das kindliche Gehirn noch nicht ausgereift ist, lernt, verändert und passt es sich schneller an als das erwachsene Gehirn. (Keine Angst, die Wissenschaft hat gezeigt, dass es in jedem Alter möglich ist, das Gehirn ruhiger, konzentrierter und weniger reaktiv zu machen – Hans kann also doch das lernen, was Hänschen nicht gelernt hat!) Mit Hilfe der Achtsamkeitspraxis können wir Kinder von Anfang an auf ein Leben vorbereiten, in dem die gesunde Entwicklung ihres Gehirns einen wichtigen Platz einnimmt.

Denken Sie an die nicht so glücklichen Momente zuhause, an die Kinder in Ihrem Klassenzimmer, die Ihnen unter die Haut gehen, an die Fragen, die man Ihnen in Ihrer Praxis stellt. Wenn ich diese Frage in einem meiner Workshops stelle, erhalte ich immer wieder die gleichen Antworten: *Launenhaftigkeit. Impulsivität. Unzufriedenheit. Aggression. Egoismus. Keine Perspektive. Fehlendes Nachdenken über die Konsequenzen seines Handelns. Fragwürdiges Urteilsvermögen. Stimmungsschwankungen. Emotionales Denken. Kurze Aufmerksamkeitsspanne. Schlechte Planung. Reaktivität. Mangelnde Exekutivfunktionen. Überempfindlichkeit.* Sie sind typisch für ein Gehirn, das sich noch in der Entwicklung befindet. Aber es gibt viele Hinweise darauf, dass Achtsamkeit und ähnliche Praktiken eine positive Wirkung auf die Gehirnbereiche haben, die am wichtigsten für emotionale Ausgeglichenheit, Ruhe und Resilienz sind. Und es gibt Forschungsergebnisse, die zeigen, wie Achtsamkeit Kindern bei diesen Problemen helfen kann.

Sie denken jetzt vielleicht: „Das ist alles schön und gut, aber wie bringe ich einem launischen Teenager, der nur fünf Sekunden vorausdenken kann, dazu, sich auf ein Kissen zu setzen und zu meditieren?" Die Antwort lautet: Das müssen Sie nicht. In den nächsten Kapiteln stelle ich Ihnen viele Übungen vor, die genauso gut funktionieren wie formelle Übungen, für die man sich aber nicht still hinsetzen muss und viel Zeit braucht.

Es ist wichtig zu wissen, dass jeder, ob unsere Kinder Achtsamkeit praktizieren oder nicht, von der ansteckenden Ruhe, Klarheit und dem Mitgefühl profitiert, die Achtsamkeit fördert, wenn wir Erwachsenen sie praktizieren. Wenn wir durch unsere eigene Praxis unser inneres Gleichgewicht während der schwierigen Jahre unserer Kinder aufrechterhalten können, sei es in der Trotzphase oder in der turbulenten Teenagerzeit, verlaufen solche Phasen für alle angenehmer.

HIRNFORSCHUNG – NICHT NUR FÜR ERWACHSENE

Sein eigenes Gehirn zu verstehen ist bejahend und motivierend für Kinder. Eine Studie an der Stanford University hat untersucht, wie das Intelligenzverständnis von Schülern und Schülerinnen ihre Arbeitsgewohnheiten veränderte.[3] Zwei Gruppen von Mittelschülern erhielten die gleichen Anleitungen zu Lernfertigkeiten. Aber nur eine Gruppe lernte dabei das Konzept der Neuroplastizität und erfuhr, dass sie durch fleißiges Arbeiten ihr Gehirn verändern und intelligenter werden konnten. Die Schüler aus dieser Gruppe waren Monate später leicht zu identifizieren: Sie hatten bessere Lerngewohnheiten und bessere Noten.

Kevin, ein junger Mann, mit dem ich arbeitete, war skeptisch, warum er lernen sollte, mit seinem Stress umzugehen. Er hatte alle wissenschaftlichen Einstufungstests mit Bestnoten bestanden und wollte nun, dass ich ihm zuerst wissenschaftliche Belege lieferte, bevor er seine Therapie begann. Ich erklärte ihm die verschiedenen Studien zur Achtsamkeit und schickte ihm einige Artikel zu diesem Thema. Jetzt stellt er sich gerne vor, dass seine präfrontalen Hirnlappen während seiner Achtsamkeitsübungen ein klein wenig wachsen.

Ich habe vielen Kindern erklärt, die sich selber als impulsiv oder schlicht „schlecht" einstufen, dass sie ihr Gehirn trainieren müssen.

Dadurch sind sie in der Lage, ihre Scham und Selbstvorwürfe loszulassen und ein besseres Selbstbild zu entwickeln.

Unseren Geist entschleunigen

So wie Tod und Steuern ist Stress eine der Gewissheiten des Lebens. Unsere Reaktion auf Stress macht jedoch alles – unsere körperliche und geistige Gesundheit und unser Denken – nur noch schlimmer. Achtsamkeit hilft uns nicht nur, unser Gehirn neu zu formen und bessere Reaktionen auf Stress zu kultivieren, sondern liefert uns auch einen Ausgleich zur Hektik unseres Alltags, weil sie uns dazu auffordert, langsamer zu werden, zu entschleunigen, zu *sein*, statt zu *tun*, und zu erleben, statt zu denken. Solche langsamen Momente sind oft die Momente, in denen wir uns am besten fühlen und am besten sind. Zu entschleunigen und ein wenig verletzlich zu sein ist nicht einfach und für viele Kinder mag es nicht sicher sein. Die Welt kann Angst machen, aber wir können unsere Kinder darin unterstützen, solche achtsamen Momente zu finden.

Wann haben Sie die besten Gedanken oder Einfälle? Viele Menschen antworten auf diese Frage: „Unter der Dusche." Warum? Weil wir entspannt sind, weil es warm und angenehm ist und weil wir es nicht eilig haben. Es gibt viele intensive sensorische Reize – Geräusche, Gerüche und Empfindungen –, die uns in der Gegenwart verankern. Oder vielleicht haben Sie, wie viele andere große Denker in der Geschichte, die besten Erkenntnisse beim Tagträumen oder kurz vor dem Einschlafen. Psychologen nennen diesen kognitiven Prozess *Inkubation* und haben herausgefunden, dass derartige Geistesblitze vermutlich dann vom Unterbewusstsein ins Bewusstsein springen, wenn wir innehalten, statt aktiv zu versuchen sie einzufangen.

Studien haben gezeigt, dass das Gehirn, wenn es ruhig ist, das Gesamtbild wahrnimmt, sich neuen Ideen gegenüber öffnet und wichtige neue Verbindungen bildet. Das Autoaufklebermotto „Der Geist ist wie ein

Fallschirm. Er funktioniert offen am besten" trifft nicht nur auf die Politik zu. Es gilt auch für das Lernen, für Beziehungen und kreative Ansätze für die Herausforderungen des Lebens. Und genauso öffnen Achtsamkeitspraktiken den Geist. Denken Sie an die Übung mit der Faust zurück: Wie klar waren Ihre Gedanken im Vergleich zu den Gedanken, die Sie mit einer offenen Handfläche hatten?

Das kindliche Gehirn entspannt sich nicht nur während Achtsamkeitsübungen, sondern auch wenn Kinder frei spielen, in der Pause, im Urlaub, beim Mittagsschlaf oder Tagträumen, beim Kritzeln oder anderen nicht schulischen Aktivitäten. Sie alle bleiben jedoch in unseren prüfungslastigen Schulen und in unserer erfolgsorientierten Kultur auf der Strecke. Junge Menschen aus allen Gesellschaftsschichten tappen in diese Geschäftigkeitsfalle. Sie haben zu viele Termine und sind unaufmerksam, ein Entschleunigen ist ihnen unbekannt und unangenehm. Wir beschleunigen unsere Kinder ständig und vernachlässigen Pausen- und Spielzeiten zugunsten von noch mehr Tun. Die romantische Vorstellung, die Kindheit sei eine Zeit des Staunens und der Freiheit, entgleitet uns.

„Tun" ist wichtig, aber es macht Stress auch schlimmer. Die Angewohnheit, immer mit etwas beschäftigt zu sein, wird früh fest in unserem Gehirn vernetzt. Daher ist es so unerlässlich, dass Kinder lernen, wie sie entschleunigen und wie sie ihre Reaktionen auf Stress handhaben, bevor sie das Erwachsenenalter erreichen. Es gibt zahlreiche Theorien, warum so viele junge Menschen an psychischen Erkrankungen leiden. Ich habe keine Antwort und weiß nicht, ob es überhaupt eine gibt – aber diese Kultur des Tuns und der Ablenkung ist sicher kontraproduktiv.

Die Kultur des „Tuns" ist allgegenwärtig. Wir sehen sie an allen Ecken und Enden unserer Gesellschaft: in sozialen Brennpunkten, in denen Kinder drinnen von Videospielen und draußen auf der Straße von Gangs erzogen werden, in den Vororten, in denen die Kultur der Helikopter-Eltern den erbarmungslosen Wettkampf um Studienplätze betont und Kinder vor den Hausaufgaben vom Fußballtraining zum Vorbereitungskurs für die College-Zulassung und von dort zum Saxofon-Unterricht gefahren werden. Überall werden Spielen, authentische Verbindung und Neugier zumindest passiv unterbunden. Ich kenne Eltern, die die „Freizeit" ihrer sechzehnjährigen Kinder in 15-Minuten-Intervalle einteilen und mich fragen, in welches Intervall sie die Achtsamkeitsübungen legen sollen. (Ich antworte ihnen: in keins.) Ich kenne College-Studenten, deren Eltern ihre Handys über das Navigationssystem orten, um zu wissen, wo ihre Kinder um drei Uhr morgens sind. Ein Lehrer, der an einem meiner Workshops teilnahm, erzählte mir, dass seine Schule die Mittagspause von zwanzig auf achtzehn Minuten kürzen wollte. Das sind sicher Extremfälle, die ihren Ursprung in der Angst um das Kind haben, aber sie halten Kinder auch davon ab, aus ihren eigenen Erfahrungen zu lernen. Kinder bleiben bis Mitternacht oder länger auf, sie sind online oder lernen und haben keine Zeit, auf das neugierig zu werden, was ihnen wichtig ist.

Heute haben junge Menschen viel weniger Erfahrung damit, zu entschleunigen und die Welt um sie herum zu erkunden, ganz zu schweigen von den schönen Welten in ihnen. Viele junge Erwachsene mit Angststörungen oder Depressionen sagen, dass die Momente am Tag, an denen sie Zeit für sich selber haben, am schwierigsten sind. Und doch kommen durch die Neugier auf unsere innere Landschaft unsere natürlichen Werte erst auf, wahres Lernen und Wachstum finden dadurch erst statt. Wenn unsere kulturellen Botschaften unseren Kindern vermitteln, sie mögen ihre Erlebnisse ignorieren oder wie sie aussehen oder sich fühlen oder was sie tun sei falsch, dann fehlt ihnen die nötige emotionale Intelligenz und sie sind nicht auf das Erwachsensein vorbereitet. Sherry Turkle, Soziologin am MIT, erinnerte uns in ihrem TED-Vortrag 2012 daran: „Wenn wir unseren Kindern nicht vermitteln, auch allein sein zu können, werden sie nur wissen, wie es ist, einsam zu sein."[4]

Ich habe meinem ersten Buch den Titel *Child's Mind* (dt.: *Kindlicher Geist – Anfängergeist*) gegeben, in Anlehnung an das Zen-Konzept des Anfänger-Geistes. Der Zen-Meister Suzuki Shunryū beschreibt ihn so:

„Im Anfänger-Geist stecken viele Möglichkeiten, aber im Fortgeschritte-nen-Geist sind nur wenige."[5] Der Titel *Child's Mind* war ein Aufruf für Erwachsene und junge Menschen, zum natürlich-kontemplativen Zustand ihrer Kindheit zurückzukehren, zu jenem von Moment zu Moment offe-nen und nicht wertenden Gewahrsein voller Akzeptanz und Reflexion. Kontemplation, Neugier, Staunen – sie alle sind die Werte des Anfän-ger-Geistes. In Kapitel 2 werden wir uns näher damit beschäftigen, was Achtsamkeit ist: das Erleben von Momenten in ihrer Essenz, zum ers-ten Mal, wertfrei.

2

Was genau ist Achtsamkeit?

Die Fähigkeit, eine wandernde Aufmerksamkeit willentlich
zurückzubringen, wieder und wieder, ist die eigentliche Wurzel
von Urteilsfähigkeit, Charakter und Wille. Niemand ist bei klarem
Verstand, der diese Fähigkeit nicht besitzt. Eine Erziehung,
die diese Fähigkeit fördert, wäre die Erziehung *par excellence.*

WILLIAM JAMES – *The Principles of Psychology*

Achtsamkeit scheint überall zu sein. Man hat Achtsamkeit vielleicht in der Personalabteilung Ihrer Firma erwähnt oder Ihre Ärztin oder Ihr Therapeut haben von diesem Konzept erzählt. Vielleicht fiel der Begriff aber auch in der Schule Ihres Kindes. Wir treffen auf „Achtsamkeit" in den Zeitschriften an der Supermarktkasse oder hören eine Wissenschaftssendung im Radio, die darüber berichtet. Zahlreiche Interventionen zur psychischen Gesundheit beinhalten Achtsamkeit und es gibt Hunderte – wenn nicht Tausende – von Schulen auf der ganzen Welt, die Kindern im Unterricht Achtsamkeit vermitteln. Aber was genau ist Achtsamkeit? Ich möchte sie gerne wie folgt definieren, bitte Sie aber zu bedenken, dass die Bilder, Metaphern, Geschichten und Erfahrungen wie in der Übung in Kapitel 1, die mit Hilfe von Handpositionen und Körperhaltung die verschiedenen Stressreaktionen veranschaulicht, für viele Kinder (und Erwachsene) nachvollziehbarer sind als Worte.

Es gibt viele verschiedene Definitionen von Achtsamkeit. Sie alle haben gemeinsame Merkmale. Mir gefällt die Definition „dem gegenwärtigen Moment gegenüber mit Akzeptanz und Wertfreiheit aufmerksam sein". Sie enthält drei kritische Elemente:

1. bewusst aufmerksam sein
2. Kontakt zum gegenwärtigen Moment
3. Akzeptanz und Wertfreiheit

Diese drei Elemente sind die Bausteine der Achtsamkeit, so wie Arithmetik und Algebra die Bausteine der Infinitesimalrechnung sind. Dieses Buch beinhaltet Übungen, die jedes dieser Elemente hervorheben. Sehen wir sie uns etwas genauer an.

Bewusst aufmerksam sein

Aufmerksam zu sein ist häufig ein vorbelastetes Konzept. Denken Sie an das letzte Mal, als jemand Sie bat: „Sei aufmerksam." Hat man dies freundlich und mitfühlend gesagt? Hat man Ihnen gezeigt, *wie* Sie aufmerksam sein können?

Denken Sie jetzt an das letzte Mal, als Sie ein Kind in Ihrem Leben baten aufmerksam zu sein, und stellen Sie sich die gleichen Fragen. Wie machtlos muss man sich fühlen – ob man Probleme mit der Aufmerksamkeit oder der psychischen Gesundheit hat oder nicht –, wenn man aufgefordert wird, etwas zu tun, das niemand einem je beigebracht hat? Wir fordern von unseren Kindern regelmäßig aufmerksam zu sein, bringen ihnen aber nie bei, *wie*. Achtsamkeit vermittelt Kindern, wie sie aufmerksam sein können, und fördert ihre Aufmerksamkeitsfähigkeit, so wie wir Kindern beibringen, ihre Muskeln zu benutzen und zu stärken.

Ist „aufmerksam sein" immer noch zu vorbelastet für Sie, können Sie in Ihrer eigenen Definition Worte wie *wahrnehmen* oder *Gewahrsein entgegenbringen* verwenden.

Kontakt zum gegenwärtigen Moment

Viele Menschen, groß und klein, begegnen dem Wert dieses Elements der Achtsamkeit mit Skepsis. Was soll denn schon so toll am gegenwärtigen Moment sein? Na ja, wenn wir im gegenwärtigen Moment sind, sind wir nicht in der Zukunft und machen uns über ein Albtraumszenario, das noch nicht stattgefunden hat, keine Sorgen. Und wir befinden uns auch nicht in der Vergangenheit und erleben beunruhigende oder peinliche Erlebnisse noch einmal. Ich ermutige Kinder dazu, den gegenwärtigen Moment als *Gelegenheit* für eine Ruhepause, statt eine lästige Pflicht, zu sehen, als Möglichkeit, die Vergangenheit loszulassen, ob diese wirklich schrecklich oder nur peinlich war, weil man in der Schulcafeteria etwas Dummes sagte. Während wir im gegenwärtigen Moment leben und uns dieser Erfahrung gegenüber öffnen, anstatt an die Zukunft oder Vergangenheit zu denken, entdecken wir, dass der gegenwärtige Moment in Ordnung und sogar interessant ist. Laozi, der Vater des Taoismus, soll Depressionen als in der Vergangenheit verhaftet und Angst als in der Zukunft gefangen beschrieben haben. Diese Beschreibung ergibt für viele von uns instinktiv Sinn.

Gewöhnlich ist der gegenwärtige Moment nicht so schlimm. Wir Menschen können fast alles einen Moment lang aushalten und der gegenwärtige Moment, so sage ich manchmal aus Spaß, dauert nicht sehr lange. Die andere gute Nachricht ist, dass gegenwärtig zu sein uns glücklich macht. Eine neue Studie hat festgestellt, dass das, *was* die Teilnehmer taten, ungefähr halb so wichtig für ihr Glücklichsein war wie ihre Präsenz bei dem, was sie im gegenwärtigen Moment taten.[1] Dieselbe Studie hat herausgefunden, dass unser Geist durchschnittlich die Hälfte der Zeit wandert. Und wohin wandert unser Geist? – In die Vergangenheit oder in die Zukunft.

Mein Freund Mitch Abblett, klinischer Psychologe und Autor, meint, wir sollten anstelle des Bildes einer Zeitmaschine das einer zeitlosen Maschine benutzen. Eine Zeitmaschine transportiert Sie in die Vergangenheit oder die Zukunft, eine zeitlose Maschine lässt Sie ganz und gar in der Gegenwart bleiben. Wie sieht die Welt aus dem Inneren Ihrer zeitlosen Maschine aus?

Akzeptanz und Wertfreiheit

In dem zu verweilen, was im gegenwärtigen Moment geschieht, und es zu akzeptieren bedeutet sich nicht abzuwenden, sich nicht zu widersetzen. Aber es bedeutet nicht, das, was geschieht, auch zu mögen. Wenn wir das akzeptieren, was geschieht, und den Kampf dagegen aufgeben, finden wir einen größeren Frieden und eine größere Perspektive.

Dieses Element der Achtsamkeit wird in den letzten Jahren im westlichen Kulturkreis hervorgehoben. Ich bin kein Anthropologe, aber ich vermute, dass der Grund etwas mit unserer wettbewerbsfreudigen, individualistischen Gesellschaft zu tun hat, in der wir uns ständig mit anderen vergleichen.

Akzeptanz bedeutet, wir *sind*, statt wir *tun*. Das soll nicht heißen, dass Tun nicht wichtig ist. Es ist wichtig, besonders wenn die Dinge, die wir tun, unserem eigenen Überleben dienen und große Zivilisationen schaffen. Aber unseren Autopilot-Modus zu verlassen und uns bewusst zu werden, was wir da tun, ist genauso wichtig. Achtloses Tun hat, im Kleinen und im Großen, viel menschliches Leid erzeugt. Wenn wir achtsam handeln, wird das Ergebnis unseres Handelns vermutlich positiver sein.

Durch Akzeptanz und Selbstakzeptanz lernen wir den inneren Kritiker zum Schweigen zu bringen. Diese kritische Stimme mag das Echo einer Bezugsperson, einer gemeinen Lehrerin oder einer größeren Kultur sein, die uns sagt, wir seien unzureichend oder falsch aufgrund unseres Geschlechts, unser Art uns anzuziehen, unseres Musikgeschmacks, unserer Sexualität oder anderer Identitätsmerkmale. Wenn wir unser Selbstmitgefühl durch die Akzeptanz aufbauen, dass Gedanken, Emotionen und Körper so sind, wie sie sind, entwickeln wir Mitgefühl für uns selber und unsere Mitmenschen. Der Psychologe Carl Rogers hat es so ausgedrückt: „Das merkwürdige Paradoxon ist, dass ich mich verändere, wenn ich mich selber so akzeptiere, wie ich bin."[2]

Meine gute Freundin und Achtsamkeitspädagogin Fiona Jensen schlägt vor, bei kleineren Kindern Begriffe wie „Freundlichkeit und Neugier", statt „Akzeptanz und Wertfreiheit", zu benutzen.

Entscheiden, was wir als Nächstes tun

Die Achtsamkeitslehrerin Amy Saltzman fügt dieser Definition von Achtsamkeit einen weiteren Satz hinzu: *damit wir entscheiden können, was wir als Nächstes tun.* Entscheidungsmöglichkeiten und Freiheit sind das, was sich Kinder – was wir uns alle – wünschen. Wenn wir Kindern erklären, dass es bei Achtsamkeit um ihre eigene Entscheidungsmöglichkeiten und Freiheit geht, wecken wir ihr Interesse. Für Teenager im Besonderen gehören die eigene Person und mehr Freiheit zu den interessantesten Themen. Ein Pädagoge, den ich kürzlich traf, beschreibt Achtsamkeit als das Vermitteln von „Ver-*antwort*-lichkeit", sprich dem Bewusstsein, auf schwierige Situationen *zu antworten*, statt auf sie zu reagieren.

Wie wir Achtsamkeit entwickeln: Praxis und Praktiken

Wenn wir das Wort *Achtsamkeit* hören, denken wir oft an östliche Meditation: Man sitzt im Schneidersitz, der Rücken ist gerade, man ist sehr lange sehr still und vielleicht gibt es auch ein paar *Om...* zwischendurch. Aber genauso wie es viele verschiedene Arten der sportlichen Betätigung gibt, gibt es auch viele verschiedene Arten der Achtsamkeitspraxis. Sie beinhalten alles von geführten Visualisierungen über körperbasierte Entspannungen bis hin zu Übungen, die Konzentration und Mitgefühl fördern. Sie alle sind kontemplative Praktiken. Sie alle kultivieren die drei Elemente der Achtsamkeit: aufmerksam sein, im gegenwärtigen Moment sein, Akzeptanz und Wertfreiheit.

Um Ihnen zu zeigen, wie Achtsamkeitspraktiken funktionieren, werde ich zuerst den Unterschied zwischen Achtsamkeit und Konzentration als unterschiedliche Formen des Bewusstseins erklären. Die meisten von uns wissen, was *Konzentration* ist: ein fokussiertes, zugespitztes Bewusstsein, ein Zoomobjektiv, ein Punktstrahler, ein Verengen der Aufmerksamkeit auf einen Punkt. Achtsames Gewahrsein oder Achtsamkeit ist das Gegenteil: ein Weitwinkelobjektiv, ein Flutlicht, ein offenes und allumfassendes Bewusstsein. Beide Formen des Bewusstseins sind im Alltagsleben wichtig. Konzentration oder fokussiertes Bewusstsein wird benötigt, wenn wir einen Pfeil schießen, einen Golfschläger schwingen oder Hausaufgaben machen. Achtsamkeit oder offenes Gewahrsein ist wichtig, wenn wir Auto fahren, Fußball spielen oder Ideen diskutieren.

Alle Praktiken, die die Konzentration oder Achtsamkeit fördern, benutzen einen Anker. Der Anker ist der *Fixpunkt*, auf dem unsere Aufmerksamkeit ruht und der uns im gegenwärtigen Moment erdet. Das kann der Körper, der Atem, eine Bewegung, die Sinneswahrnehmung, ein Bild, eine Zahl, ein Wort oder ein Satz sein. Während unsere Gedanken in der Vergangenheit verweilen oder in die Zukunft jagen, sind unser Körper und unsere fünf Sinne immer in der Gegenwart und dadurch gute Anker. Bei Achtsamkeitsretreats für Teenager wird gewöhnlich empfohlen, Atem, Körperempfindungen oder Geräusche zum Anker zu machen. Bewegungen können ebenfalls ein Anker sein, wie zum Beispiel Yoga, Tai-Chi und Qigong oder aber auch Musik, Sprechgesang und Glockenklänge, kurze Sätze oder Gebete oder eine Visualisierung.

Was auch immer der Anker ist, es ist die Natur des Geistes, von ihm wegzuwandern. Versuchen Sie, Ihren Geist auf etwas ruhen zu lassen, und Sie werden schnell merken, dass er in die Vergangenheit, die Zukunft oder ganz woandershin wandert. Das Ziel einer Konzentrationsübung ist es, den wandernden Geist wahrzunehmen und ihn zum Anker zurückzubringen, wieder und wieder. Dadurch wird unsere Konzentration gefördert, so wie beim regelmäßigen Gewichtheben Muskeln stärker werden. Der innere Prozess kann sich beispielsweise so anhören: „Atmen ..., atmen ..., Geist wandert. In Ordnung, zurück zum Atem: Atmen ..., atmen ..."

Das Ziel einer Achtsamkeitsübung ist es, nicht nur wahrzunehmen, *wann* der Geist wandert, sondern auch *wohin* er wandert, bevor wir ihn zurück zum Anker bringen. Der Prozess hört sich so an: „Atmen ..., atmen ..., Geist wandert zu den Sorgen über die Familie ..., bring ihn sanft zum Atem zurück ..., Atmen ..., atmen ..."

Achtsamkeitspraktiken können mit vier Worten zusammengefasst werden. Ich habe sie von den Achtsamkeitslehrern Brian Callahan und Margaret Jones Callahan aus Vancouver gelernt:

Das Gewahrsein (den Geist) auf einem Anker **ruhen** lassen.

Wahrnehmen, wann und wohin der Geist wandert.

Den Geist sanft zum Anker **zurückführen.**

Und **wiederholen.**

Der Unterschied zwischen Achtsamkeits- und Konzentrationsübungen lässt sich auch mit dem Bild eines Welpen verdeutlichen.

Konzentrationsübung: Der Welpe wandert unweigerlich davon. Wir bringen ihn so oft wie nötig zurück.

Achtsamkeitsübung: Der Welpe wandert unweigerlich davon. Wir nehmen wahr, wohin er gewandert ist, und bringen ihn dann sanft und liebevoll zurück.

Eine einfache Achtsamkeitsmeditation

Probieren Sie die folgende einfache Achtsamkeitsmeditation doch gleich selber aus. Nehmen Sie eine bequeme Haltung ein, in der Sie einige Minuten lang verweilen können. Stellen Sie den Wecker auf drei Minuten ein.

Bringen Sie Ihr Gewahrsein zuerst zu einem Anker: zu Empfindungen oder einer Bewegung in Ihrem Körper, zum Atem, zu Geräuschen aus der Umgebung, Zahlen oder einem Bild. Alles Mögliche kann ein Anker für Ihre Aufmerksamkeit sein. Laden Sie Ihren Geist einfach ein auf diesem Anker zu ruhen.

Sie werden schnell feststellen, dass Ihr Geist anfängt zu wandern. *Das ist ganz normal.* Jedes Mal, wenn Sie bemerken, dass Ihr Geist wandert, nehmen Sie wahr, wohin er gewandert ist, und bringen Sie Ihr Gewahrsein dann sanft zu Ihrem Anker zurück.

Klingt ziemlich einfach, oder? So einfach, dass es fast so scheint, als würden Sie nicht viel tun. Lassen Sie sich dadurch nicht täuschen. Jeder Aspekt dieser Übung trainiert die Muskeln Ihres Geistes.

- Jedes Mal, wenn Sie Ihre Aufmerksamkeit auf den Anker richten oder zu ihm zurückkehren, fördern Sie Ihre Konzentrationsfähigkeit.

- Jedes Mal, wenn Sie Ihre Aufmerksamkeit auf den Anker richten, lösen Sie sich aus dem Gedankenstrom. Dabei handelt es sich um eine Praxis des Loslassens im Moment, was zu einem Loslassen in der restlichen Welt führt.

- Jedes Mal, wenn Sie bemerken, dass Ihr Geist wandert, ist dies kein Moment des Scheiterns, sondern ein Moment der Achtsamkeit.

- Jedes Mal, wenn Sie bemerken, *wohin* Ihr Geist wandert, ist eine Gelegenheit, einen Einblick in die Gewohnheiten und Muster Ihres Geistes zu gewinnen. Wir können diesen Prozess auch Weisheit oder Selbstverständnis nennen.

Jede der mentalen Handlungen in dieser Übung verstärkt die neuronalen Verbindungen, die je öfter Sie sie machen, Ihr Gehirn neu vernetzen und mit der Zeit Achtsamkeit und Mitgefühl zu Ihrer natürlichen Antwort auf Stress machen. Wie sagt man doch: „Neuronen, die zusammen feuern, vernetzen sich." In diesem Fall sind es die Konzentrationsneuronen, die Gewahrseinsneuronen und die Mitgefühls- und Selbstmitgefühlsneuronen. Wir täten alle gut daran, mehr von ihnen in unserem Gehirn zu benutzen.

Mit der Zeit können wir durch unsere Achtsamkeitspraxis eine Karte unseres Geistes erstellen, unsere gewohnheitsmäßigen Gedankenmuster erkennen und Geduld und Mitgefühl für unseren Geist entwickeln. Der bekannte tibetische Meditationslehrer Sakyong Mipham beschreibt diesen Vorgang als „den Geist zu seinem Verbündeten machen".

GEISTIGE FITNESS

Die Evolution des Menschen führte dazu, dass wir körperliche und geistige Betätigung benötigen. Körperlich hielten wir uns durch unser Nomadendasein fit, wir jagten Tiere und ernteten unsere Nahrungsmittel. Und auf ganz ähnliche Weise, so Achtsamkeitslehrerin Jan Chozen Bays, hielten wir uns geistig durch Aktivitäten fit, wie den Nachthimmel bei unseren Wanderzügen zu beobachten und beim Fischen den Fluss zu betrachten. Heute müssen wir in unserem Leben Platz schaffen für körperliche und geistige Fitness.

Sanft und mitfühlend zu sich selber sein

Dass der Geist wandert, ist kein Problem, das macht der menschliche Geist 47 % der Zeit. Der wichtigste Moment in der Achtsamkeitspraxis ist der Moment *nach* der Ablenkung. Was tun Sie in dem Moment? Welche Einstellung haben Sie Ihrem Geist gegenüber? Welchen Ton benutzen Sie, wenn Sie ihn zurück zum Anker führen? Können Sie einfach nur feststellen, was Ihr Geist getan hat? Können Sie jegliches Urteil loslassen und neu anfangen?

Wenn wir mit der Achtsamkeitspraxis beginnen, ist unser Geist ungeübt. Das ist jedoch kein Grund ihn scharf zu kritisieren. Lassen Sie uns stattdessen einfach lächeln und ihn als ungeübt erkennen, anstatt ihn als schlecht oder faul oder schwach zu verurteilen. Viele von uns, die sich für Achtsamkeit interessieren, gehen zu hart mit sich ins Gericht, was in stressigen Momenten dazu führt, mit anderen zu hart ins Gericht zu gehen. Es ist deswegen wichtig, den wandernden Geist *sanft und voller Mitgefühl* zum Anker zurückzubringen.

Denken Sie zurück an den Welpen als Metapher für den Geist. Wie erzieht man einen Welpen? Mit sanfter Bestimmtheit. Wenn wir einen Welpen nur mit harter Bestrafung erziehen, haben wir am Ende einen ängstlichen und aggressiven Hund. Erziehen wir einen Welpen überhaupt nicht, gibt es andere Probleme. Er bringt alles durcheinander, jagt seinen eigenen Schwanz oder bellt jeden an. Oder er wird faul und verwöhnt oder ohne Grund aggressiv oder jagt jeder Zerstreuung hinterher. Ein gut erzogener Welpe macht viel mehr Spaß als ein unerzogener Welpe, auch wenn die Erziehung viel Arbeit ist. Ein gut trainierter Geist macht das Leben einfacher und glücklicher. Lassen Sie uns also unseren Geist so wie einen Welpen behandeln, mit geduldiger, freundlicher Ermutigung.

Sanft und mitfühlend mit unserem eigenen Geist umzugehen fördert das Selbstmitgefühl. Wenn wir einen Fehler machen, können wir gütig zu uns selbst sein, anstatt uns dafür schlechtzumachen. Und Mitgefühl für uns selber schafft im Gegenzug Mitgefühl für andere. Dann können wir Stress und Enttäuschungen mit einer Haltung des Anfreundens anstelle des Angriffs begegnen.

Formelle und informelle Achtsamkeitspraktiken

Achtsamkeitspraktiken können in zwei Grundkategorien eingeteilt werden: formelle und informelle Praktiken. Ronald Siegel, Susan Pollak, Thomas Pedulla und andere Achtsamkeitslehrer benutzen die Metapher der körperlichen Betätigung, um den Unterschied zwischen beiden zu erklären.

In der formellen Praxis legt man eine bestimmte Zeit am Tag oder in der Woche für die Achtsamkeitsmeditation fest. Sie ist das geistige Äquivalent zur Laufrunde oder zum Gang zum Fitnessstudio und Yoga-Kurs. Manche meditieren zuhause, andere besuchen ein Meditationszentrum. Die formelle Praxis kann ebenso beinhalten, dass man einen oder mehrere Tage aushäusig und abseits vom Alltagsleben für die Achtsamkeitsmeditation reserviert. An einem Achtsamkeitsretreat teilzunehmen ist vergleichbar mit einer einwöchigen Rucksackreise oder einem Triathlon.[3]

In der informellen Praxis bindet man bewusst die Elemente der Achtsamkeit in die Aktivitäten des Alltags ein. Sie ist das geistige Äquivalent zum Treppensteigen statt Aufzugfahren, zum Radfahren zur Arbeit und zum Tragen der Supermarkttüten. In der informellen Praxis machen wir im Wesentlichen das Leben selbst zum Anker unserer Praxis und lernen unser Leben im Einklang mit den Erkenntnissen aus unserer Praxis zu leben. Das muss nicht kompliziert sein. Wir können innehalten und uns hier und da fragen: „Was mache ich gerade und wie erkenne ich es?"

Die beiden Praxisarten komplementieren einander und Ihr Geist wird dann in Bestform sein, wenn Sie beiden nachgehen. Jedoch ist es für einen Erwachsenen oder ein Kind mit vollem Terminkalender nicht immer realistisch, beide Formen zu praktizieren.

Was Achtsamkeit nicht ist

Was Achtsamkeit *nicht* ist, ist genauso wichtig wie das, was Achtsamkeit ist, da viele Menschen immer noch falsche Vorstellungen diesbezüglich haben. Das ist für Sie wichtig und es ist wichtig, wenn Sie mit Kindern und anderen Erwachsenen über Achtsamkeit sprechen.

FALSCHE VORSTELLUNG NR. 1
Achtsamkeit bedeutet Nichtstun

Achtsamkeit praktizieren *ist* wirklich Tun, auch wenn man, in gewisser Hinsicht, nichts *tut*. Wissenschaftler haben das Gehirn Meditierender in einem Kernspintomografen kartiert und mit Gehirnen verglichen, die mit anderen Aktivitäten beschäftigt waren. Ein Gehirn, das achtsam meditiert, unterscheidet sich von einem Gehirn, das unaufmerksam ist, schläft, sich entspannt, denkt oder arbeitet.[4] Sie haben auch festgestellt, dass unterschiedliche Meditationsformen unterschiedliche Bereiche im Gehirn aktivieren.

FALSCHE VORSTELLUNG NR. 2
Achtsamkeit ist spirituell oder religiös

Einer der großen Irrtümer bezüglich Achtsamkeitspraktiken ist die Annahme, sie seien grundsätzlich religiös oder spirituell. Kontemplative Praktiken existieren seit jeher in allen Kulturen und sie müssen weder Bezug zu einer bestimmten Religion noch zu Spiritualität haben. Sie können vollkommen weltliche, mentale Übungen sein. Viele Meditierende gehören keiner Religionsgemeinschaft an. Viele sind Atheisten, andere sind Christen, Juden, Muslime oder Buddhisten.

Jon Kabat-Zinn, der mehr als jeder andere dazu beigetragen hat, Achtsamkeit im Westen populär zu machen, hat sein Curriculum zur Stressbewältigung durch die Praxis der Achtsamkeit (MBSR) bewusst weltlich gehalten. In vielen Teilen der Welt ist der Begriff *Achtsamkeit* heute genauso wenig spirituell wie das Wort *Konzentration*. Das Wort *Meditation* löst dagegen immer noch Überraschung aus, je nachdem wo Sie leben und arbeiten. *Achtsamkeit* mag den gleichen Effekt haben.

Viele Menschen verbinden Achtsamkeit mit Buddhismus. Der historische Buddha hat Achtsamkeit nicht *erfunden*. Niemand kann einen Geisteszustand erfinden. Noch hat er ihn *entdeckt*, zumindest war er nicht der Erste, denn jeder hat Momente der ruhigen Kontemplation und des Kontakts zum gegenwärtigen Moment. Aber er beschrieb Achtsamkeit und ein System, um diese zu kultivieren. Genauso wenig hat Sir Isaac Newton die Schwerkraft entdeckt oder erfunden, aber er untersuchte und beschrieb sie auf eine vorher noch nie dagewesene Weise.

FALSCHE VORSTELLUNG NR. 3
Achtsamkeit ist geheimnisvoll, exotisch und mystisch

Die meisten meiner Meditationslehrer betonen stets die Alltäglichkeit von Meditation und achtsamem Gewahrsein. Aber weil Achtsamkeit in der Populärkultur so dargestellt wird, wie sie dargestellt wird, meinen viele Menschen, sie sei mystisch oder geheimnisvoll. Die mystischen Konnotationen, ob richtig oder nicht, können ein Magnet für bestimmte Kinder und Teenager und eine Quelle des Spotts für andere sein. Mit ein wenig Erfahrung entdecken sie schnell, dass Achtsamkeitspraktiken weder mystisch noch transzendent sind.

FALSCHE VORSTELLUNG NR. 4
Achtsamkeit macht ekstatisch

Viele Achtsamkeitspraktiken sorgen sofort für gute Gefühle, ja sogar Glückseligkeit. Die Tatsache, dass Achtsamkeitsmeditation früher mit der Alternativbewegung in Verbindung gebracht wurde, lässt viele sie heute mit Gefühlen der Ekstase in Verbindung bringen. Leider sind solche „Hochgefühle" weder der Sinn und Zweck von Achtsamkeit, noch halten sie lange an. Eine beständige Praxis bedeutet Höhen *und* Tiefen und faszinierende innere Reisen, die manchmal beängstigend und manchmal todlangweilig sind. In dieser Hinsicht ist die kontemplative Praxis dem wirklichen Leben sehr ähnlich.

FALSCHE VORSTELLUNG NR. 5
Achtsamkeit ist eine Ablenkungstechnik oder eine Methode, um der Realität zu entfliehen

Jeder, der anfängt Achtsamkeit zu praktizieren, stellt ziemlich schnell fest, dass Achtsamkeit weder Flucht vor der Realität ist, noch von ihr ablenkt. Ganz im Gegenteil: Achtsamkeit heißt, der Realität in all ihrem Schmerz, ihrer Langeweile und ihrer Freude begegnen. Achtsamkeit mag unsere Gedanken von der Vergangenheit oder Zukunft ablenken, aber dadurch bringt sie sie genau zu dem, was im Hier und Jetzt geschieht.

Ein Freund von mir bezeichnet Achtsamkeit als „universelle Konfrontationstherapie". In der Konfrontationstherapie sollen Phobien dadurch überwunden werden, dass man sich ihren Gegenständen nach und nach aussetzt. Achtsamkeit konfrontiert uns mit allen inneren und äußeren Ereignissen, die wir fürchten, beiseite schieben und meiden.

Wir finden vielen seltsame und schöne Dinge, wenn wir den Blick nach innen richten. Manchmal finden wir auch Beunruhigendes, das uns daran erinnert, warum wir zuerst nicht nach innen schauen wollten. Die Unvorhersehbarkeit dessen, was wir finden werden, ist auch der Grund, warum wir am Anfang die Anleitung und die Unterstützung erfahrener Achtsamkeitslehrer benötigen.

Ein jüdisches Sprichwort sagt: „Bitte nicht um eine leichtere Last, sondern um breitere Schultern." Und genauso funktioniert Achtsamkeit – sie trübt nicht unsere Wahrnehmung der Realität so wie bestimmte

Ablenkungen, Verhaltensweisen oder Genussstoffe, sondern macht uns stärker und größer in Bezug auf die Schmerzen des Lebens. Dieser Ansatz weicht radikal von dem ab, was wir unseren Kindern in unserer Kultur vermitteln, nämlich zu kämpfen, abzulenken oder zu vermeiden. Wenn allzu oft manche Menschen Meditation als Flucht vor der Realität empfinden, dann praktizieren sie sie vermutlich falsch.

FALSCHE VORSTELLUNG NR. 6
Achtsamkeit heißt seine Gedanken abzuschalten

Der Zweck der Achtsamkeit ist nicht Gedanken abzuschalten, sondern sich ihrer bewusst zu werden und sich von ihnen zu distanzieren. Das Abschalten von Gedanken ist Achtlosigkeit, nicht Achtsamkeit. Das ist wichtig, denn viele Anfänger geben auf, wenn sie feststellen, dass sie ihre Gedanken nicht abschalten können. Sie können (und sollten) Ihre Gedanken nicht abschalten, genauso wenig wie Sie Ihren Atem abschalten können und sollten.

Ich habe den folgenden Vergleich gehört und finde, er passt: Das Gehirn produziert Gedanken, so wie die Bauchspeicheldrüse Insulin produziert. Denken ist die Aufgabe des Gehirns. Wir können diesen Prozess nicht kontrollieren. Aber wir können das Gehirn untersuchen, uns mit seinen Mustern und Gewohnheiten vertraut machen und lernen unsere Reaktion auf unsere Gedanken dementsprechend anzupassen. (Hätten wir *keinen* wandernden Geist, besäßen wir gar nicht die Möglichkeit, von seinen Mustern und Gewohnheiten zu lernen.) Bei der Meditation geht es nicht darum, was oder was nicht in unserem Geist, unserem Körper, unseren Gedanken oder Erfahrungen geschieht. Meditation zeigt uns, welche Beziehung wir zu dem haben, was gerade geschieht. Ihr Ziel ist es, unsere Beziehung zu unseren Gedanken zu verändern.

FALSCHE VORSTELLUNG NR. 7

Achtsamkeit und Meditation sind schnelle Lösungen

Unsere Kultur verlangt schnelle Lösungen. Ja, diese Praktiken hinterlassen ein gutes Gefühl, besonders am Anfang, was uns dazu motiviert, zu üben. Einige positive Veränderungen wie das Abschalten der Kampf- oder-Flucht-Reaktion dann, wenn sie weder benötigt noch gewünscht ist, *können* ziemlich schnell auftreten. Aber größtenteils geht es bei Achtsamkeitspraktiken um eine langsame, innere Evolution, nicht um eine schnelle Revolution. Wie auch beim Sport gilt: Je mehr wir Achtsamkeit praktizieren, desto mehr profitieren wir von ihr.

FALSCHE VORSTELLUNG NR. 8

Achtsamkeit ist (nur) Entspannung oder ein Trancezustand

Meditation hat oft eine entspannende Wirkung, aber sie ist viel mehr als Entspannung. Meditation ist auch kein Trancezustand oder Hypnose, obwohl einige geführte Visualisierungen in der Achtsamkeitspraxis nahe Verwandte bestimmter hypnotischer Zustände sind.

FALSCHE VORSTELLUNG NR. 9

Achtsamkeitspraktiken sind eigennützig

Wenn mir jemand sagt, Achtsamkeit sei eigennützig, antworte ich mit einer einfachen Frage: Wissen Sie, welche die drei häufigsten Todesursachen bei Heranwachsenden in Amerika sind? Krebserkrankungen sind nicht darunter, Tod durch Überdosis steht auch nicht auf der Liste. Die drei häufigsten Todesursachen bei Heranwachsenden zwischen 15 und 24 sind laut der Centers for Disease Control and Prevention: 1. Unfälle („unbeabsichtigte Verletzungen"), 2. Selbstmord und 3. Mord.[5] Wie sähe diese Liste wohl aus, wenn unsere Gesellschaft ein klein wenig achtsamer wäre und dem gegenwärtigen Moment nachsichtig und wertfrei, mit Mitgefühl und Selbstmitgefühl begegnete? Wahrscheinlich würden weniger Menschen so früh sterben. Kindern und Teenagern Achtsamkeitspraktiken zu vermitteln ist eine öffentliche Gesundheitsintervention. (Interessant ist in diesem Zusammenhang, dass die Auszeichnung, die der Achtsamkeitslehrer Thich Nhat Hanh von der Harvard University erhielt, weder von der theologischen noch von der pädagogischen oder medizinischen Fakultät, sondern von der Harvard Chan School of Public Health, der Abteilung für öffentliche Gesundheit, verliehen wurde.)

Unsere Kultur neigt dazu, Vorstellungen der Selbstfürsorge mit Eigennutz zu verwechseln und zu vermischen. Was manche als Selbstfürsorge bezeichnen ist oft Eigennutz und umgekehrt. Achtsamkeit einem breiten Publikum zugänglich zu machen ist in der Tat eine öffentliche Gesundheitsintervention, weil wir, wenn wir lernen uns um uns selber zu kümmern, uns auch um andere kümmern können. Studien haben ebenfalls gezeigt, dass Menschen, die Achtsamkeit praktizieren, sich neben weiteren gesünderen Alternativen besser ernähren und Sport treiben. Mitgefühl zu kultivieren und sich achtsamer um die Welt um einen herum zu kümmern, ist kaum Eigennutz.

FALSCHE VORSTELLUNG NR. 10
Achtsamkeit macht uns passiv und schwach

Achtsamkeit macht niemanden zum Fußabtreter oder gegenüber Gefahren gleichgültig. Forschungen haben gezeigt, dass Meditierende selbstverständlich Stress erleben und emotionale Reaktionen haben. Aber sie erholen sich von ihnen schneller als Menschen, die nicht meditieren. Anders ausgedrückt: Es wird immer Unwetter geben, aber wir können unser Schiff ruhiger durch sie hindurchsteuern. Das wollen wir unseren jungen Mitmenschen mit auf den Weg geben: die Fähigkeit, ihre eigene emotionale Wettervorhersage zu deuten und auf sie zu antworten, die stürmischen, emotionalen Zeiten, die Teil des Lebens sind, zu umschiffen, statt sich umzudrehen und steckenzubleiben. Es fängt damit an, im gegenwärtigen Moment zu sein und zu sehen, was ist, anstatt vor ihm zu fliehen oder ihn zu verzerren. Achtsamkeit macht uns auf diese Weise stärker, statt passiv und apathisch, sie befähigt uns, auf Lebenssituationen zu antworten. Und die Wissenschaft bestätigt, dass Achtsamkeit Menschen hilft, resilienter gegenüber kleinen und großen Traumata und Rückschlägen zu werden.

Die Vorstellung, dass Achtsamkeit uns stärker macht, ist sehr ermutigend und findet in den Kindern von heute Nachhall. Ich höre immer wieder von jungen Menschen, die Achtsamkeit praktizieren, dass sie sich – und das oft zum ersten Mal – im Körper, im Geist und im Leben bestätigt fühlen, weil die Achtsamkeit ihre eigene ist. Niemand – keine Mutter, kein Vater, keine Lehrerin, kein Schikaneur und kein Gefängnis – kann sie ihnen wegnehmen. Sie ist keine Tablette, die vom Arzt verschrieben wird, oder ein Problem, das sie laut Eltern, Lehrer oder Polizei in Ordnung bringen sollen. Und niemand muss wissen, dass sie Achtsamkeit praktizieren. Die meisten Übungen in diesem Buch sind so unspektakulär, dass man sie in einem chaotischen Klassenzimmer, am Spielfeldrand oder hinter der Bühne der Schulaula machen kann. Jeder kann Achtsamkeit praktizieren – in seinem Zimmer, in der Warteschlange oder sogar in einer Gefängniszelle. Kinder und besonders Teenager sehnen sich nach Authentizität, Eigenverantwortung und Befähigung. Achtsamkeit bietet alle drei. Kindern die Werkzeuge mitzugeben, um Antworten durch den Blick nach innen, statt nach außen, zu finden, bedeutet, ihnen das lebenslange Geschenk der Souveränität zu machen.

Das Fundament legen
Ihre eigene Achtsamkeitspraxis

Eine Frau saß draußen vor einem Wallfahrtsort und beobachtete,
wie die Männer und Frauen an den Bettlern, Kranken, Alten und
Ausgestoßenen vorbeigingen, ohne ihnen etwas zu geben, ohne sie zu
sehen. Die Frau wandte sich dem Himmel zu und rief voller Verzweiflung:
„Wie kann ein gütiger Schöpfer das Leid sehen, das ich sehe und das ich
nicht sehe, und nichts dagegen tun?" Aus der Stille heraus erklang eine
Stimme: „Ich habe etwas getan. Ich erschuf dich!"

Eine Sufi-Geschichte

Eine der häufigsten Fragen, die mir Eltern und Kollegen stellen, lautet:
„Welche Übung eignet sich am besten bei einem Kind, das gerade einen
Trotzanfall hat?" Es gibt weder einen magischen Atemtrick noch einen
achtsamen Aus-Knopf für einen Trotzanfall. Die beste Übung für ein
Kind während eines Trotzanfalls ist *Ihre eigene Praxis*. Die nicht reak-
tive Gegenwart eines Erwachsenen und die Weisheit und das Mitgefühl,
die wir aus unseren formellen und informellen Achtsamkeitspraktiken
zusammengetragen haben, sind das, was ein Kind in einem solchen
Moment am meisten braucht. Dieses Kapitel beschreibt, wie Sie Ihre

eigene Achtsamkeitspraxis aufbauen und aufrechterhalten, sprich die wichtigste und überzeugendste Art, Achtsamkeit mit anderen zu teilen.

Der Stand der Forschung zu diesem Thema

Achtsamkeit und Mitgefühl fangen bei uns selbst an und alles deutet darauf hin, dass Achtsamkeit und Mitgefühl, anders als veraltete Wirtschaftstheorien, wirklich von uns an die jungen Menschen in unserem Leben weitergegeben werden. Das geschieht über unsere Vorbildfunktion, durch die Kinder Achtsamkeit, Mitgefühl und deren Wirkung in Aktion sehen, und über Spiegelneuronen, jene Elemente in unserem Gehirn, die es Kindern ermöglichen, unsere Emotionen aufzugreifen. (Siehe den Abschnitt „Mit emotionaler Ansteckung umgehen" in diesem Kapitel, der weitere Informationen zu Spiegelneuronen enthält.) Wir demonstrieren gleichzeitig unser eigenes Bemühen und unsere Bescheidenheit, während wir lernen, mit den Schwierigkeiten und den Vorteilen einer regelmäßigen Achtsamkeitspraxis umzugehen. Was wir von unserer eigenen Praxis lernen, ist direkt auf die schwierigsten Situationen anwendbar, denen wir als Bezugspersonen ausgesetzt sind, inklusive des trotzigen Widerstandes oder großer Wutanfälle unserer Kinder.

Die Forschung ist eindeutig: Wenn Sie Mutter oder Vater sind und Achtsamkeit praktizieren, haben Sie wahrscheinlich eine glücklichere, gesündere Familie, die besser miteinander kommuniziert und weniger Konflikte hat.[1] Wenn Sie Lehrerin sind und auf Ihren Stress achten, lernen und benehmen sich die Kinder in Ihrem Klassenzimmer besser.[2] Sind Sie Ärztin und arbeiten an Ihrem Mitgefühl, Ihrer Achtsamkeit und Ihren sozialen Kompetenzen, werden Ihre Patienten Ihren Entscheidungen eher vertrauen, Ihren Rat befolgen und schneller gesund werden. Sind Sie Therapeut, wird sich Ihre Aufmerksamkeit und Einstimmung auf Ihre Patienten erhöhen und Sie werden Ihre Fähigkeiten verbessern. Dies sind Ergebnisse aus Doppelblindstudien.[3]

Wissenschaftliche Studien haben auch gezeigt, dass Achtsamkeit Burnout und Empathiemüdigkeit reduziert und Mitgefühl und effektive Kommunikation erhöht. Der beste Weg zu gestressten und unglücklichen Kindern sind gestresste und unglückliche Erwachsene. Das Gegenteil trifft ebenso zu: Ruhige und mitfühlende Erwachsene führen zu ruhigen und mitfühlenden Kindern und zu den Bedingungen, unter denen diese aufblühen können. Der beste Indikator für das Stressniveau eines Kindes ist das Stressniveau der wichtigen Erwachsenen in seinem Leben. Als unser Sohn geboren wurde, sagte unsere Kinderärztin zu uns: „Ich habe viele unruhige Kinder gesehen, die keine unruhigen Eltern haben, aber wenn die Eltern unruhig sind, dann sehe ich fast immer auch unruhige Kinder."

Eine Praxis der Achtsamkeitsmeditation anfangen und aufrechterhalten

Viele fantastische Lehrer und Lehrerinnen haben großzügig ihr umfassendes Wissen über den Beginn einer eigenen Achtsamkeitspraxis mit uns geteilt. Ich empfehle Ihnen daher sehr, dass Sie sich, wenn möglich, Ihren eigenen Lehrer oder ein Meditationszentrum suchen, damit Sie die nötige Hilfe beim Start Ihrer eigenen Praxis finden. Ich möchte Ihnen gerne ein paar praktische Tipps aus meiner eigenen Erfahrung als Meditierender und Meditationslehrer mit auf den Weg geben. Darf ich?

Die erste Frage, die Sie sich stellen sollten, lautet: Wann haben Sie tagsüber fünf oder zehn Minuten Zeit? Früh am Morgen, zur Mittagszeit, wenn Ihr Kind mittags schläft, oder am Abend, bevor Sie schlafen gehen? Beständigkeit ist der Schlüssel zum Aufbau Ihrer Praxis, es hilft daher, wenn Sie immer zur gleichen Zeit üben. Können Sie keine Zeit für Meditation reservieren, dann ist das auch kein Drama. Es gibt genügend Möglichkeiten, Achtsamkeit in Ihr Leben zu integrieren, indem Sie dem, was Sie bereits tun, mehr Achtsamkeit entgegenbringen. (Kapitel 11 beschreibt ausführlich, wie Sie diese kleinen Momente für Achtsamkeit nutzen können.)

Haben Sie bereits bestimmte Gewohnheiten, auf denen Sie aufbauen können? In meiner Zeit als Lehrer ging ich nach der Arbeit eine halbe Stunde joggen und meditierte sofort danach. Meine Laufroutine war eine einfache Grundlage für meine geistige Übung und gab mir gleichzeitig den kognitiven Auftrieb, in fokussierter Stille zu sitzen und zu meditieren. Haben Sie eine tägliche Routine, in die Sie Ihre Praxis einbauen könnten? So wie manche Fitnesstrainer Ihnen empfehlen, einfach nur die Laufschuhe anzuziehen, nach draußen zu gehen und zu sehen, was passiert, raten viele Meditationslehrer: „Setzen Sie sich einfach einen Moment auf das Meditationskissen und sehen Sie, ob Sie anfangen zu meditieren."

Wenn Sie einen vollen Terminkalender haben, schreiben Sie Ihre Meditationszeit in Ihren Tagesplaner oder erstellen Sie eine Erinnerung auf Ihrem Smartphone. Das hört sich vielleicht wie zu viel des Guten an, aber wie viele von uns sagen: „Wenn es nicht in meinem Tagesplaner steht, existiert es nicht"?

So wie Sport ist Achtsamkeit in der Gruppe meist einfacher. Gibt es Freunde oder Kollegen, mit denen Sie mehr oder weniger regelmäßig meditieren könnten? Gibt es eine Achtsamkeitsgruppe in Ihrer Nähe, die sich regelmäßig trifft? Ihre Familie kann ebenfalls ein guter Antrieb sein und Sie können sich gegenseitig inspirieren. Andere Menschen, mit denen Sie über Ihre Praxis sprechen können, sind auch sehr wertvoll. Die Vorteile und Schwierigkeiten Ihrer Praxis mit Gleichgesinnten zu teilen kann motivierend sein. Haben Sie vielleicht eine Freundin oder einen Freund, mit der oder dem Sie regelmäßig per Telefon, E-Mail, SMS oder über soziale Medien Kontakt haben, um sich gegenseitig zu motivieren? Wissenschaftliche Studien haben gezeigt, dass wir, wenn wir anderen erzählen, dass wir etwas tun werden, dem auch eher nachkommen. Wenn Sie niemanden haben, mit dem Sie Ihre Erfahrungen teilen können, dann halten Sie sie vielleicht in einem Tagebuch fest.

CDs mit geführten Meditationen, Audiodateien oder Apps können am Anfang beim Aufbau oder Wiederaufbau einer formellen Praxis helfen. Ein und derselbe ansprechende Ort zum Meditieren ist auch wichtig. Sie benötigen keine ausgefallene Ausrüstung, aber genauso wie die richtigen Sportschuhe einen Unterschied beim Workout machen können, lohnt sich die Investition in ein gutes Meditationskissen oder eine Meditationsbank, denn sie machen Ihre Meditation, zusammen mit einer für Sie richtigen Sitzhaltung, angenehmer.

Der wichtigste Aspekt ist eine aufrechte, angenehme Haltung, die Sie lange einnehmen können und die Sie nicht einschlafen lässt. Machen Sie sich Ihre Fantasie zunutze. Manchen Menschen hilft es, sich eine Schnur vorzustellen, die oben aus ihrem Kopf kommt und sie hochzieht. Jon Kabat-Zinn empfiehlt, „würdevoll", wie ein König oder eine Königin auf einem Thron zu sitzen. Der Fersensitz eignet sich gut, der Schneidersitz ist am sichersten. Legen Sie die Hände in den Schoß oder neben die Beine. Sitzen ist nicht die einzige Haltung, Sie können auch stehen oder liegen, solange die Haltung angenehm ist und Sie sie lange einnehmen können.

Legen Sie zum Schluss vernünftige Ziele für Ihre Meditationspraxis fest – lassen Sie dabei vielleicht das Ziel eines bestimmten Resultats los. Wenn Sie sich dazu entscheiden, ab morgen jeden Tag eine Stunde lang zu meditieren, werden Sie in einem Jahr wahrscheinlich weniger regelmäßig meditieren, als wenn Sie mit fünf Minuten an Wochentagen und zehn am Wochenende anfangen und die Zeiten langsam erhöhen. Und wenn Sie nicht meditieren, seien Sie nett zu sich selber. Genauso wie Sie den Geist während der Achtsamkeitsmeditation umleiten, bringen Sie sich selbst sanft und mitfühlend zu Ihrer Meditationspraxis zurück, wenn Sie es einmal nicht schaffen, zu meditieren.

Meditationsretreats sind nützlich, weil sie nicht nur ein Ort sind, an dem Sie ungestört meditieren, sondern auch, so wie ein Training für ein Straßenrennen, etwas sind, für das Sie fit werden können. An einem

Retreat teilzunehmen verpasst Ihrer persönlichen Meditationspraxis auch einen neuen Anstrich. Vielleicht suchen Sie sich ein Retreat mit Menschen aus Ihrer geografischen oder beruflichen Gemeinschaft, mit denen Sie hinterher in Kontakt bleiben. Wenn wir Kinder in unserem Leben haben, sind Ablenkungen unausweichlich, und ruhige, ungestörte Momente sind Mangelware. Wenn Sie regelmäßig und immer zur gleichen Zeit meditieren, hilft das Ihren Kindern und Ihnen. Sprechen Sie mit Ihrer Familie und Ihren Kindern darüber, wie wichtig deren Unterstützung für Ihre Meditationspraxis ist. Sie werden glücklicher, ruhiger und geduldiger sein. Meditation besänftigt Ihren lauten Geist oder beruhigt Ihre Gedanken – aus welchem Grund Sie auch immer meditieren. Ich schätze folgende Worte der Autorin Anne Lamott sehr: „Fast alles funktioniert wieder, wenn Sie es einige Minuten lang ausstöpseln, Sie selber auch." Ihre Kinder um Unterstützung zu bitten macht sie vielleicht neugierig genug, um es selber auszuprobieren.

Die Macht informeller Achtsamkeitspraktiken

Können Sie einen Moment zum Atmen finden? Haben Sie etwas Zeit, im vollen Terminkalender Ihres Kindes oder zwischen zwei Terminen zu sich selber zu finden oder Ihr Mittagessen achtsam zu essen? Erledigen Sie eine Aufgabe nach der anderen, anstatt parallel, und nehmen Sie die jeweilige Aufgabe bewusst wahr? Oder schalten Sie auf Autopilot? Viele informelle Praktiken erinnern uns an die Macht (und die Herausforderungen), jeweils nur einer Aufgabe nachzugehen, unsere kontraproduktive Kritik durch Selbstmitgefühl zu beruhigen, die Verbindung zu der Achtsamkeit wiederherstellen, die wir bereits besitzen, und Weisheit und eine Perspektive zu kultivieren, damit wir mit unserer Reise fortfahren können.

EINZELTASKING

Wir können Achtsamkeit leicht in unseren Alltag einbringen, indem wir unsere Gewohnheiten des Multitasking loslassen und Einzeltasking mit offenen Armen begrüßen. Wir versuchen alle, viele Dinge parallel zu erledigen, aber das sorgt für viel Stress. Studien haben gezeigt, dass es Multitasking nicht gibt. Multitasking ist in Wirklichkeit, seine Aufmerksamkeit sehr schnell einer Sache nach der anderen zu widmen. Studien zeigen jedoch, dass wir so nur die Hälfte der Aufgaben in doppelter Zeit erledigen. Aber weil es anspornt, viel zu tun zu haben, und man sich gut fühlt (Geschäftigkeit sorgt für einen Dopamin-Anstieg), verstärkt Multitasking die Illusion der Effizienz. Und das macht es schwer, diese Gewohnheit aufzugeben.

Mein Freund Peter, selber Therapeut und Praktizierender der Achtsamkeitsmeditation, hatte einen hektischen Tag. Er bereitete das Abendessen zu, musste eine unerwartete Situation bei der Arbeit handhaben und mit dem Stress und der Logistik eines Hauskaufs in Abwesenheit seiner Frau umgehen. Als sein achtjähriger Sohn ihn um Hilfe bei den Hausaufgaben bat, blaffte Peter ihn an. „Sechs verschiedene Dinge auf einmal geht nicht", schimpfte er: „Ich kann nur eine Sache auf einmal erledigen!"

Sein Sohn war zuerst bestürzt, sah ihn dann aber neugierig an und fragte, so wie es nur ein Kind tun kann: „Warum tust du das dann nicht, Papa?"

Einzeltasking – eine Sache nach der anderen erledigen – ist für unser persönliches Gleichgewicht wichtig. Die folgende einfache Übung zeigt die Macht des Einzeltaskings, wie man entschleunigt und seine Aufmerksamkeit immer nur einer Sache im gegenwärtigen Moment widmet.

- Legen Sie, mit geschlossenen oder offenen Augen, einen Finger sanft auf die Stirnmitte.

  Nehmen Sie nur den Finger auf Ihrer Stirn wahr.

  Spüren Sie die Empfindungen an Ihrem Finger auf der Stirn.

  Vielleicht bemerken Sie die Temperatur, Beschaffenheit und Feuchtigkeit und vielleicht entdecken Sie auch Ihren Puls.

  Verweilen Sie einen Moment lang in diesem Gewahrsein. Sollte Ihr Geist wandern, dann bringen Sie ihn sanft zu den Empfindungen am Finger auf der Stirn zurück.

  Öffnen Sie die Augen, nehmen Sie die Hand von der Stirn und bemerken Sie, wie Sie sich fühlen.

Haben Sie Ihr Erlebnis bemerkt, dann haben Sie Achtsamkeit erlebt.

MIT SICH SELBER NACHSICHTIGER UMGEHEN

Viele von uns stehen unter dem enormen Druck, perfekte Eltern, inspirierende Lehrerinnen oder charismatische Betreuer sein zu müssen, die alle Kinder von ihrem Leid erlösen. Viele von uns haben eine innere kritische Stimme, die uns sagt, wir täten nicht genug. Der innere Kritiker mag die Stimmen unserer Kindheit oder die Stimmen der Unterdrückung und Verlogenheit in unserer Gesellschaft wiedergeben.

Es gibt auch viele reale Zwänge von außen – die Kritik unserer Eltern, akademische Eignungsprüfungen, Schulen oder Organisationen, die Zahlen mehr Bedeutung beimessen als Nuancen. Gefühle der Unzulänglichkeit und Angst werden unbewusst an uns weitergegeben und wir geben sie unbewusst an unsere Kinder weiter. Die meisten von uns haben den grundlegenden menschlichen Wunsch, gemocht zu werden, und wir wollen alle von unseren Mitmenschen als kompetent wahrgenommen werden. Aber derartige ständige Vergleiche schaffen noch mehr Angst. Was auch immer die Quelle unserer inneren kritischen Stimme ist, es ist nicht einfach, sie zu ignorieren. Sie manifestiert sich subtil und schleichend in unserem Leben und verschlimmert die zehntausend Freuden, Sorgen und Stressoren, die zum Leben mit jungen Menschen dazugehören.

Eltern stehen unter einem immensen Druck und selbst in „Pflegeberufen" ist die Rate an Burnout, Substanzmissbrauch, Personalfluktuation und Empathiemüdigkeit hoch. Aus diesem Grund zählen Achtsamkeit, Mitgefühl und Selbstmitgefühl zu den wichtigsten Praktiken, die wir für uns selbst tun und den Menschen in unserem Leben vorleben können. Sie sind wahre Selbstfürsorge. Bestimmten Aktivitäten mit Achtsamkeit zu begegnen – zum Beispiel Schokolade achtsam zu essen – kann Selbstfürsorge und Verwöhnen zugleich sein.

STELLEN SIE EINE VERBINDUNG ZU DEN SAMEN HER, DIE BEREITS IN IHNEN GEPFLANZT SIND

Als Kind habe ich meditieren nicht gelernt. Meine Eltern waren nicht gläubig, aber sie waren sicher spirituell. Sie brachten mir formell keine Achtsamkeit bei. Als ich aber begann mich als junger Erwachsener für Achtsamkeit zu interessieren, und über mein Leben nachdachte, stellte ich fest, dass einige meiner wertvollsten Kindheitserinnerungen randvoll mit Achtsamkeit und Mitgefühl waren. Mit meinem Vater zu beobachten, wie sich Wolken am Sommerhimmel bildeten und wieder auflösten, im Natur-Zeltlager still und absichtsvoll durch den Wald zu gehen und auf dessen Geräusche zu achten, mich auf meinen Atem zu konzentrieren, um die größte und rundeste Seifenblase zu machen – alle diese Momente enthalten viele Elemente der Achtsamkeit.

Denken Sie jetzt an Ihre eigene Kindheit zurück. Erinnern Sie sich an Ihre Kindheit oder andere Zeiten in Ihrem Leben, die die Elemente der Achtsamkeit einfangen, Situationen, in denen Sie sich auf den gegenwärtigen Moment mit Akzeptanz und Wertfreiheit konzentrierten?

Wenn ich Menschen auf der ganzen Welt diese Frage stelle, gibt es oft sehr ähnliche Antworten. Am meisten sind Klänge, Gerüche, Geschmack oder andere Empfindungen Teil der Erinnerung. Unsere Sinne befinden sich immer im gegenwärtigen Moment, auch dann, wenn unser Geist in die Vergangenheit oder Zukunft jagt. Die achtsamen Szenen fanden oft in der Natur statt und lösen Gefühle der Wärme und Sicherheit aus.

Sie müssen noch nicht einmal in Ihre Kindheit zurückkehren. Denken Sie einfach an die alltäglichen Momente zurück, in denen Sie heute Achtsamkeit erleben, oder denken Sie darüber nach, wie Sie Achtsamkeit in Aktivitäten einfließen lassen können wie Gartenarbeit, spazieren zu gehen oder das Abendessen vorbereiten.

Ist Achtsamkeit neu für Sie, überlegen Sie sich, welche gewohnten Erlebnisse Ihnen bereits die Elemente der Achtsamkeit vermittelt haben. Vielleicht haben Sie Yoga oder Tai-Chi praktiziert, an einer geführten Visualisierung teilgenommen, progressive Muskelentspannung oder Hypnose ausprobiert – sie alle sind nahe Verwandte der Achtsamkeit. Achtsamkeit hat wahrscheinlich mehr mit Ihren Werten, Interessen und Aktivitäten gemein, als Sie meinen.

MIT EMOTIONALER ÜBERTRAGUNG UMGEHEN

Wenn wir Zeit mit Kindern verbringen, entstehen Konflikte unweigerlich dann, wenn unsere eigenen Wünsche und Bedürfnisse mit denen unserer Kinder im Widerstreit stehen. Wenn wir mit einem wütenden oder emotionalen Kind zu tun haben, ist es schwer, selber nicht auch wütend zu werden. Emotionen, besonders starke Emotionen in den uns nahestehenden Menschen, sind ansteckend. Aber genauso wie sogenannte negative Emotionen ansteckend sind, sind es auch beruhigende und mitfühlende Emotionen.

Wie in Kapitel 1 beschrieben, ermöglichen es uns die Spiegelneuronen im Gehirn, die Erfahrungen und Emotionen unserer Mitmenschen zu fühlen. Wenn ich Sie beim Essen einer Banane beobachte, fangen die Neuronen in meinem Gehirn an zu feuern, die am Banane-Essen beteiligt sind. Und wenn ich Ihnen gegenüber sitze und traurig oder wütend bin, feuern die Neuronen in Ihrem Gehirn auf ganz ähnliche Weise, das heißt, Sie nehmen diese Emotionen nicht nur wahr, sondern Sie *fühlen* sie selber.

Wir nehmen ständig die Emotionen der Menschen in unserem Umfeld auf. Das ist auch zum Teil der Grund, warum der Umgang mit Kindern und Teenagern und ihren Achterbahn-Emotionen so anstrengend sein kann. Wenn unser Herz und Geist durch Emotionen getrübt ist, sind wir nicht mit dem klügsten Geist und offensten Herzen für unsere Kinder da. Unsere Fähigkeit, die Ruhe inmitten eines emotionalen Sturms unseres Kindes zu bewahren, bietet Hoffnung, denn sie beweist, Ruhe ist inmitten von Chaos in der Tat möglich.

Konflikte mit unseren Kindern und miteinander wird es immer geben. Wir versuchen vielleicht, sie zu vermeiden, aber die Wissenschaft hat herausgefunden, dass es nicht unbedingt problematisch für Kinder ist, Konflikte zu sehen. Am wichtigsten ist, wie wir uns verhalten, welche Verhaltensweisen wir in Konfliktsituationen vorleben und wie wir sie lösen. Das bedeutet auch, dass es unsere Aufgabe als Erwachsene ist, die Führung zu übernehmen und zu demonstrieren, dass es möglich ist, sich zu beruhigen und die Verbindung zu unseren Kindern, zu anderen und zu uns selber wiederherzustellen.

Was tun Sie, um Ihren Kindern dabei zu helfen, sich zu beruhigen? In welchem emotionalen Zustand befanden Sie sich in solchen Momenten? Gab es Zeiten, in denen Ihre Kinder oder Sie noch wütender wurden? In welchem emotionalen Zustand befanden Sie sich in solchen Momenten? Diese Fragen helfen Ihnen, auf Ihrer eigenen Erfahrung aufzubauen.

Die Ruhe zu bewahren, wenn ein Kind schreit oder ein Teenager einen Wutanfall hat, ist leichter gesagt als getan. Wir können trotzdem einiges tun. Einem wütenden Jungen zu sagen, er möge Achtsamkeit praktizieren, um sich zu beruhigen, ist vermutlich weitaus weniger erfolgsversprechend, als *uns selber* zu beruhigen. Und das gelingt dann am besten, wenn wir eine solide Basis in Form von formellen und informellen Praktiken haben, denn dadurch wird unser Gehirn neu vernetzt, damit wir auf unseren unglücklichen Sohn achtgeben und uns wieder mit ihm anfreunden können, statt mit ihm zu streiten oder ihn zu meiden. Zur Erinnerung: Wenn wir wütend sind, sehen wir nicht das große Ganze, sondern überall nur Bedrohung.

In solchen Momenten fällt es schwer sich an den Atem zu erinnern. Andere informelle Achtsamkeitspraktiken können helfen. Wir können unseren Geist verändern, indem wir unseren Körper verändern. Versuchen Sie ihr Gewahrsein auf die Füße zu richten, die Fäuste zu öffnen, sich hinzusetzen oder sich zurückzulehnen, und spüren Sie Ihre Empfindungen. Oder sehen Sie sich im Zimmer um oder aus dem Fenster, um die Perspektive wiederzugewinnen, bevor Sie sich Ihrem Kind zuwenden.

Dennoch verlieren wir manchmal trotz allem die Nerven. Das Beste, was wir dann tun können, ist uns selber zu vergeben (uns selber gegenüber Mitgefühl zu zeigen), über das Geschehene nachzudenken und mit unseren Kindern über unser Verhalten zu sprechen, sobald wir uns beruhigt haben. Verantwortung für unsere Worte und Taten zu übernehmen ist der beste Weg, Kindern beizubringen, Verantwortung für ihre eigenen Worte und Taten zu übernehmen.

WIE WEISS ICH ES?

Um meinen Kollegen und Freund Ron Siegel zu paraphrasieren: Es funktioniert dann am besten, wenn im Zimmer alle *gegenwärtig* sind.

Eine der einfachsten Übungen, um in der gegenwärtigen Erfahrung verankert zu bleiben, ist, sich den ganzen Tag über immer wieder die Frage zu stellen: „Wie weiß ich, dass ich das tue, was ich tue?" Überprüfen Sie Ihre Sinne, Gedanken und Gefühle. Wie weiß ich, dass ich meinen Kindern zuhöre? Warte ich und denke ich über eine Antwort nach, bevor sie ausgesprochen haben, oder bin ich ihren Ideen gegenüber offen? Wie weiß ich, dass ich unterrichte? Ich höre meine eigene Stimme und sehe, dass die Kinder sich zumindest teilweise auf mich eingestimmt haben. Wie weiß ich, dass ich Auto fahre? Ich spüre die Vibrationen des Autos, höre das Brummen des Motors und sehe die Landschaft an mir vorbeiziehen.

WAS HAT GUT GEKLAPPT?

Die Achtsamkeitslehrerin Sharon Salzberg erinnert uns daran, dass wir, um herausfordernde Aufgaben langfristig anzugehen, sei es Eltern-Sein, Unterrichten oder ein Pflegeberuf, uns bewusst dazu entschließen müssen, die positive Resilienz und Menschlichkeit in anderen und uns selber zu sehen und eine Verbindung zu ihnen herzustellen. Nehmen Sie sich jetzt einen Moment Zeit, um eine Verbindung zum Positiven aufzubauen. Welche Kinder oder Erwachsenen in Ihrem Leben haben Sie heute mit Ihrer Kreativität oder Resilienz inspiriert? Und welche Kollegen oder Kolleginnen und Mentoren? Was und wer hat Sie in schwierigen Zeiten getragen? Welche Erfolgsmomente hatten Sie heute, diese Woche oder dieses Jahr, an denen Sie sich festhalten können? Irene McHenry, Quäker-Pädagogin und Autorin, empfiehlt, sich oft folgende Frage zu stellen: „Was hat gut geklappt?" Oder: „Was war *nicht* falsch?" Wir können diese Übung gut alleine oder mit unseren Partnerinnen und Partnern oder Kollegen machen, wenn wir mit ihnen über den Tag sprechen oder ein Arbeitstreffen haben. Und vergessen Sie nicht, Ihren Kindern, Partnern und Kollegen oder Kolleginnen persönlich und per E-Mail oder SMS Ihre Dankbarkeit und Wertschätzung auszusprechen.

Wenn Sie eine Verbindung zum Positiven herstellen, erlauben Sie sich, diese Erfahrung auch wirklich zu fühlen und zu verstehen. Studien belegen, dass negative Erfahrungen codiert und sofort im Gehirn gespeichert werden, in jenen Dateien in unserem Geist, die uns sagen, die Welt sei ein negativer Ort. Positive Wahrnehmungen werden langsamer, innerhalb von zwanzig bis dreißig Sekunden, codiert. Nehmen Sie sich daher jetzt etwas Zeit, ungefähr dreißig Sekunden, um die positiven Momente Ihres Tages zu betrachten und zu genießen. Fühlen Sie diese Emotionen und erlauben Sie ihnen, bis in Ihr Innerstes vorzudringen und Ihre Perspektive zu verändern.

Vielleicht möchten Sie ja auch aufschreiben, was gut geklappt hat, damit Sie später darauf zurückkommen können. Machen Sie diese Wertschätzungsübung oft mit Ihren Kindern.

AUF SEIN BAUCHGEFÜHL HÖREN

Eine der Herausforderungen bei der Arbeit mit Kindern ist, dass wir oft feststecken und schwierige Entscheidungen treffen müssen, aber nicht wissen, was zu tun ist. Kelly McGonigal ist Psychologin an der Stanford University und vermittelt Interessierten Körperbewusstsein durch Praktiken wie Yoga. Sie schlägt eine einfache Übung vor, wenn man eine schwierige Entscheidung treffen muss. Ich habe sie für dieses Buch adaptiert. Sie wird auch als „auf sein Bauchgehirn hören" bezeichnet.

Nehmen Sie eine bequeme Haltung ein. Schließen Sie die Augen oder lassen Sie sie auf einem Gegenstand ruhen, der nicht ablenkt.

Denken Sie an die wichtige Entscheidung. Stellen Sie sich folgende Frage: „Was will ich in dieser Situation wirklich?"

Stellen Sie sich jetzt vor, Sie haben eine Entscheidung getroffen. Sagen Sie zu sich selbst: „Ich habe beschlossen, _____ zu tun. Ich werde es tun. Ich habe mich entschieden." Stellen Sie sich diese Entscheidung so bildhaft wie möglich vor.

Tasten Sie dabei Ihren Körper gedanklich schnell ab und nehmen Sie wahr, wie er sich anfühlt. Achten Sie auf die Qualität Ihres Atems und mögliche angespannte Bereiche. Richten Sie Ihr Gewahrsein besonders auf die Empfindungen im Oberkörper und welche Signale die Empfindungen Ihnen schicken. Notieren Sie diese im Geist.

Atmen Sie ein und lassen Sie dieses Entscheidungsszenario los. Atmen Sie mehrmals ein und aus und erlauben Sie Körper und Geist in eine neutrale Grundposition zurückzukehren.

Drehen Sie das Szenario jetzt um. Sagen Sie zu sich selbst: „Nein, das werde ich nicht machen. Ich habe mich stattdessen entschieden, _____ zu tun. Genau das werde ich machen." Stellen Sie sich auch diese Entscheidung so bildhaft wie möglich vor.

Tasten Sie Ihren Körper gedanklich ab. Beobachten Sie Ihren Atem. Nehmen Sie die Empfindungen im Oberkörper wahr, besonders im Herzen und Bauchbereich. Achten Sie auf das, was Ihr Körper Ihnen mitteilt. Notieren Sie es im Geist.

Ich mache diese Übung, wenn ich wichtige Entscheidungen treffen muss, und ich teile sie häufig mit meinen Patienten. Eine fünfzehnjährige Patientin zermarterte sich neulich den Kopf, ob sie sich von Ihrem Freund trennen sollte. Sie saß mit geschlossenen Augen auf meiner Couch, sie war aufmerksam, als ich sie durch diese Übung führte. Am Ende riss sie die Augen auf. „Ich muss mich von Jamie trennen!", sagte sie, ohne zu zögern. Eine andere Patientin benutzte diese Übung, um sich zwischen zwei Elite-Colleges zu entscheiden.

Die Wichtigkeit Ihrer eigenen Praxis

Während meiner Ausbildung zum Therapeuten wurde ich immer wieder daran erinnert, dass weder Skalpell noch Hammer zu meinen Werkzeugen gehörten. Mein Werkzeug bin ich selber. Das gleiche trifft auf die Elternrolle und andere Aufgaben in der Arbeit mit Kindern zu. Wenn Ihr Körper, Geist und Herz die Werkzeuge sind, müssen Sie lernen, sie zu benutzen, zu warten und zu schärfen. Sie müssen sie in- und auswendig kennen, einsehen, dass sie sich mit der Zeit verändern, und wissen, was passiert, wenn Sie sie zu häufig benutzen. Die Achtsamkeitspraxis tut all dies.

Selbstfürsorge ist wichtig, um Empathiemüdigkeit zu vermeiden und langfristig mit anderen verbunden zu bleiben. Wie viel Zeit nehmen Sie sich, um sich um sich selbst zu kümmern? Erledigen Sie immer nur eine Aufgabe nach der anderen? Nehmen Sie sich Zeit, um Ihren Atem wahrzunehmen und den gegenwärtigen Moment zu spüren? Haben Sie Mitgefühl für sich selbst und andere, sind Sie großzügig zu sich selbst und anderen? Denken Sie an das, was Ihnen in anderen schwierigen Zeiten Kraft gab?

Parker Palmer, Autor, Lehrer und Aktivist, erinnert uns in seinem inspirierenden Buch *The Courage to Teach* daran, dass wir „weitergeben, wer wir sind". Dieses Prinzip trifft auf uns alle zu. Wir geben Fürsorge aus unserem besten Selbst und aus unserem schlechtesten Selbst weiter, wir sind Lehrer und Vorbilder für diejenigen, die zu uns aufblicken, ob wir das in jedem Moment wollen oder nicht. Viele von uns befinden sich in einem chaotischen Umfeld – zuhause, in Krankenhäusern, Freizeit-Camps oder Schulen. Unsere Arbeit mit Kindern wird oft zu wenig geschätzt, sie ist unterbezahlt und unsichtbar. Ohne äußere und innere Unterstützung können wir Empathiemüdigkeit und Burnout erleben, egal wie sehr wir unsere Kinder lieben.

Sich selber wertzuschätzen und sich die Zeit für Selbstfürsorge zu nehmen ist wichtig für unsere Fähigkeit, vollkommen gegenwärtig für und verbunden mit unseren Kindern zu sein. Wir müssen lernen, für uns selber gegenwärtig zu sein, bevor wir es für andere sein können. Erst dann können wir eine Verbindung zu unseren Kindern aus einer Position des sicheren Gleichgewichts heraus herstellen, welche durch die Erkenntnisse aus unserer eigenen Praxis geprägt ist. Aufgrund meiner Achtsamkeitspraxis kann ich mich auf die Realität einer Situation einstimmen und genau auf das hinhören, was unterhalb der Worte meiner Patienten und anderer Menschen in meinem Leben geschieht.

Als ich in einem sozialen Brennpunkt arbeitete, hatte ich eine Klientenschwemme von wütenden, jungen Männern. Ich erinnere mich noch gut an einen von ihnen, Adriao, einen Einwanderer aus Kap Verde, der seine Jugend innerhalb und außerhalb diverser staatlicher Einrichtungen verbrachte. Es fiel mir schwer, eine Verbindung zu diesem zwölfjährigen Jungen aufzubauen, der, wenn er nicht gerade vom Unterricht suspendiert war oder sich in staatlichem Gewahrsam befand, in der Schule herumstolzierte, seine Klassenkameraden schubste und seine Lehrerinnen beschimpfte, der aber auch ruhig in meinem Büro saß und mit Action-Figuren spielte. Ich musste diese Arbeit aus verschiedenen Gründen aufgeben und die Kinder darüber informieren. Ich dachte nicht, dass Adriao es bemerken oder es ihn besonders berühren würde.

„Nee, Sie können nicht gehen, Dr. Willard. Sie können *nicht* gehen! Ich komm einfach zu Ihrem neuen Job und schleif Sie hierher zurück in den Therapieraum. Ich lasse dabei Ihren Kopf den ganzen Weg nach oben auf die Stufen knallen. Und dann hol ich meine Pistole und schieße Ihren Namen in die Wand! Nein, Sie können *nicht* gehen!", protestierte er.

Viele hätten hier einen wütenden, einen bedrohlichen oder gefährlichen Jugendlichen gehört. Vielleicht war er all das in bestimmten Momenten in seinem Leben. Was ich hinter diesen Worten hörte, war: „Ich werde Sie vermissen." Ich reflektierte es mit meinen eigenen Worten: „Du wirst mir auch fehlen, Adriao."

Achtsamkeit ermöglicht es uns, das, was wir wirklich hören oder sehen, zu erkennen, genau hinzuhören und hinzusehen und die Wahrheit zu hören, die unter dem Leid der Menschen um uns herum und unter unserem eigenen Leid verborgen ist. Sind wir dazu in der Lage, werden die Kinder in unserem Leben das erkennen und sich unseren Ideen gegenüber öffnen.

Achtsamkeitspraktiken helfen uns, uns in unserer eigenen Haut wohler zu fühlen. Als ich meine Arbeit als Therapeut begann, hatte ich einen alten und weisen Therapeuten und ich wollte unbedingt so wie dieser alte und weise Therapeut sein. Aber so ein Therapeut bin ich nicht. Ich bin auch kein rappender Therapeut, der Basketball spielt, so wie einige meiner Kollegen, und eine Zeit lang kritisierte ich mich selber dafür sehr. Bis mir dann irgendwann klar wurde, dass ich meine eigenen Stärken habe und diese auch einsetzen sollte. Jetzt, als Vater, weiß ich, welche Stärken ich habe und wobei ich eher Hilfe benötige. Sich in seiner eigenen Haut wohl zu fühlen ist eine überzeugende Botschaft. Wie sehr wir uns auch für einen uncoolen Nerd halten, wenn wir unseren Kindern zeigen, dass wir uns selber mögen, zeigen wir ihnen, dass es in Ordnung ist, so zu sein, wie man ist. Botschaften der Akzeptanz und Selbstakzeptanz, ob implizit oder explizit, sind für junge Menschen absolut wesentlich. Achtsamkeit kann dabei eine große Rolle spielen.

Achtsamkeit zu praktizieren hilft uns auch authentischer zu sein. Junge Menschen sehnen sich nach Authentizität. Sie besitzen großartige Bockmist-Detektoren. Deshalb können sie uns so gut einschüchtern. Der Wunsch nach Authentizität ist teilweise fest im jugendlichen Gehirn verdrahtet. Für viele Kinder ist die Fähigkeit, authentische Intentionen, verborgene Motive und wahre Motivation zu erkennen, eine Frage des Überlebens, besonders dann, wenn sie schwierige Zeiten hinter sich haben. Je authentischer wir sein können, desto authentischer und vertrauensvoller wird unsere Beziehung zu unseren Kindern sein.

Wenn wir uns selber kennen und akzeptieren, werden wir das Beste für unsere Kinder geben, denn wir kennen unsere Stärken und nutzen sie anstelle unserer Schwachpunkte als Grundlage.

Man sagt, Achtsamkeitsmeditation fördere zwei Eigenschaften: Weisheit und Mitgefühl. Gibt es andere Eigenschaften, die es mehr wert wären als diese beiden, sie für unsere Zeit mit jungen Menschen zu kultivieren?

ACHTSAM AUTO FAHREN

Ein Meditationslehrer empfahl mir, einmal pro Woche einen Teil meiner Fahrt zur Arbeit ohne Radio, Handy oder Kaffeebecher in der Hand zu fahren. Zuerst dachte ich mir nicht viel dabei, probierte es dann aber doch aus. Ich spürte die Vibrationen des Autos, das Brummen des Motors, das mich daran erinnerte, den Gang zu wechseln. Dadurch, dass ich nur ein oder zwei Ablenkungen aus dieser regelmäßigen Tätigkeit entfernte, war ich mir meiner entstehenden Gedanken und Gefühle viel bewusster. Ich fahre nicht jeden Tag die ganze Strecke so, aber ich beseitige Ablenkungen aus den ersten und letzten Minuten meiner Fahrt und fange bei der ersten Ampel auf dem Weg zur Arbeit an. Indem ich diesem Teil meiner Fahrt Achtsamkeit entgegenbringe, wird der Übergang zum nächsten Teil meines Tages leichter und ich bin wirklich gegenwärtig, wenn ich ankomme. Fahren Sie nicht mit dem Auto zur Arbeit, könnten Sie zum Beispiel bei der ersten und letzten Haltestelle der U-Bahn oder des Busses anfangen.

TEIL 2

Übungen für Kinder und Teenager

4

Kinder mit Achtsamkeit bekannt machen

Vermeide Schwierigkeiten, bevor sie entstehen.
Bringe Dinge in Ordnung, bevor sie existieren.

LAOTSE – *Eintausend Namen für Freude*
von Byron Katie und Stephen Mitchell

Wenn wir anfangen Achtsamkeit mit Kindern zu teilen, lautet unsere erste große Frage meist: „Wie kann ich ihr Interesse wecken?" Wie können wir Achtsamkeit unterhaltsam und zugänglich für kleine Kinder und relevant für ältere Kinder machen? Auch wenn sie uns nicht jenen bekannten skeptischen Blick zuwerfen, haben Kinder verschiedene Vorgeschichten, Aufmerksamkeitsspannen, Lernstile und Interessen.

Schritt 1: Nehmen Sie sich Zeit den Boden vorzubereiten

Der erste Schritt, Kinder mit Achtsamkeit bekanntzumachen, ist eine gute Beziehung zu Ihren Kindern. Diese gute Beziehung kann aus Ihrer eigenen Praxis der Achtsamkeit und des Mitgefühls entstehen, die Ihnen hilft Ihren Kindern gegenüber verbunden und mitfühlend zu sein. Wenn Kinder Ihnen vertrauen und eine Verbindung zu Ihnen herstellen, im

Allgemeinen und im jeweiligen Moment, werden sie eher versucht sein das Achtsamkeitsding auch auszuprobieren. Treffen Sie auf viel Widerstand, müssen Sie eventuell einen Schritt zurücktreten und Ihre Zeit in der Beziehung anders investieren. Ihre Beziehung zu Ihrem Kind ist wichtiger als Achtsamkeit und Achtsamkeit wird wahrscheinlich nicht innerhalb einer angespannten Beziehung wachsen. Wehren sich Kinder mehr als nur gegen Achtsamkeit und ist Ihre Beziehung angespannt, sollten Sie vielleicht einen anderen Erwachsenen um Hilfe bitten, jemanden, zu dem die Kinder aufblicken wie zu einem Trainer, einer beliebten Lehrerin oder einer Therapeutin.

Schritt 2: Wägen Sie ab, was Sie ändern können und was nicht

Der zweite Schritt besteht darin, Ihre Intentionen zu kennen und festzusetzen, selbst wenn sie nicht immer ganz klar sind. Es gibt meist eine zugrunde liegende Absicht, wie etwa der Wunsch Ihrerseits (oder seitens der Schule oder einer besorgten Fachkraft) nach einer Verhaltensänderung. Wenn Sie jedoch Achtsamkeitspraktiken mit dem Wunsch nach Veränderung anbieten, vermittelt das Kindern, dass etwas mit ihnen nicht stimmt und in Ordnung gebracht werden muss – ein wenig hilfreiches Signal, das sie vermutlich bereits aus anderen Bereichen in ihrem Leben erhalten und das sie in die Defensive drängt.

Denken Sie nicht daran, wie sich Ihre Kinder verändern sollen, sondern überlegen Sie sich, welche Veränderungen Sie vornehmen können und wollen. Sie können Ihre Kinder nicht verändern oder von ihnen erwarten, sich an Ihren Lehrstil anzupassen. Das Einzige, was Sie ändern können, ist, Veränderungen in ihrem Umfeld zu fördern, Ihren Lehrstil und Ihr Verhalten ihnen gegenüber zu ändern. Letztlich schaffen Sie damit die Bedingungen, unter denen Veränderungen am ehesten stattfinden können.

Schritt 3: Denken Sie an Ihre Kinder

Der dritte Schritt besteht darin, die Interessen und Persönlichkeiten der Kinder zu berücksichtigen. Was erweckt ihr Interesse auf natürliche Weise? Ein Junge, der gerne Sport macht, wird sich vielleicht durch Bewegungen oder körperbasierte Übungen motiviert fühlen, Achtsamkeit zu lernen. Ein Mädchen, das Kunst mag, kann durch achtsames Malen oder Bildhauern oder Beobachtungsaktivitäten an Achtsamkeit herangeführt werden. Kinder, die die Natur lieben, finden vielleicht durch das Versprechen einer tiefen Verbindung zur natürlichen Welt Zugang zu Achtsamkeit.

Interessiert sich Ihr Kind für ...	versuchen Sie folgende Übungen:
Sport	Mit all unseren Sinnen atmen • Kinderaugen • Zoomobjektiv und Weitwinkelobjektiv • Gehen mit sensorischem Bewusstsein, Pfennig-Gehen • Baum-Übung • Was hat gut geklappt? • Menschlicher Spiegel • Menschliches Kaleidoskop
Bildende Künste (z.B. Zeichnen, Design, Fotografie, Filmemachen)	Wolken wegschieben • Mit anderen Augen sehen • Zoomobjektiv und Weitwinkelobjektiv • Gehen mit sensorischem Bewusstsein • Grüntöne • Farbendetektiv
Natur, Freiluftaktivitäten	Einfache Gehmeditation • Gehen mit sensorischem Bewusstsein • Mit Dankbarkeit gehen • In der Klanglandschaft surfen • Farbendetektiv • Grüntöne • Künstler-Augen • Samurai-Augen • Stille suchen • Wolken am Himmel • Zoomobjektiv und Weitwinkelobjektiv
Soziale Medien	Soziale-Medien-Meditation • Das 79. Organ • DENKE bevor du sprichst

Interessiert sich Ihr Kind für ...	versuchen Sie folgende Übungen:
Ein guter Freund sein, neue Freunde gewinnen	Auf sein Bauchgefühl hören • Lächeln-Meditation • Den Atem weiterreichen • Menschlicher Spiegel • Metta-Atem • Schmetterlingsumarmung • Übung zur persönlichen Distanzzone • Was hat gut geklappt? • Nachdenken • DENKE bevor du sprichst
Wissenschaften, Allgemeines	Innehalten • 7-11-Atem • Sensorisches Atmen • 3-2-1-Kontakt • Einfach nur Sein x 3 • Wolken wegschieben • Stein im See
Schreiben	Seine eigene Meditation zum achtsamen Atmen aufschreiben • Blick nach innen auf unsere Erfahrung richten
Musik	Den Klang finden • Ein-Titel-Achtsamkeit • In der Klanglandschaft surfen
Darstellende Künste (Theater, Singen, instrumentale Aufführung, Poetry Slam)	7-11-Atem • Innehalten • Stille suchen • Metta-Übung • Metta-Atem

Ein anderer Vorschlag wäre, die Übungen in diesem Buch selber auszuprobieren, zu erkunden, welche Ihnen zusagen und warum, und sie dann gemeinsam mit Ihren Kindern zu machen. Sie können Ihren Kindern erklären, dass Sie nach der Arbeit gerne den 7-11-Atem machen, um einen klaren Kopf zu bekommen, zum Beispiel während Sie darauf warten, dass das Teewasser kocht, oder achtsam vom Auto zum Büro gehen und etwas Schönes bemerken oder den ersten Bissen einer Mahlzeit zu einem achtsamen machen oder morgens vor dem Aufstehen auf fünf Geräusche achten.

Wenn Ihr Kind Lernprobleme oder psychologische Schwierigkeiten hat, unter einer Aufmerksamkeitsdefizit-/Hyperaktivitätsstörung oder unter Depressionen leidet, lesen Sie bitte den Anhang. In ihm finden Sie die Übungen, die den Bedürfnissen Ihres Kindes entsprechen. Arbeitet Ihr Kind mit einem Therapeuten, könnten Sie diesen fragen, ob es sinnvoll wäre, Achtsamkeit in die Therapie oder das Familienleben einzubinden. Der Therapeut hat vielleicht auch mehr Erfolg Ihrem Kind Achtsamkeitsübungen schmackhaft zu machen.

Mobbing ist heute zum Glück ein Thema, dem man die Beachtung schenkt, die es verdient. Kinder können geführte Visualisierungen wie die Baumübung oder den „Stein im See" üben, um mehr Selbstvertrauen in schwierigen Situationen zu gewinnen. Andere Übungen, wie die kurzen Übungen zum Atem in Kapitel 11, können ihnen helfen ruhig zu bleiben, selbst dann, wenn sie Angst haben oder sich überwältigt fühlen.

Schritt 4: Über Achtsamkeit sprechen und Zustimmung erzeugen

Ihre Argumente an das individuelle Kind anzupassen ist entscheidend, um Achtsamkeit so interessant und inspirierend zu machen, dass das Kind formelle und informelle Achtsamkeitsübungen auch ausprobiert. Nur Sie wissen, was das Interesse Ihres Kindes weckt. Hier sind trotzdem einige Vorschläge, wie Sie Ihr „Verkaufsargument" gestalten können.

Die Wünsche Ihrer Kinder nutzen. Sie können Ihren Kindern erzählen, dass Achtsamkeit im Sozialleben, in der Schule, beim Sport, bei Aufführungen oder bei dem hilft, was sie gerade in dem Moment motiviert. Sie können ihnen auch erklären, wie viel ihnen entgeht, wenn sie nicht auf ihre inneren Erfahrungen und die Welt um sie herum achten. [Heranwachsende sprechen oft von der „Angst, etwas zu verpassen" oder FOMO (engl. „Fear of Missing Out").] Es gibt YouTube-Videos, die genau das zeigen, wie zum Beispiel das über den weltberühmten Violinisten Joshua Bell, der in der U-Bahn spielt, oder vom berühmt-berüchtigten „Unsichtbaren Gorilla" im Test zur selektiven Wahrnehmung. Wir Erwachsenen erinnern Kinder gerne daran, dass ihnen Dinge im Leben oder in der Schule entgehen, aber es würde sie wahrscheinlich mehr interessieren zu hören, dass ihnen das Lächeln des netten Jungen, ein Ball im Abseits oder eine mögliche Freundschaft entgeht, wenn sie nicht aufmerksam sind.

Vorbilder identifizieren. Ein Kollege sagte vor einigen Jahren im Scherz: „Zum Glück haben die Seahawks den Super Bowl gewonnen. Das Team meditiert und jetzt haben wir etwas, das wir bei den Kids einsetzen können!" Es ist einfach im Internet nach „xy meditiert" zu suchen und xy durch *Musiker/Schauspielerinnen/Sportler/ Wissenschaftlerinnen/Politiker/ Managerinnen* zu ersetzen– durch Menschen, die Ihr Kind bewundert. Lassen Sie uns schlau sein und im Gespräch mit unseren Kindern einwerfen, dass dieser Popstar oder jener Sportler Achtsamkeit praktiziert.

Ihre Neugier wecken. Mein Vater stellte mir zum ersten Mal Achtsamkeit vor, als ich sieben Jahre alt war. „Willst du einen Zaubertrick sehen?", fragte er und zeigte mir dann, wie man mit seinem Atem Wolken bewegte und zum Verschwinden brachte.

Stress und seine Auswirkungen diskutieren. Wenn ich in meiner Rolle als Therapeut mit Kindern spreche, fange ich oft mit der vierteiligen Übung aus Kapitel 1 an, die demonstriert, wie Körper und Geist zusammenarbeiten und dadurch beeinflussen, wie wir denken und uns fühlen. Schüler verstehen sofort, welche negativen Auswirkungen Stress auf ihre schulischen Leistungen und ihr Privatleben hat.

Seien Sie sich bewusst, dass Stressmanagement als Motivation ein zweischneidiges Schwert ist. Erwachsene machen sich über Stress Sorgen und Kinder beklagen sich über Stress, aber er kann auch ein Ehrenabzeichen sein. Ich leitete vor Kurzem eine Achtsamkeitsgruppe an einer sehr leistungsorientierten Schule und machte mit zwei verschiedenen Postern auf sie aufmerksam: Das eine Poster kündigte eine Achtsamkeitsgruppe an, das andere eine Gruppe zur Stressreduzierung. Ich erhielt fast zehnmal so viele Anfragen zur Achtsamkeitsgruppe wie zur Gruppe zur Stressreduzierung. Darum ist die vierteilige Übung so nützlich: Sie zeigt die negativen Auswirkungen von Stress.

Die Hilfe anderer Kinder heranziehen. Referenzen von anderen, älteren Kindern können ebenfalls sehr wertvoll sein. Eltern könnten beispielsweise die Kinder von Freunden der Familie, die Achtsamkeit praktizieren, um Hilfe bitten, besonders solche Kinder, die akademisch, sportlich oder künstlerisch erfolgreich sind. Wenn Sie Schulabsolventen einladen in ihrer alten Schule über Achtsamkeit zu reden und wie diese ihr Leben beeinflusst hat, kann das inspirierender sein als alles, was Sie zu diesem Thema zu sagen haben.

Freiheit betonen. Teenager schätzen ganz besonders die Freiheit, die sie durch eine Achtsamkeitspraxis erhalten. Sie schätzen es, eine Wahl und Macht zu haben, die sie über die Achtsamkeit entdecken. Die Botschaft, dass Achtsamkeit zwar keine äußeren Umstände ihres Lebens ändern kann, aber ihre inneren Reaktionen auf sie verändert, kann neu und faszinierend sein. Achtsamkeit schafft nichts aus dem Weg, aber sie rückt die Dinge ins rechte Licht und stärkt unsere Fähigkeit, mit schwierigen Situationen umzugehen, ohne von ihnen zerstört oder kontrolliert zu werden. Jemand sagte kürzlich: „Um uns besser zu fühlen, müssen wir besser im Fühlen werden." Genau das vermittelt Achtsamkeit. Wenn Kinder ihre eigenen Gedanken und Gefühle sehen können, kommen negative Verhaltensweisen seltener vor.

Mein Kollege Sam Himelstein fragt Kinder, die mit dem Gesetz in Konflikt geraten sind: „Wie viel Zeit habt ihr damit verbracht, darüber nachzudenken, was euch ins Gefängnis oder in Schwierigkeiten gebracht hat? Und wie viel Zeit habt ihr seitdem damit verbracht, darüber nachzudenken?" Das ist ein sehr gutes Beispiel dafür, wie innezuhalten, bevor wir handeln, sich auf unsere Freiheit auswirkt.

Sie um Hilfe bei Ihrer eigenen Praxis bitten. Wenn wir Kindern eine besondere Verantwortung übertragen, werden sie der Herausforderung oft gerecht und fühlen sich endlich aufgrund ihres Alters und ihrer Reife anerkannt. Sie zu bitten, während Ihrer Übung Ihre Stoppuhr oder Ihr Glockenläuter zu sein, inspiriert sie vielleicht dazu, mitzumachen. Sie könnten sie bitten, Sie durch kürzere Meditationen zu führen, während sie lesen lernen. Sind Ihre Kinder älter, könnten Sie sich mit ihnen beim Vorlesen geführter Meditationen abwechseln. Und wenn Sie sie bitten, Sie daran zu erinnern zu atmen oder nur eine Sache auf einmal zu machen, wenn *Sie selbst* gestresst aussehen oder handeln, sorgt das mehr für Zustimmung, wenn Sie an der Reihe sind, Ihre Kinder an den Atem zu erinnern.

Informelle Übungen mit ihnen machen. Zusammen mit Ihren Kindern Achtsamkeit zu üben ist ideal. Kinder möchten mit uns Zeit verbringen und umgekehrt. Warum verbringen wir die gemeinsame Zeit nicht achtsam? Achtsamkeit findet nicht nur auf einem Meditationskissen statt. Zusammen spazieren gehen und das Handy zuhause lassen, eine Mahlzeit gemeinsam vorbereiten und essen, Musik hören, ein Spiel spielen und alles andere, das Sie bereits als Familie tun, kann achtsam getan werden, wenn Sie der Aktivität und/oder einander Ihre volle Aufmerksamkeit schenken.

Viele Familien sprechen ein Dankgebet vor dem gemeinsamen Abendessen. Sie könnten vor Mahlzeiten ein kleines Ritual aus einer kurzen Achtsamkeitsübung machen, zum Beispiel mit den Übungen „Suppen-Atmen" (Kapitel 11) und „In der Klanglandschaft surfen" (Kapitel 8) oder damit, den ersten oder die ersten beiden Bissen achtsam zu machen (siehe

Kapitel 6, Achtsames Essen). Und warum nicht auch eine Übung für die Übergangszeiten, wie das Ritual vor dem Schlafengehen, besonders für kleinere Kinder oder die Kinder, die Probleme mit dem Einschlafen haben? Nützliche Übungen für solche Zeiten sind „Stein im See" (Kapitel 5), „Wolken wegschieben" (Kapitel 9), „Was hat gut geklappt?" (Kapitel 3) und „Metta (Liebende-Güte)-Atem" (Kapitel 11). Kapitel 11 beschreibt weitere Ideen, kurze, informelle Achtsamkeitspraktiken in Ihren Alltag zu integrieren.

Ehrlich und realistisch sein. Wie auch immer Sie das Gespräch beginnen, seien Sie geradeheraus und predigen Sie nicht. Junge Menschen schätzen Ehrlichkeit. Statt zu versprechen, dass Achtsamkeit ein Allheilmittel ist, könnten Sie sagen: „Achtsamkeit hilft vielleicht" oder „Viele Kinder wie du finden, dass Achtsamkeit nützlich ist und Spaß macht." Versprechen Sie nicht etwas, das Achtsamkeit nicht halten kann. Ich habe zu Kindern gesagt: „Das hört sich vielleicht doof oder komisch an, aber probiert es einfach aus. Wir können hinterher darüber lachen, wenn es zu seltsam ist."

Mit Ihren Intentionen und Erwartungen arbeiten

Will man Kindern Achtsamkeitspraktiken vermitteln, ist es am schwierigsten, an seinen eigenen Erwartungen zu arbeiten. Durch die klugen Worte eines Freundes habe ich vor langer Zeit verstanden, dass „Erwartungen vorprogrammierte Enttäuschungen sind", weil Leid entsteht, wenn wir uns ein besonderes Resultat wünschen, aber die Realität es anders geplant hat. Das führt zu Burnout, wenn Dinge sich nicht nach Wunsch entwickeln, oder zu Überheblichkeit, wenn sie es tun.

Es ist gefährlich zu hohe Erwartungen oder Ziele zu haben, wenn wir unsere Achtsamkeitspraxis mit unseren Kinder teilen. Wenn Sie dieses Buch mit der Erwartung lesen, alle Kinder in Ihrem Leben werden jetzt munter meditieren und die Früchte der Achtsamkeitspraxis genießen, werden Sie enttäuscht werden und ich werde meine Mailbox nach wütenden E-Mails von Ihnen durchsehen müssen. Anstatt hoher Erwartungen und enggefasster Ziele schlage ich Ihnen vor, eine Verbindung zu Ihrer Absicht herzustellen, Achtsamkeit mit Ihren Kindern zu teilen, ungeachtet des Resultats. Lautet Ihre Absicht, die Vorteile der Achtsamkeit an die Kinder in Ihrem Leben weiterzugeben und einige Übungen zu lernen, die Sie gemeinsam mit ihnen oder die Ihre Kinder manchmal auch alleine machen, dann werden Sie fündig werden.

Wenn Sie sich Intentionen statt Ziele oder Erwartungen setzen, konzentrieren Sie sich auf einen Prozess, den Sie steuern *können*, statt auf ein Resultat, über das Sie keine Kontrolle haben. Intentionen sagen uns, wo wir uns befinden, durch sie konzentrieren wir uns auf die Reise, nicht auf das Reiseziel. Machen Sie einen guten Plan und, falls nötig, auch einen Ersatzplan, aber seien Sie bereit eine unerwartete Richtung einzuschlagen, wenn der Weg Sie dorthin führen sollte, und schätzen Sie das, was Sie auf Ihrer Reise finden. Lernen Sie daraus.

Wenn wir Kindern das Erleben von Achtsamkeit anbieten, statt von ihnen zu erwarten, sie mögen sofort ihre eigene Achtsamkeitspraxis aufbauen, können wir uns alle entspannen, denn wir lassen die Anhaftung an ein Resultat los und sind gegenwärtig in dem, was ist. Und wenn unsere Intention nur darin besteht, eine positive Erfahrung der Achtsamkeit zu teilen, erleben wir alle Frieden, ungeachtet des Resultats.

Vielleicht ist die beste Intention, eine Verbindung zu den Kindern in unserem Leben aufzubauen und ihnen gleichzeitig ein wenig Gewahrsein zu vermitteln. Je mehr wir dies zu unserer wirklichen Intention machen, desto besser ist es für unsere Kinder, unsere Beziehung und unser seelisches Wohlbefinden. Letzten Endes ist eine authentische menschliche Verbindung besser für sie als irgendeine besondere Achtsamkeitsübung.

Eine Verbindung zu den eigenen Intentionen herstellen

Eine Intention ist wie ein Textmarker für den Geist.
Über unsere Intention nachzudenken lässt uns unsere Prioritäten sehen,
während das Leben an uns vorbeieilt.

ETHAN NICHTERN, Autor und buddhistischer Lehrer

Ein großer Teil unserer Arbeit mit Kindern fängt mit der inneren Arbeit an, uns selber und unsere Intentionen zu kennen. Was bedeutet Achtsamkeit für Sie? *Warum* möchten Sie Achtsamkeit mit den Kindern in Ihrem Leben teilen? Was wollen *Sie*? Was ist Ihre Intention und stimmt diese Intention mit den Kernelementen der Achtsamkeit überein? Viele Eltern wenden sich an mich, einen Therapeuten, der Kindern Achtsamkeit vermittelt, weil sie möchten, dass sich ihre Kinder akademisch oder auf dem Fußballplatz oder beim Geigensolo einen Vorteil sichern. Aber diese Eltern tun dies langsam und mit Integrität, sie zollen den ursprünglichen Intentionen einer Achtsamkeitspraxis Anerkennung.

Nehmen Sie sich fünf oder zehn Minuten Zeit für die nächste Reflexionsübung. Sie hilft Ihnen, Ihre Intentionen zu sehen und klar zu definieren.

Fangen Sie damit an gegenwärtig zu werden. Erlauben Sie sich bei diesem Kontakt zur Gegenwart den Tag hinter und vor ihnen loszulassen. Nehmen Sie die Überbleibsel wahr, die Sie mit sich führen, und lassen Sie sie los. Legen Sie jeglichen Stress, jegliche Angst ab im Wissen, dass Sie sie jederzeit nach dieser Übung wieder aufnehmen können.

Denken Sie einen Moment lang darüber nach, was Sie sich von diesem Buch erhoffen. Denken Sie dann darüber nach, was oder wer Sie dazu bewegt hat, Achtsamkeit mit jungen Menschen zu teilen.

Vertiefen Sie diesen Gedanken: Was hat wirklich in Ihnen den Wunsch geweckt, Achtsamkeit auf diese Weise mit anderen zu teilen?

Was hat Sie persönlich an die Achtsamkeitsmeditation oder -praxis herangeführt? Für viele von uns war es Leiden. Vielleicht war es Ihr eigenes Leid, vielleicht war es das Leid in der Welt oder vielleicht war es das Leid eines geliebten Menschen. Oder vielleicht war es Verlust oder Beinahe-Verlust: Tod, Krankheit, Alter, psychische Erkrankungen, Suchtkrankheiten.

Denken Sie nun an den Moment, in dem eine Achtsamkeitsübung zum ersten Mal ein Aha-Erlebnis war.

Prüfen Sie auch Ihre Motivation, Achtsamkeit an die jungen Menschen in Ihrem Leben weiterzugeben. Vielleicht motiviert Ihr eigenes Leid als Kind oder das Leid eines anderen Kindes Sie dazu. Vielleicht motiviert etwas anderes aus Ihrer Familie oder Kindheit Sie dazu. Oder vielleicht ist es ein Drang nach Gerechtigkeit, die persönliche oder kulturelle Wertvorstellung, von Nutzen zu sein, das Verlangen, die Welt zu heilen, oder der Wunsch, Ihre eigene Freude mit anderen zu teilen. Woher stammt Ihr Wunsch und wann entstand er?

Denken Sie jetzt darüber nach, was Sie aus diesem Buch lernen und was Sie nach der Lektüre gerne an andere weitergeben möchten.

Bedingungen schaffen, damit Achtsamkeit wachsen kann

Einer meiner Mentoren, der Psychologe Ed Yeats, sagte kürzlich über Therapie und Elternsein Folgendes: „Beide können beängstigend sein, weil du weitaus weniger Macht hast, als du dir wünschst, und doch so viel mehr Macht und Einfluss, als dir bewusst ist." Manche Kinder werden die Achtsamkeitsübungen, die Sie mit ihnen teilen, mit Begeisterung annehmen und die Samenkörner werden sofort aufgehen. Andere Kinder werden die Übungen oder Ihre Bemühungen eventuell nicht mögen. Das bedeutet aber nicht, dass Sie keine Samenkörner gepflanzt hätten.

Vor Jahren arbeitete ich mit einem Mann, der gerade eine Gefängnisstrafe wegen eines bewaffneten Raubüberfalls abgesessen hatte, den er im Drogenrausch begangen hatte. Er freute sich auf die Achtsamkeitsgruppe, die ich in der Resozialisierungseinrichtung anbot.

„Ich habe in den letzten acht Jahren jeden Tag im Gefängnis Yoga praktiziert!", erzählte er mir.

Ich war begeistert. „Sensationell. Ich wusste nicht, dass im Gefängnis Yogakurse angeboten werden", erwiderte ich.

„O nein", korrigierte er mich schnell. „Eine Yogalehrerin ist einmal gekommen, so ungefähr vor acht Jahren, und hat uns einige Haltungen und Atemübungen gezeigt. Und seitdem mache ich es." Sein Yoga hatte sich ohne weitere Anleitung vermutlich zu unkonventionellen Haltungen entwickelt, aber seine Entschlossenheit und Hingabe und das, was er aus der Praxis mitnahm, ließen ihn nie zögern. Wir wissen nicht, welche Samen wir pflanzen, auch dann nicht, wenn unsere Kinder angesichts unserer Versuche, ihnen Achtsamkeit beizubringen, lautstark protestieren oder leise die Augen verdrehen.

Wenn die Kinder in Ihrem Leben nachher nicht von selber meditieren, heißt das nicht, Sie hätten versagt. Selbst wenn die Kinder Unsinn machen und nicht zuhören, wenn Sie versuchen, ihnen Übungen zu vermitteln, verschwenden weder Sie noch die Kinder Zeit. Sehen Sie lieber, welche Lektionen Sie daraus lernen können. Zahlreiche Kinder, die nicht den Eindruck machten, als passten sie während meiner Übungen auf, kontaktierten mich Monate oder sogar Jahre später, um mir zu sagen, wie nützlich sie die Übungen später in ihrem Leben fanden, als sie sie brauchten. Eltern berichteten auch, dass ihre eigene Praxis weitaus wichtiger für die Familie war als alles andere, was sie ihren Kindern beibringen wollten.

Beim Elternsein geht es darum, Lernmomente, das heißt Gelegenheiten zu schaffen und zu erkennen, die unsere Kinder wachsen und Einsichten gewinnen lassen. Beim Lehren geht es darum, die Bedingungen für das Lernen zu schaffen. Es ist daher unsere Aufgabe, solche Momente zu finden, zu schaffen und zu nutzen.

Taten sagen mehr als Worte

Verkündet das Evangelium.
Auch mit Worten, sollte es nötig sein.

FRANZISKUS VON ASSISI (zugeschrieben)

Ich habe dieses Zitat immer so interpretiert, dass wir, welchem Glauben wir auch immer angehören mögen, diesen leben sollen, und dass unsere Taten unseren Glauben viel eindrucksvoller verkünden als unsere Worte. Ich habe es bereits erwähnt, aber eine Wiederholung lohnt sich trotzdem: Die beste Methode, Achtsamkeit mit unseren Kindern zu teilen, ist selber Achtsamkeit zu praktizieren.

Teilen beginnt immer damit, ein Übermaß von dem zu haben, was man teilen möchte. Achtsamkeit unterscheidet sich davon nicht. Wir teilen Achtsamkeit dann am besten und am authentischsten, wenn sie aus unserer eigenen Praxis heraus entsteht. Nur wenige von uns würden unsere Kinder einem Rettungsschwimmer anvertrauen, der seine gesamte Ausbildung durch *Baywatch* erhalten hat, oder mit einem Bergführer auf einen Berg klettern, der *Schnee auf dem Kilimandscharo* gelesen, aber nicht eine einzige Nacht unter dem Sternenhimmel verbracht hat. Wenn wir andere auf ihrer inneren Reise begleiten, müssen wir wissen, wohin wir gehen und was uns dort möglicherweise erwartet. Wenn wir eine eigene Achtsamkeitspraxis haben, können wir diese aus unserer eigenen Erfahrung heraus teilen und vermitteln. Unsere Praxis hält unsere eigene Wissensvermittlung lebendig und ist eine Quelle der Inspiration, zu der wir jederzeit zurückkehren können.

Wir sind Lehrer und Vorbilder, explizit und implizit, indem wir uns durch die Herausforderungen arbeiten und die Belohnungen unserer eigenen Achtsamkeitspraxis feiern. Werden unsere Kinder mehr dadurch inspiriert, dass wir ihnen sagen, Achtsamkeit habe uns kreativer, ruhiger, konzentrierter und mitfühlender gemacht, oder dadurch, dass wir ihnen unsere klugen Handlungen und mitfühlenden Interaktionen zeigen? Werden die Kinder Übungen mit mehr Begeisterung aufnehmen, wenn wir auf Play drücken, um eine Meditations-CD abzuspielen, und dann sofort unseren Verpflichtungen und Schreibarbeiten nachkommen, oder wenn wir uns zu ihnen setzen und die Meditation gemeinsam mit ihnen machen?

Während Sie Ihre eigene Achtsamkeitspraxis vertiefen, werden Sie nicht nur feststellen, dass Sie mehr Selbstvertrauen haben, sondern dass neue Einsichten und kreative Ideen zum Vermitteln von Achtsamkeit entstehen, dass neue Erkenntnisse im Umgang mit schwierigen Situationen klar werden und dass Ihnen sogar neue Übungen und Abwandlungen von Übungen einfallen.

Achtsamkeit visualisieren
Die Fantasie nutzen

Der Mensch, der keine Fantasie hat, steht auf der Erde.
Er hat keine Flügel, er kann nicht fliegen.

MUHAMMAD ALI – *Muhammad Ali · In Fighter's Heaven*
von Victor Bockris

Wir machen Achtsamkeitsübungen unterhaltsam und kindgerecht, indem wir sie ins Spielen, in Geschichten, Kunst, Visualisierungen und Bewegungen einbinden, das heißt in die natürliche Art und Weise, wie Kinder die Welt entdecken und mehr über sie erfahren. (Eine Kollegin, die ebenfalls Achtsamkeitskurse für Kinder gibt, erzählte mir, dass jemand sie kürzlich fragte: „Ist Spielen die neue Achtsamkeit?") Visualisieren ist Spielen mit der Fantasie, einer bedeutenden Ressource für Kinder und Eltern.

Die Erziehungswissenschaftler Elena Bodrova und Deborah Leong haben an dem großartigen Curriculum „Werkzeuge des Geistes" zu den exekutiven Funktionen gearbeitet, das vom Werk des Spielexperten und Kinderpädagogen Lew Wygotski inspiriert wurde.[1] In einem einfachen Test bat er Vierjährige, so lange wie möglich still zu stehen. Das klappte so, wie Sie es sich vorstellen: Nach nur wenigen Minuten gaben die meisten Kinder auf und fingen etwas Neues an. Aber als er sie bat sich vorzustellen, sie wären Wachmänner in einer Fabrik, konnten sie durchschnittlich viermal so lang still stehen. Wygotski fand heraus, dass Kinder, die eine Szene nachspielen oder darstellen, Impulse kontrollieren, länger aufmerksam sein und sich besser auf eine Aufgabe konzentrieren können als Kinder, die man nur bittet, diese Aufgaben zu erledigen.

Wir kennen alle die Macht der Fantasie im theoretischen Sinn, aber bedenken Sie, dass sie die Aufmerksamkeitsspanne vervierfachen und Impulsivität unterdrücken kann. Wie können Sie, mit diesem Wissen, Fantasie mit den Kindern in Ihrem Leben einbinden? Vielleicht hört sich die Idee aus der Sowjet-Ära, eine Fabrik zu bewachen, nicht besonders inspirierend an, aber was ist zum Beispiel mit Rittern in einem Schloss oder einem Fotomodell, das für ein neues Kleid fotografiert wird? Wir können unsere Kinder bitten, gerade und wie ein König oder eine Königin zu sitzen oder sich vorzustellen, eine unsichtbare Schnur sei an ihrem Kopf befestigt.

Visualisierungen und geführte Visualisierungsübungen bauen auf dem Werk von Wygotski auf und geben dem Geist eine Möglichkeit, sich auszuruhen. Sie zapfen auch die Macht von Metaphern an.

Die Macht von Metaphern

Das Konzept der Achtsamkeit ist abstrakt. Darum benutzen Lehrer und Lehrerinnen schon seit Jahrhunderten Metaphern. Jon Kabat-Zinn benutzt in seinen Achtsamkeitsübungen Bilder wie „solide wie ein Berg sitzen" oder „flach und reflektierend wie ein See liegen". Yoga- und Bewegungsübungen sind voller Bilder und Metaphern, während wir unseren Körper in die Form großer und starker Tiere dehnen. Metaphern sind wie Poesie, sie sind, so eine Freundin von mir, „limbische Sprache". Neurowissenschaftliche Forschungen zeigen, dass Metaphern nicht nur den sprachlichen, sondern auch den sensorischen Bereich des Gehirns aktivieren. Sie geben uns zu einem abstrakten Konzepts ein Gefühl.[2]

Eines meiner Lieblingsbilder ist das der Gedanken als Blätter, die auf einem Fluss oder Bergbach treiben, vermutlich weil ich dabei selber positive Assoziationen habe. Man soll die Gedanken beobachten, aber nicht vom Fluss mitgerissen werden. Gerät man aber doch in den Fluss, soll man sich einfach selber wieder herausziehen. Da nicht alle Kinder einen Bergbach kennen, ist eine andere Metapher möglicherweise sinnvoller, je nach den Interessen, dem Hintergrund und den Erfahrungen des Kindes.

Nachfolgend finden Sie eine Liste von Metaphern, die ich von anderen Therapeuten und Meditationslehrerinnen gesammelt habe. Sie können sich Gedanken so vorstellen:

- Sie werden sanft auf Blättern stromabwärts getrieben, manche Blätter bewegen sich schnell, andere scheinen auf der Stelle zu kreisen
- Gegenstände auf einem Förderband
- Worte oder Bilder auf einem Festzugswagen oder auf Schildern einer Fußgruppe
- Herbstblätter, die von den Bäumen fallen und sanft auf einer leeren, empfangenden Decke des Bewusstseins landen
- Worte, die – eines nach dem anderen – in einem Karaoke-Video markiert werden
- Luftblasen
- Wolken, die sich bilden und wieder auflösen und am blauen Himmel vorüberziehen
- Eine Landschaft, die an einem Zugfenster vorbeigleitet
- Tiere, wie glückliche und traurige Fische in einem Aquarium, oder wütende und friedliche Vögel, die an uns vorbeifliegen
- Von oben beobachteter Verkehr; manche Gedanken sind wie große Busse, die nicht anhalten können, andere wie Motorräder, die schnell die Fahrspur wechseln, und wieder andere stecken am Straßenrand fest
- Szenen und Darsteller in einem Film

- Blätter, die auf dem Weg vor uns vorbeiwehen
- Regentropfen auf der Windschutzscheibe, bevor sie weggewischt werden
- Staubkörner, die im Sonnenschein in der Luft tanzen.

Sie können die folgenden Metaphern benutzen, um in schwierigen Situationen gegenwärtig und gewahr zu bleiben:

- Sie stellen sich vor, wie die Wagen einer Achterbahn oder eines Karnevalumzugs an Ihnen vorbeifahren, mit Höhen und Tiefen, auf gerader und auf kurviger Strecke, aber Sie steigen nicht ein.
- Sie werfen einen Stein in einen Teich und beobachten die Wellen, die er schlägt, aber die Wellen berühren Sie nicht.
- Sie sind eine Biene, die von Blume zu Blume fliegt, und kehren dann mit süßen, neuen Erkenntnissen aus der Welt zum Bienenstock zurück.

Welche Metaphern heben sich ab und sprechen Sie an? Welche könnten sich für die Kinder in Ihrem Leben eignen? Gibt es andere, die Sie benutzen können oder bereits benutzt haben? Können Sie sich vorstellen, diese Bilder mit jungen Menschen zu erkunden, vielleicht in Form von Meditation, Kunst oder einem Schreibprojekt?

Wie man Visualisierungsübungen benutzen kann

Alle Übungen in diesem Kapitel verwenden Bilder als Anker für die Aufmerksamkeit. Sie können den Text an das jeweilige Kind anpassen und einige der oben erwähnten Beispiele hinzufügen. (In Kapitel 12 finden Sie weitere Informationen, wie Sie Übungen adaptieren können.) Sie können sie laut vorlesen, improvisieren oder für Ihre Kinder aufnehmen. Ich empfehle, sie vorab ein- oder zweimal durchzulesen, bevor Sie sie vorlesen. Nachfolgend finden Sie einige Tipps zu Visualisierungen für Kinder:

- Ängstliche oder perfektionistische Kinder machen sich vielleicht Sorgen, sich den „richtigen" See, Baum oder ein anderes Bild vorzustellen. Oder sie haben Schwierigkeiten damit, sich für ein Bild zu entscheiden. Sie benötigen daher eventuell eine Vorgabe in Form eines kurzen Videos oder Fotos oder sie haben vielleicht Spaß daran, ihr Bild selber vor der Visualisierung zu malen.

- Manche Kinder haben keinen positiven Bezug zu dem Bild, das Sie in der Visualisierung vorschlagen, oder können sich ein bestimmtes Bild nicht vorstellen. Wenn sie sich das Bild aussuchen können, hilft das.

- Manche Kinder benötigen mehr Zeit, um sich für ein Bild zu entscheiden. Bitten Sie sie um ein Signal, zum Beispiel eine erhobene Hand, damit Sie wissen, dass sie ihr Bild gefunden haben.

- Erinnern Sie die Kinder am Anfang und während der Visualisierung daran, was sie tun können, wenn der Geist wandert. So wissen sie, dass ein wandernder Geist ganz normal ist.

- Sagen Sie: „Wandert dein Geist, dann folge einfach deinem Atem zurück zum Bild oder zum Ruhepunkt zwischen zwei Atemzügen," wenn das Kind unruhig wird oder abgelenkt wirkt.

- Es hilft, wenn Sie die Kinder am Ende daran erinnern, dass sie später jederzeit eine Verbindung zum Erlebten aufbauen können. So werden die Kinder diese Übung in ihr Leben integrieren.

BAUM-ÜBUNG

Ein alter Baum, stark und trotzdem biegsam, ist für mich die perfekte Metapher für Selbstvertrauen und Durchhaltevermögen angesichts von Veränderung und Herausforderungen. Ich benutze die Baum-Übung mit Kindern, die Probleme mit ihrem Selbstvertrauen oder Angst haben, sich gegenüber Schikaneuren aller Größen zu behaupten. Sie dauert circa fünf Minuten. Sie können sie aber auch länger oder kürzer gestalten, je nach Bedürfnis und Aufmerksamkeitsspanne des Kindes. Die Inspiration stammt von Jon Kabat-Zinns See-Meditation.

Stehe aufrecht, deine Füße sind dabei ungefähr hüftbreit auseinander, die Arme ruhen seitlich am Körper. Atme mehrmals tief ein und wieder aus, hebe die Schultern an und schließe sanft die Augen.

Bringe dein Bewusstsein zu den Füßen. Stelle dir vor, deine Füße haben Wurzeln, die tief in die Erde reichen. Spüre, dass du von den Füßen aufwärts wächst und dich nach oben streckst. Fühle dich mit jedem Atemzug fester mit der Erde verbunden und gleichzeitig groß und stark.

Stell dir jetzt einen Baum vor. Suche dir einen Baum aus, der dir gefällt, aus deiner Erfahrung oder Fantasie, aus einem Buch oder einem Film. Ein Baum, der sich mit den wechselnden Jahreszeiten verändert, eignet sich am besten.

So wie du ragt dieser Baum dort empor, wo er seine Wurzeln hat. Er beobachtet den vorbeiziehenden Tag. An bestimmten Tagen wächst er auf die helle Sonne im blauen Himmel zu und nachts genießt er das Licht des Mondes. Durch alles hindurch steht der Baum fest und ruhig, während sich die Welt um ihn herum verändert.

Das Wetter verändert sich. Strömender Regen und gewaltige Unwetter versorgen ihn mit Wasser und nähren seine Wurzeln. Der Wind weht und die Zweige biegen sich, aber sie brechen nicht.

An anderen Tagen schenkt die heiße Sonne den Blättern und Zweigen Energie. Durch alles hindurch steht der Baum und streckt sich nach oben.

Tage werden zu Nächten, Sommer zu Herbst, die Tage werden kürzer. Es wird kälter, aber der Baum steht. Die Blätter vertrocknen, aus hellem Grün wird Gelb und tiefes Orange und schließlich Rot. Trotzdem reichen die Wurzeln tief in die Erde und die Zweige strecken sich immer noch nach oben. Der Baum mag sich im rauen und kalten Wind wiegen und einige Blätter vielleicht davonwehen, aber der Baum steht fest und ruhig. Ein Teil tief im Inneren bleibt still und ruhig.

Schließlich lassen die Blätter den Baum los und der Baum lässt die Blätter los. Die Blätter wehen davon und der Winter hält Einzug. Weder die düstere Landschaft noch der graue Himmel bewegen den Baum. Winterstürme schlagen mit Eis und Schnee auf den Baum ein und die Äste rauschen im Wind, aber sie brechen nicht.

Nach und nach verblasst der Winter. Die Tage werden länger, der Himmel ist wieder blau und die ersten grünen Knospen kehren zu den Zweigen zurück. Die Zweige wiegen sich sanft in der Frühlingsbrise, aber die Wurzeln sind fest mit der Erde verbunden. Der Baum streckt sich hoch bis in den Himmel und ruht sich im Sonnenschein aus, während die Blätter zurückkehren.

So wie der Baum kannst auch du still und ruhig stehen, verwurzelt in der Erde, was auch immer geschehen mag. Manche Tage mögen grau und trostlos sein. Andere stürmisch und überwältigend. Und dennoch kannst du, so wie der Baum, im Inneren still und ruhig sein, dich biegen, ohne zu brechen, und mit jedem Tag nach unten in die Erde und nach oben in den Himmel wachsen.

Atme mehrmals ein, in deine Wurzeln, und wieder aus, fühle, wie dein Selbstvertrauen größer wird und öffne dann langsam die Augen und bringe dein Gewahrsein zurück ins Zimmer.

WOLKEN AM HIMMEL

Diese Übung geht auf eine ähnliche Übung zurück, die Lizabeth Roemer und Susan M. Orsillo in ihrem Buch *Der achtsame Weg durch die Angst* beschreiben.[3] Sie können sie gerne länger gestalten, indem Sie einige Anweisungen wiederholen und die Abstände zwischen ihnen vergrößern.

Nimm eine bequeme Haltung ein. Stehe, sitze oder lege dich hin. Mach die Augen zu.

Stelle dich an einem wunderschönen Ort vor, vielleicht bist du am Strand, auf einem weiten Feld oder in den Bergen. Vielleicht kennst du diesen Ort oder er existiert in einem Film oder Buch oder nur in deiner Fantasie.

Wenn du nach oben schaust, siehst du den weiten, blauen Himmel mit einigen wenigen weißen Schäfchenwolken, die vorüberziehen.

Bemerke deine Gedanken, die in deinem Geist vorüberziehen. Versuche dir vorzustellen, du kannst jeden Gedanken kleiner machen und ihn dann auf eine vorbeiziehende Wolke setzen.

Vielleicht stellst du fest, dass einige Wolken feststecken oder sich nur langsam fortbewegen. Andere ziehen schneller vorbei und wieder andere verändern die Form oder Größe. Aber alle ziehen am Ende vorüber und verschwinden am Horizont. Wenn die Wolken feststecken, kannst du langsam ausatmen und sie so sanft vorantreiben.

Nimm jetzt deine Gedanken und Gefühle wahr. Setze sie auf eine Wolke und lass sie mit deinem Atem vorbeiziehen.

Vielleicht findest du dich ab und zu in den Wolken wieder, du ziehst mit den Gedanken weiter, du bist in den Wolken selber verfangen. Wenn das geschieht, bemerke einfach, welcher Gedanke dich festhält. Bringe dich selber zu deinem wunderschönen Ort zurück, atme die Wolken weg und fange wieder an, sie zu beobachten.

Beobachte deine Gedanken und Gefühle, die großen und die kleinen, die glücklichen und die traurigen, während sie auf den Wolken ruhen und schließlich weiterziehen.

Denke daran, dass alle deine Gedanken und Gefühle am Ende vorübergehen. Mache jetzt die Augen wieder auf.

Sie können mit den Bildern improvisieren und aus der Metapher der Wolke einen Fluss machen, auf dem die Gedanken vorbeischwimmen, oder eine Überführung, von der sie den Verkehr beobachten, oder Tiere, die durch die Serengeti wandern. Bestimmte Metaphern bleiben mit der Zeit bei bestimmen Kindern haften und werden zu unserer gemeinsamen Sprache: „Meine Gedanken stecken in einem Strudel im Fluss fest" oder „Ich setze meine Mathe-Sorgen auf eine Wolke und lasse sie vorüberziehen."

STEIN IM SEE

Meine Patientin Julie, die früher einmal an einer Kinderkrankheit erkrankt war, war nervös, wenn sie eine Beziehung zu ihrem Körper aufbauen sollte. Diese Übung half ihr dabei, einen Anker in der Ruhe ihres Körpers zu setzen, ohne dass sie dort für eine längere, körperbasierte Übung verweilen musste. Bei Kindern, die sich ankerlos fühlen, kann diese Übung für Ruhe und Ausgeglichenheit sorgen. In meiner Praxis habe ich eine kleine Sammlung von glatten Steinen, die ich von meinen Reisen in Strand- oder Bergregionen mit nach Hause gebracht habe. Julie nahm sich einen für die Hosentasche, damit sie ihn berühren und so an den Stein im See erinnert werden konnte.

Diese Übung geht auf ähnliche Metaphern von Jon Kabat-Zinn und Amy Saltzman zurück.

Setze oder lege dich hin, nimm eine bequeme Haltung ein.

Bringe dein Bewusstsein zum Atem. Stelle eine Verbindung zu dem ruhigen Punkt her, an dem du eingeatmet, aber noch nicht ausgeatmet hast. Wiederhole dieses Ein- und Ausatmen dreimal.

Wenn dein Geist während der folgenden Anweisungen wandert, folge einfach deinem Atem zurück zu diesem stillen Punkt zwischen zwei Atemzügen.

Stelle dir jetzt einen schönen See vor, vorzugsweise in einer Region mit vier Jahreszeiten. Das kann ein See sein, den du kennst und magst, oder ein See von einem Foto, aus einem Film oder einem Buch. Oder vielleicht gibt es ihn auch nur in deiner Fantasie.

(Pause. Bitten Sie die Teilnehmer um ein stummes Signal, zum Beispiel eine erhobene Hand, ein Nicken, um Sie wissen zu lassen, dass sie ihr Bild gefunden haben.)

Stelle dir beim nächsten Einatmen vor, dass jemand einen Kieselstein mitten in den See wirft. Folge dem Stein beim Ausatmen auf seinem Weg zum Grund des Sees. Dort liegt er ruhig und ungestört vom Wasser des Sees oder von der Welt um ihn herum.

Auf der Oberfläche reflektiert der See die Welt um ihn herum. Im Sommer spiegelt er womöglich den blauen Himmel und die hellen, grünen Bäume und hallt wider von den Geräuschen des Lebens. Von Stunde zu Stunde können die Welt und ihre Reflexion anders aussehen, wenn die hellen Farben des Sonnenuntergangs die Oberfläche färben, um dann der Reflexion der Sterne und des Mondes zu weichen. Und die ganze Zeit über ist der Stein auf dem Grund des Sees, still, ruhig und ungestört.

Die Tage vergehen, manche bringen einen blauen Himmel mit sich, andere Wolken und Unwetter. Die Oberfläche mag Wellen schlagen, wenn Regentropfen auf ihr landen, oder der Wind lässt sie anschwellen. Aber unter der Oberfläche ist Stille.

Die Tage werden kürzer, der Sommer macht Platz für den Herbst. Die Reflexion der grünen Bäume wird goldfarben, orange und blutrot, während sich die Blätter verfärben und die Luft kühler wird. Und dennoch ist unter der Oberfläche Stille.

Auch wenn es ein Herbstblatt ab und zu bis zum Seegrund neben dem Stein schafft, bleibt dieser unbewegt und ungestört.

Die Bäume verlieren schließlich alle ihre Blätter und der Himmel wird weiß. Der Winter ist da und bringt Eis und Schnee mit sich. Die Oberfläche des Sees wird zu Eis und das Eis ist unter dem Schnee begraben. Nebel und

Schneestürme behindern die Sicht. Und trotzdem liegt der Stein ungestört auf dem sandigen Seegrund.

Der Winter zieht sich langsam zurück und Schnee und Eis schmelzen. Das kalte Seewasser erreicht den Stein auf dem Grund, aber er bleibt ungestört.

Die Bäume werden wieder grün und die Vögel kehren zurück. Mit dem Frühling halten Leben und Farben Einzug. Durch alles hindurch bleibt der Stein still.

Wir sind wie der See. Die Welt um uns herum verändert sich, unsere Oberfläche verändert sich und selbst unser Aussehen verändert sich. Aber wir haben immer, so wie der Stein, Stille in uns. Die Welt mag uns berühren, so wie das kalte Wasser oder das Blatt den Stein berühren, aber sie muss uns nicht bewegen.

Du kannst immer eine Verbindung zur Stille unter der Oberfläche herstellen, indem du sie mit dem Ende des Ausatmens berührst, indem du den Kontakt zwischen deinen Füßen und der Erde spürst oder indem du den Stein in deiner Tasche berührst.

Bewahre die Verbindung zur inneren Stille, während du dein Bewusstsein wieder auf die Welt um dich herum richtest. Du weißt, dass du jederzeit zu ihr zurückkehren kannst.

Sie können auch andere Bilder für den See verwenden. Susan Pollak, Thomas Pedulla und Ronald Siegel schlagen in ihrem Buch *Gemeinsam sein: Grundlegende Kompetenzen für die achtsamkeitsbasierte Psychotherapie* vor, sich einen Schiffsanker vorzustellen, der auf den Meeresboden sinkt, um ein Boot festzumachen.[4] Eine andere Metapher ist die eines Heißluftballons, der durch eine Leine mit dem Boden verbunden bleibt. Benutzen Sie Ihre Fantasie, benutzen Sie die Fantasie und Erlebnisse der Kinder und haben Sie Spaß dabei.

DAS GLITZERGLAS

Kinder, besonders solche, die Schwierigkeiten haben, neigen dazu, diese *auszuagieren*, statt sie verbal zum Ausdruck zu bringen. Wir Erwachsenen tun uns da nicht viel leichter. Stehen keine Worte zur Verfügung, gibt es andere Möglichkeiten, um die Verbindung zwischen Gedanken, Gefühlen und Verhaltensweisen zu veranschaulichen.

Eine Schneekugel oder ein Glitzerglas bieten eine der eindringlichsten visuellen Metaphern für eine solche Verbindung. Sie zeigen, wie Achtsamkeit, das Kultivieren von Stille angesichts des chaotischen Wirbelsturms des Lebens, auf uns einwirkt. In dieser Übung können Sie Ihr eigenes Glitzerglas gestalten. Anfangs habe ich diese Übung nur mit kleinen Kindern gemacht, jetzt weiß ich, dass sie auch Teenagern Spaß macht.

Sie können ein Einmachglas, eine Gewürzdose oder eine Wasserflasche aus Plastik benutzen. Benutzen Sie Glitzer, der nach unten sinkt. Geben Sie etwas Glyzerin ins Wasser. Dadurch sinken die Glitzerpartikel langsamer zum Boden des Glases.

Füllen Sie das Glas randvoll mit Wasser. Die Kinder dürfen sich drei verschiedene Glitzerfarben aussuchen: eine für Gedanken, eine für Gefühle und eine für Verhaltensweisen (oder das „Verlangen, Dinge zu tun"). Geben Sie die Glitzer ins Glas, welche ihren Geist repräsentieren. Verschließen Sie das Glas mit dem Deckel oder mit Klebeband.

Fragen Sie die Kinder, welche Dinge den Glitzer im Glas herumwirbeln lassen. Ermutigen Sie sie, negative Erlebnisse (Streit mit Geschwistern, im Sport verlieren), positive Erfahrungen (gute Noten, neue Freundschaften schließen), Erlebnisse im Vordergrund (kranker Bruder) und im Hintergrund (beunruhigende Nachrichten im Fernsehen) zu erwähnen. Schwenken und drehen Sie das Glas bei jedem Erlebnis, das sie nennen, und zeigen Sie ihnen so, wie schwierig es ist, den Überblick über Gedanken, Gefühle und Verlangen zu behalten.

Sie könnten zum Beispiel Folgendes sagen:

- Das Glas ist wie unser Geist und jede Glitzerfarbe stellt etwas anderes in unserem Geist dar.

Lasst uns jetzt Glitzer ins Glas geben, Rot für Gedanken, Gold für Gefühle und Silber für unser Verlangen, Dinge zu tun. *(Geben Sie beim Erwähnen der Farben etwas Glitzer ins Glas.)*

Wir verschließen jetzt das Glas *(Setzen Sie den Deckel aufs Glas und verschließen Sie es.)* und beginnen unseren Tag.

Wir wachen auf und alles ist ziemlich ruhig und geordnet. Wir können das klar sehen. *(Zeigen Sie den Kindern, dass sich der Glitzer auf dem Glasboden abgesetzt hat.)*

Aber bald schon fangen Dinge an, herumzuwirbeln. Vielleicht sind wir zu spät. *(Schwenken Sie das Glas.)* Unsere große Schwester isst beim Frühstück den letzten Pfannkuchen und wir streiten uns. *(Schütteln Sie das Glas.)* Wir hören beunruhigende Nachrichten im Autoradio auf dem Weg zur Schule. *(Schwenken Sie das Glas.)* Wir kommen in der Schule an und finden heraus, dass wir den Test mit Eins bestanden haben. *(Schütteln Sie das Glas.)*

Der Schultag ist nur einige Minuten alt und wir sehen nicht mehr ganz so klar, weil alle unsere Gedanken und Gefühle und unser Verlangen uns die Sicht versperren.

Was können wir also tun, damit sich der Glitzer absetzt und wir wieder klar sehen können?

Still sein. Genau!

Und was passiert, wenn wir still sind? Genau – wir können wieder klar sehen.

Wir müssen uns jetzt aber auch nicht beeilen, still zu sein. Wir können nicht den ganzen Glitzer nach unten zum Boden schieben. Wir müssen nur abwarten und schauen. Wie sehr wir uns auch anstrengen, der Glitzer wird sich dadurch nicht schneller auf dem Boden sammeln.

Wenn die Dinge klar werden, wissen wir, welchen weisen Schritt wir als Nächstes machen müssen. Und genau das ist die Definition von Weisheit: die Dinge so zu sehen, wie sie sind, und sich dann zu entscheiden, zu handeln.

Verschwindet der Glitzer, während wir warten? Nein, er bleibt am Boden. Unsere Gedanken und Gefühle und unser Verlangen sind immer noch in unserem Geist, aber sie sind nicht mehr im Weg, sie versperren uns nicht mehr die Sicht.

Es gibt viele Variationen dieser Übung, je nachdem, was hervorgehoben werden soll. Meine Kollegin Jan Mooney, die häufig mit Kindergruppen arbeitet, benutzt ein riesiges Glas, in das jedes Kind Glitzer geben kann. Jede Farbe stellt die verschiedenen Gefühle der Kinder dar. In anderen Variationen werden Plastikperlen verwendet. Sie schweben und symbolisieren Verhaltensweisen. Die Kinder können so beobachten, wie sich die Verhaltensweisen von den Gedanken und Gefühlen trennen. Sie können auch versuchen, sich auf eine einzige Farbe oder einen Glitzerpartikel zu konzentrieren, bis dieser auf dem Glasboden angekommen ist, oder alle Glitzerpartikel beobachten.

Ein fertig gestaltetes Glitzerglas kann auch als Eieruhr für andere Übungen wie Atemübungen verwendet werden. Sie können beispielsweise das Glas schütteln und sagen: „Lasst uns jetzt alle so lange achtsam ein- und ausatmen, bis sich der Glitzer abgesetzt hat." Manche Familien benutzen das Beruhigungsglas, um den Anfang und das Ende einer Beruhigungszeit zu kennzeichnen. Die ganze Familie kann im Idealfall das Beruhigungsglas gemeinsam benutzen, wenn es Konflikte gibt: „Wir sind alle aufgebracht und haben viele verschiedenen Gedanken und Gefühle. Lasst uns deshalb eine kurze Pause machen, bis der Glitzer im Beruhigungsglas am Boden angekommen ist, und dann reden wir wieder miteinander." Es gibt sogar einige Glitzerglas- und Schneekugel-Apps für Smartphones. Eines der Kinder, mit denen ich arbeite, ist ganz begeistert von ihnen.

Ein besonders aufgeweckter Junge wies mich darauf hin, dass man das Glas mit einem Filter wieder klar machen könne. Er hatte recht und mir fiel erst im Auto auf dem Nachhauseweg eine passende Erwiderung ein: „Wir wollen unsere Gedanken und Gefühle und unser Verlangen gar nicht loswerden. Wir wollen nur, dass sie uns nicht im Weg sind, damit wir klare Sicht haben."

BERUHIGUNGSÜBUNG

Wir müssen auch manchmal zur Ruhe kommen – im Geist und im Körper. Wir können anfangen, unseren Geist zu beruhigen, indem wir unseren Körper beruhigen. Diese Übung geht auf die Übung *Berührungspunkte* der Meditationslehrerin Tara Brach zurück.

Setzen Sie sich hin und nehmen Sie eine bequeme, aufrechte Haltung ein. Fühlen Sie, wie Brustkorb und Kopf nach oben und Beine und Füße durch die Schwerkraft nach unten gezogen werden.

Schließen Sie die Augen oder richten Sie den Blick auf den Boden vor Ihnen.

Werden Sie sich nun der Empfindung des Zur-Ruhe-Kommens bewusst. Nehmen Sie wahr, wie Ihr Atem in einen natürlichen Rhythmus fällt.

Fangen Sie beim Kopf an und fühlen Sie, wie Ihr Haar zur Ruhe kommt, wie es sich um den Kopf und vielleicht auch um Nacken und Schultern legt.

Bringen Sie Ihr Bewusstsein zu den Augenlidern. Erlauben Sie den oberen Augenlidern auf den unteren Augenlidern zur Ruhe zu kommen – still und entspannt.

Lassen Sie einen Teil oder die gesamte Oberlippe auf der Unterlippe zur Ruhe kommen. Erlauben Sie Ihrer Zunge, auf dem Mundboden zur Ruhe zu kommen. Lassen Sie die natürliche Schwerkraft wirken, während Sie Ihr Gewahrsein auf diese Punkte des Kontakts und des Zur-Ruhe-Kommens lenken.

Fühlen Sie, wie Kopf und Schädel auf der Wirbelsäule ruhen.

Fühlen Sie, wie Ihre inneren Organe zur Ruhe kommen, aber dennoch vom Körper getragen werden.

Bringen Sie Ihr Gewahrsein zu Ihren Armen und Händen. Fühlen Sie, wo sie an der Körperseite oder auf den Beinen ruhen.

Bemerken und fühlen Sie, wo Gesäß und Oberschenkel den Stuhl berühren und zur Ruhe kommen, wo die Oberschenkel sanft gegen die Oberfläche unter Ihnen drücken. Die Schwerkraft hält Sie sicher und still.

Bemerken Sie die Empfindungen in Ihren Füßen in den Schuhen oder auf dem Boden.

Jetzt, da Ihr ganzer Körper zur Ruhe gekommen ist, erlauben Sie auch Ihren Gedanken zur Ruhe zu kommen.

Wenn Sie möchten, tasten Sie Ihren Körper gedanklich ab und finden Sie den ruhigen Punkt, der am auffälligsten ist. Sie können jederzeit zu diesem Punkt zurückkehren, wenn Sie auf dem Stuhl oder auf dem Boden sitzen.

Öffnen Sie, immer noch mit dem Gefühl der inneren Ruhe, die Augen und bemerken Sie, ob Sie die Welt jetzt etwas klarer sehen.

Es gibt viele Bilder, die als Anker dienen können. Denken Sie darüber nach, welche Bilder sich für Ihre Kinder eignen, in Bezug auf ihr Wissen, ihre Vorlieben und das, was in ihnen nachklingen wird, während Sie sie durch solche Visualisierungsübungen führen.

Auf den Körper achten
Körperbasierte Achtsamkeitsübungen

Es ist mehr Vernunft in deinem Leibe,
als in deiner besten Weisheit.

FRIEDRICH NIETZSCHE – *Also sprach Zarathustra*

Traditionelle Texte sprechen von vier Grundlagen der Achtsamkeit. Die erste ist die Achtsamkeit des Körpers. Es gibt viele gute Gründe, mit dem Körper anzufangen. Zum einen ist es einfacher, auf den Körper zu achten als auf Gedanken, mentale Ereignisse, Emotionen oder den Atem. Der Körper ist der Sitz unserer fünf Sinne, die uns in der Gegenwart verankern, und die Quelle unserer gefühlten Emotionen. Die östliche Psychologie geht davon aus, dass Emotionen im Körper auftauchen, bevor sie den Geist erreichen, der aus dem Schmerz und Unbehagen Leiden macht. (Interessanterweise haben viele asiatische Sprachen, selbst solche buddhistischer Kulturen wie das Tibetische, kein Wort für „Emotion". Sie nennen sie „auftretende gedankliche Geschehnisse".) Die westliche Wissenschaft zieht endlich gleich. In einer finnischen Studie wurden mehr als siebenhundert Menschen aus aller Welt gebeten, die Stelle im Körper zu identifizieren, in der sie Emotionen fühlen.[1] Die Wissenschaftler fanden heraus, dass die körperliche Erfahrung von Emotionen über die verschiedenen Kulturen hinweg größtenteils die gleiche ist, mit ähnlichen Empfindungen, die als Antwort auf eine bestimmte Emotion in den gleichen Körperteilen, meist im Torso, entstehen. Wenn wir uns auf unseren Körper einstimmen, gibt uns dieser Informationen über unseren emotionalen Zustand.

Der Körper kann ein Frühwarnsystem für Stress sein und dadurch, dass Kinder ihren Körper achtsam kennenlernen, lernen sie, sich um sich selbst zu kümmern, bevor alles zu viel wird. Das kann sie und ihre Mitmenschen potenziell vor zukünftigem Leid bewahren. Es ist oft einfacher für Kinder, ihre körperlichen Erfahrungen zu identifizieren und zu beschreiben, als die emotionale Welt ihres Geistes zu beschreiben, für die sie noch nicht über die nötige Sprache verfügen. Die Begründer der achtsamkeitsbasierten kognitiven Therapie [engl. „Mindfulness-Based Cognitive Therapy (MBCT)"] weisen darauf hin, dass wir instinktiv Emotionen im Körper beschreiben.[2] Denken Sie nur an einige geläufige Redewendungen: „Ich bin ein Hitzkopf", „Ich habe Schmetterlinge im Bauch" oder „Mir wurde ganz warm ums Herz, als sie das Zimmer betrat." Sie alle beschreiben emotionale Erfahrungen (Wut, Angst, Liebe) als körperliche Empfindungen. Es liegt daher nahe, dass wir unsere emotionalen Erfahrungen und Reaktionen besser verstehen, wenn wir unserem Körper mehr Aufmerksamkeit schenken. Während unsere Gedanken im Geist in der Vergangenheit feststecken oder in die Zukunft eilen, sind unser Körper und unsere fünf Sinne immer in der Gegenwart verankert.

Und dennoch leben wir in einer Kultur, die einen Verbindungsabbruch zum Körper begünstigt und die gesunde Körper-Geist-Integration blockiert. Dadurch verschlimmern sich Lernprobleme sowie die körperliche und geistige Gesundheit in allen Altersgruppen. Viele körperliche und psychische Erkrankungen und Lernschwierigkeiten können auf eine fehlende Integration von Körper und Geist zurückgeführt werden. In der westlichen Welt gehen wir seit dem 17. Jahrhundert von einer Trennung von Körper und Geist aus. René Descartes postulierte eine Körper-Geist-Dualität, die nicht der Realität von Körper und Geist als einer Einheit entspricht. Wir wachsen mit starken kulturellen Botschaften auf, die die Macht der Kognition preisen. Während Politiker die „Dekade des Gehirns" fördern, versuchen Sozialwissenschaftler, sämtliche Verhaltensweisen als Folge eines chemischen Ungleichgewichts im Gehirn zu erklären.

Viele Faktoren unterbrechen eine gesunde Körper-Geist-Integration. Die Scham eines kürzlichen oder länger zurückliegenden Traumas, ob durch Krankheit, Missbrauch oder Vernachlässigung verursacht, ruft bei vielen Kindern einen Verbindungsabbruch zu ihren körperlichen Erfahrungen hervor. Ihren Körper oder bestimmte Bereiche von ihm kennenzulernen erzeugt Angst. Die Medienbotschaften zum Körperbild erschweren das Ganze, besonders für Mädchen und Frauen, aber mehr und mehr auch für Jungen und Männer. Angstreaktionen sind eine Störung der Flucht-Reaktion, Wutprobleme gehören in die Kategorie Kampf-Reaktion und Depressionen zählen zur Reaktion Erstarren/Sich-Ergeben, wie wir in Kapitel 1 gesehen haben. Seinen Körper meiden oder ignorieren ist eine natürliche Defensive gegen solche Gefühle. Substanzmissbrauch, auch wenn dieser nie zu Abhängigkeit führt, durchtrennt die Körper-Geist-Verbindung und ist eine Misshandlung von Körper und Geist. Selbstverletzendes Verhalten wie Ritzen ist es auch. Selbst achtloses Essen wie Essen beim Lesen oder Fernsehen, statt auf das zu achten, was wir essen, lässt uns nicht auf die klugen Nachrichten unseres Körpers hören, wenn er uns sagt, was er wirklich braucht.

Die Folgen eines Verbindungsabbruchs zwischen Körper und Geist sind weitreichend. Wenn wir den Bezug zu unserem Körper verlieren, erhalten wir nicht die Informationen, die wir für eine gesunde emotionale und kognitive Funktionsweise benötigen. Ein fehlendes Körperbewusstsein macht das Identifizieren emotionaler Zustände schwierig. Und das bedeutet wiederum, dass viele Kinder nicht wissen, wie sie mit ihren starken Emotionen oder ihrem Verlangen umgehen, die zuerst im Körper auftreten. Sie erkennen sie nicht und tun sich schwer damit, diese Gefühle verbal oder auf andere angemessene Weise auszudrücken. Wenn sie sie nicht ausdrücken können, agieren sie sich aus und aus einem solchen Aus-agieren werden mit der Zeit fest vernetzte Gewohnheiten. Die fehlende Fähigkeit, Reaktionen auf starke Emotionen zu regulieren, führt zu wei-terem Vermeiden. Wenn starke Emotionen entstehen (ob in der Familie, in der Schule, im Therapieraum oder in der Welt), wird die Bandbreite von Kindern für die emotionale Verarbeitung mit der Zeit immer klei-ner, bis sie nicht mehr in der Schule lernen oder produktiv mit anderen kommunizieren können. Und wenn Kinder nicht in der Lage sind, mit sich selber gegenwärtig zu sein, können sie nicht gegenwärtig in Bezie-hungen zu anderen sein, wie in Freundschaften mit Gleichaltrigen, in sicheren Bindungsbeziehungen mit Bezugspersonen und in Beziehungen mit Lehrerinnen, Therapeuten oder anderen Fachkräften. Eine derartige Unfähigkeit, mit anderen gegenwärtig zu sein, führt zu mehr Isolation.

Sharon Salzberg sagt, dass wir nicht mit einer Emotion umgehen können, wenn diese uns vollkommen einnimmt, oder wenn wir gegen sie ankämpfen. Wir müssen zuerst lernen, sie zu erkennen, und das geht am einfachsten, indem wir sie im Körper wahrnehmen. Wir können emotionales Gewahrsein und emotionale Intelligenz vermitteln, indem wir ein achtsames Gewahrsein mit den Signalen des Körpers vermitteln. Wenn Kinder früh die Emotionen im Laboratorium ihres eigenen Kör-pers erkennen, verlieren diese Emotionen die Macht und können nicht mehr das Gehirn entführen.

Forschungsarbeiten der Psychotherapeuten Eugene Gendlin und Carl Rogers haben gezeigt, dass diejenigen Patienten nach einem Jahr Therapie die größte Verbesserung erzielten, die ihre Emotionen im Körper iden-tifizieren konnten.[3] In der Zen-Tradition und im Kung-Fu glaubt man, dass der ganze Körper daran beteiligt ist, Antworten und Sinn zu finden. Mit der Zeit verändert diese Ganzkörpererfahrung unsere Beziehung zur Welt und zu den Menschen um uns herum, was wiederum die positiven

Veränderungen verstärkt. Genauso wie wir unseren Geist zu unserem Verbündeten machen können, können wir auch unseren Körper zu unserem Verbündeten machen. Das bedeutet, ein größeres Gewahrsein und letztlich Toleranz für den emotionalen Inhalt in unserem Leben aufzubauen. Wenn wir das tun, stellen wir die natürliche Körper-Geist-Verbindung, die wir verloren hatten, wieder her, damit jeder Teil vom jeweils anderen lernt und mit ihm zusammenarbeitet, um unser gesamtes System zu regulieren und zu heilen.

Körperbasierte Achtsamkeitsübungen stellen das Körper-Geist-System wieder her, sie stellen es neu ein und richten wieder die optimalen Einstellungen ein. Durch körperbasierte Achtsamkeitsübungen lernen Kinder, dass körperliche Empfindungen – sowohl angenehme als auch unangenehme – kommen und wieder gehen, und dass der emotionale Inhalt auch kommt und wieder geht, ohne dass wir auf ihn reagieren müssen.

BENENNEN, UM ES ZU ZÄHMEN

Es gibt eine alte Redewendung in der Psychotherapie, die da lautet: „Benennen, um es zu zähmen" und bedeutet, dass Emotionen, wenn wir sie erkennen, ihre Macht verlieren. Versuchspersonen wurden gebeten, Emotionen in Gesichtern zu identifizieren. Mittels funktioneller Magnetresonanztomografie (MRT) konnte gezeigt werden, dass sich ihre Amygdala (das Alarmsystem des Gehirns) beruhigte, wenn sie die Emotionen beim Namen nannten, und der präfrontale Kortex (abstraktes Denken) aktiviert wurde. Allein der Akt des Benennens einer Emotion, wie wir es auch oft in der Achtsamkeitspraxis tun, ermöglichte es den Teilnehmern, innezuhalten und mit Vorbedacht zu antworten, statt emotional zu reagieren. Dies war bei Teilnehmern, die Achtsamkeit praktizierten, noch deutlicher.[4]

LOS, KÖRPER-GEIST!

Susan Kaiser Greenland empfiehlt ein Spiel, das sie „Los, Körper-Geist!"
nennt, um die Empfindungen im Körper und damit verbundene Gedanken wahrzunehmen. Es ist genauso einfach, wie es sich anhört. In einer
Gruppe wechseln sich die Teilnehmer ab und identifizieren schnell, ohne
vorher darüber nachzudenken, ein Gefühl im Körper und ein Gefühl
im Geist. Zum Beispiel „Ich spüre eine Enge im Körper und Stress im
Geist" oder „Mein Körper fühlt sich müde an und mein Geist traurig."
Die Teilnehmer können im Kreis sitzen und nacheinander oder aber
beliebig und aufs Geratewohl antworten.

EIS, BABY, EIS

Diese unterhaltsame Gruppenaktivität benutzt Eiswürfel, um der Vergänglichkeit geistigen und körperlichen Unbehagens und unserer emotionalen Antwort darauf näher auf den Grund zu gehen. Sie benötigen
Becher, Eiswürfel, Servietten oder Küchenpapier.

Geben Sie jedem Teilnehmer ein Stück Küchenpapier und einen Becher
mit einem Eiswürfel. Bitten Sie sie dabei die körperlichen und emotionalen Aspekte des Wartens und der Neugier wahrzunehmen.

Erklären Sie ihnen dann, wenn alle einen Eiswürfel haben, dass sie jetzt
den Eiswürfel eine Minute lang in der Hand halten werden. Bitten Sie sie,
ihre erste Reaktion auf das, was passieren wird, zu beschreiben. Ist es
Aufregung? Angst? Lachen?

Bitten Sie sie nun, den Eiswürfel in die Hand zu nehmen und auf die damit
verbundenen Empfindungen zu achten: Welche körperlichen Empfindungen
haben Sie in Ihrer Hand, während Sie Ihre Aufmerksamkeit auf die Empfindung richten? Wohin wandert Ihr Geist? Welches Verlangen bemerken
Sie? Was möchten Sie tun und wie gehen Sie mit diesem Verlangen um?

Nach einer Minute oder dann, wenn das Eis geschmolzen ist, beenden Sie die Übung und geben Sie den Teilnehmern die Möglichkeit, sich die Hände abzutrocknen. Sprechen Sie hinterher über die Aktivität.

Sie können Diskussionsfragen benutzen, um unterschiedliche Erkenntnisse zu gewinnen, je nach Ziel der Übung. Die folgenden Fragen befassen sich mit unserer Reaktion auf das Unbehagen und Unwohlsein:

- Wie haben Sie sich gefühlt? Frustriert? Hatten Sie Angst? Waren Sie aufgeregt *(vielleicht war es ein heißer Tag)?* Verärgert? Oder was anderes? Was passierte als Sie sich auf die Empfindung fokussierten oder auch auf etwas ganz anderes?

- Was wollten Sie tun? Wollten Sie angeben, lachen, das Eis fallen lassen, sich selber ablenken?

- Wie haben Sie das Unbehagen überwunden? Haben Sie es ignoriert? Haben Sie sich auf etwas anderes konzentriert?

- Wie gehen Sie mit Unbehagen und Abneigung um?

- Würden Sie sich anders fühlen oder anders reagieren, wenn Sie alleine wären, wenn andere Leute in der Gruppe wären oder wenn die Stimmung im Zimmer eine andere wäre?

- War es schwieriger oder einfacher, den Eiswürfel in der Hand zu halten, im Wissen, dass Sie ihn nur eine Minute lang halten würden? Wie würden Sie sich fühlen, wenn Sie wüssten, dass Sie ihn so lange wie möglich halten müssten?

Die zentralen Lektionen, die gewöhnlich aus dieser Übung gewonnen werden, beinhalten das Erkennen und Tolerieren von Gefühlen und Verlangen und die Erkenntnis, dass sie vergänglich sind. In dieser Übung lernen wir auch unsere Reaktionen auf unser Unbehagen zu erkennen. Sie lehrt uns Vergänglichkeit, denn was auch immer wir tun werden, der Eiswürfel wird letztendlich schmelzen.

Interozeption: Lebt ein „kluger Geist" wirklich im Körper?

Wenn wir jungen Menschen ein achtsames Körperverständnis vermitteln, bringen wir ihnen ein intuitives emotionales Gewahrsein bei, das ihnen auf lange Sicht gute Dienste leisten wird. *Interozeption* bedeutet von innen zu spüren, das heißt den Körper selber als Informationsquelle zu benutzen. Wir können die Informationen, die wir innerlich spüren, zusätzlich zu den äußerlichen Information nutzen, die wir über unsere Sinnesorgane (*Exterozeption*) erhalten, statt uns nur auf die hoch emotionalen Signale vom Gehirn zu verlassen.

Wir wissen, dass das Nervensystem über den gesamten Körper verteilt ist. Einige unserer wichtigsten intuitiven neuronalen Netze, die mit der Speicherung unserer Grundwerte in Zusammenhang zu stehen scheinen, befinden sich im Herz- und Bauchbereich. Die Forschung belegt die These, dass wir mehr als nur metaphorisch sind, wenn wir: „Hör auf dein Herz", oder: „Hör auf dein Bauchgefühl" sagen. Wir erhalten Signale von diesen Bereichen unseres Körpers und sie sind es wert, gehört zu werden. Lesen Sie die *Polyvagal-Theorie* von Stephen Porges für ein vertieftes Verständnis dafür, wie diese Körper-Geist-Systeme funktionieren.[5]

Die dialektisch-behaviorale Therapie, eine von der Psychologin Marsha Linehan entwickelte Therapieform, ermutigt Teilnehmer, ihren „klugen Geist" zu finden, eben jenes Gleichgewicht zwischen dem manchmal zu logischen „Vernunftsgeist" und dem potenziell impulsiven „Gefühlsgeist". Der Gefühlsgeist repräsentiert das primitive limbische System, der Vernunftsgeist die komplexen Frontallappen. Neue Forschungsergebnisse weisen jetzt aber darauf hin, dass sich der kluge Geist – unser innerer Kompass – in unserem Körper, in unserem Herz und in unseren Bauchorganen befindet. Wenn wir uns auf unser Körperbewusstsein einstimmen, greifen wir auf eine Weisheit zu, die weit über das hinausgeht, was uns Gehirn und Emotionen bieten können. Der Körper hat seine eigenen Antworten, insbesondere auf komplizierte Probleme. Ein bekanntes Sprichwort, das Albert Einstein zugeschrieben wird, sagt, dass wir keine

Probleme lösen können, wenn wir die gleiche Denkweise anwenden, die wir schon beim Schaffen der Probleme benutzten. Für mich bedeutet dies, den Körper, nicht nur das Gehirn, zu benutzen, so wie in der Entscheidungsübung „Auf sein Bauchgefühl hören" in Kapitel 3.

ÜBUNG ZUR PERSÖNLICHEN DISTANZZONE

Meine gute Freundin und Kollegin Joan Klagsbrun ist klinische Psychologin und schlägt die folgende Übung vor, um Kindern zu helfen, die angeborene Weisheit des Körpers bezüglich Behagen und Unbehagen, Grenzen und Distanzzonen zu erkennen. Sie macht die intuitive Weisheit und die Fähigkeit des Körpers deutlich, Unbehagen zu entdecken, das wir nicht immer wahrnehmen, besonders dann nicht, wenn wir abgelenkt sind.

Bitten Sie zwei Kinder, sich in einer Entfernung von circa viereinhalb Metern gegenüber zu stehen und dabei auf die Empfindungen in ihrem Körper zu achten.

Fordern Sie danach ein Kind auf, langsam auf das andere Kind zuzugehen. Bitten Sie das andere Kind, sich auf die Empfindungen im Bauchbereich zu konzentrieren und darauf zu achten, wann das andere Kind zu nahe kommt. Wenn die Kinder genau aufpassen, erhalten sie wahrscheinlich ein Signal vom Körper, gewöhnlich als Anspannungsgefühl im Bauch. In dem Moment können sie die Hand heben, um „Stopp" zu signalisieren.

Diese Übung kann in die Gehmeditationen eingefügt werden, die ich im nächsten Kapitel beschreibe, und als Ausgangspunkt für Diskussionen über Grenzen, Distanzzonen und Auf-den-Körper-Hören dienen. Die Vorstellung einer persönlichen Distanzzone ist von Mensch zu Mensch und von Kultur zu Kultur verschieden. (In den USA ist die persönliche Distanzzone oft größer als in anderen Ländern.)

KÖRPERSPRACHE IST WICHTIG

Körperbewusstsein ist nicht nur für Kinder wichtig, sondern auch für uns selber in unserer eigenen Arbeit mit ihnen. Je mehr wir Erwachsene von unserer körperlichen und emotionalen Erfahrung abgetrennt sind, desto unsicherer sind unsere Bindungen als Eltern oder Bezugspersonen und desto mehr werden wir Gefühle des Misstrauens säen und ein Umfeld schaffen, das Wachstum und Lernen nicht sehr zuträglich ist. In welchem Maß wir uns unserer Körpersprache bewusst sind, kann sich ebenfalls entscheidend darauf auswirken, wie wir mit uns selber und unserer Umwelt kommunizieren. Die Forschung belegt, dass man mittels Körpersprache vorhersagen kann, wie oft ein Arzt verklagt wird oder wie wahrscheinlich es ist, dass eine Partnerschaft in die Brüche geht.[6]

ADAPTIERTER BODY-SCAN

Der Body-Scan, eine längere Übung, die Jon Kabat-Zinn für sein Programm zur Stressbewältigung durch die Praxis der Achtsamkeit [engl. „Mindfulness-Based Stress Reduction" (MBSR)] entwickelte, ist eine gute Übung, um ein Bewusstsein des eigenen Körpers zu vermitteln. Viele Eltern wissen, dass ihre Kinder den Body-Scan gerne machen, besonders wenn er zusammen mit progressiver Muskelentspannung geübt wird. Im Body-Scan wird Gewahrsein durch den ganzen Körper geleitet, damit Empfindungen und damit verbundene Emotionen in den verschiedenen Bereichen des Körpers wahrgenommen werden können. Sie können auch mit den äußerlichen körperlichen Empfindungen beginnen und Ihr Gewahrsein danach nach innen richten. Begleittexte finden Sie in meinem Buch *Child's Mind* (dt.: *Kindlicher Geist – Anfängergeist)* oder in *Gesund durch Meditation* von Jon Kabat-Zinn.[7]

Der MBSR-Body-Scan ist eine lange Übung und eignet sich daher vielleicht nicht für alle jungen Menschen oder für alle Therapiesituationen. Ich arbeite normalerweise in Einzeltherapie mit Kindern und habe festgestellt, dass es einigen Kindern unangenehm ist auf meiner Couch zu liegen und die Augen zu schließen, während ich sie durch den Body-Scan führe. Ich habe ihn daher leicht abgeändert und wir benennen und teilen unsere Erfahrungen abwechselnd. Sie können diese Übung auch in einer größeren Gruppe machen. Die Teilnehmer oder Teilnehmerinnen beschreiben einander abwechselnd ihre Empfindungen. Oder Sie können Ihre Patienten ihre Erfahrungen aufschreiben oder nachzeichnen lassen.

Fangen Sie den Scan im unteren Körperbereich an und wandern dann im Körper nach oben. Fühlen Sie zuerst in die unteren Extremitäten, dann in den Torso und anschließend in den Kopfbereich. Die Teilnehmer können nacheinander beschreiben, wie sich jeder Körperbereich anfühlt, was er ihnen mitteilen will und was sie tun können. Zum Beispiel: „Meine Beine fühlen sich rastlos an. Sie sind immer so, wenn ich nervös oder aufgeregt bin. Ich atme daher bewusst in die Fußsohlen und versuche so, mich zu beruhigen." Das kann das Gespräch darüber öffnen, wie wir mit Gefühlen, mit Unangenehmem und Angenehmem umgehen, und Wege aufzeigen, wie wir auf sie antworten können. Darüber zu sprechen, wie wir auf Situationen antworten, bedeutet mit dem „Kurz-davor-Moment" zu arbeiten, von dem der Meditationslehrer Joseph Goldstein spricht, jenem Moment, bevor wir impulsiv reagieren. Der Augenblick, in dem wir diesen Kurz-davor-Moment identifizieren, ist der Anfang des emotionalen Gewahrseins, besonders bei kleinen Kindern.

Wenn Kinder nichts bei dieser Übung fühlen, was durchaus möglich ist, können Vergleiche zwischen heiß und kalt, trocken oder feucht, angespannt oder entspannt und zwischen Empfindungen im und auf dem Körper zu ein wenig mehr Gewahrsein anregen, ohne Kinder zu sehr anzuleiten.

Achtsames Essen

> Man kann nicht gut denken, gut lieben, gut schlafen,
> wenn man nicht gut gegessen hat.

VIRGINIA WOOLF – Ein Zimmer für sich allein

Als Lebewesen müssen wir essen. In unserer Kultur ist Essen entweder eine acht*lose* Tätigkeit, der wir mit wenig Nachdenken oder Aufmerksamkeit nachkommen, oder aber ein zu durchdachtes Unternehmen voller komplizierter Vorstellungen von Essen und Körper, von denen die meisten von den Medien verbreitet werden. Essen kann jedoch eine Gelegenheit für uns sein, eine Verbindung zum gegenwärtigen Moment, zu unserer Erfahrung, zu anderen und zum Planeten herzustellen. Indem wir unserem Körper über das Essen Achtsamkeit entgegenbringen, bringen wir einer Tätigkeit Selbstfürsorge entgegen, die man ansonsten als eigennützig ansehen könnte.

In unserer Kultur verwechseln wir häufig Selbstfürsorge mit Eigennutz und wir geben diese Einstellung an unsere Kinder weiter. Wir verweigern uns selber gesunde Selbstfürsorge und beschweren uns, dass wir keine Zeit für eine schöne Mahlzeit, fürs Meditieren oder für geliebte Menschen haben, und bezeichnen solche Aktivitäten als leichtfertigen Eigennutz. Gleichzeitig erzählen uns die Medien, dass zu viel Einkaufen, Essen, Trinken, Zeit am Bildschirm und andere Ablenkungen Selbstfürsorge seien.

Kurz nach meinem College-Abschluss arbeitete ich in einer Wohngruppe. Meine Vorgesetzten sprachen oft über die Notwendigkeit der Selbstfürsorge in einem so stressreichen Beruf. Das Personal machte unterdessen Witze über den halben Liter Selbstfürsorge, der nach der Arbeit in der Kneipe auf sie wartete – Eigennutz und Selbstfürsorge wurden hier ganz klar verwechselt. Viele von uns, die schwere geistige, emotionale und körperliche Arbeit leisten, haben Schwierigkeiten damit, nach der Arbeit gute Gewohnheiten aufrechtzuerhalten, und neigen eher zu Eigennutz, auch wenn wir wissen, dass das keine gesunde, langfristige Alternative ist.

Ich arbeite an einer Universität und sehe hier und auch in meiner Arbeit mit jüngeren Kindern die Verwirrung und Verschmelzung von Selbstfürsorge und Eigennützigkeit. Selbstfürsorge ist weder achtloser Substanzkonsum noch, je nach Alter, achtloses Spielen von Computerspielen. Während viele Leute gute Alltagsgewohnheiten haben, besteht ihre Selbstfürsorge-Abkürzung, wenn sie gestresst sind, darin, eine große Portion Eis zu essen, Stunden im Bett zu verbringen oder fernzusehen, statt gesünderen Aktivitäten nachzugehen. Es ist nicht so, dass Eigennutz immer schlecht ist. Ab und zu achtsam in sensorischen Freuden zu schwelgen ist eine ausgezeichnete Form der Selbstfürsorge. Die Schwierigkeit besteht darin, für uns und für unsere Kinder ein gesundes Gleichgewicht zwischen Selbstfürsorge und Eigennutz zu finden und beide nicht miteinander zu verwechseln.

Es gibt gesunde Alternativen, Selbstfürsorge und Eigennutz miteinander zu verbinden. Ich tue es gerne mit Essen. Achtsam Obst, Schokolade, Eis oder andere Süßigkeiten zu essen kann ein ausgezeichnetes Tor zum gegenwärtigen Moment sein und wertvolle Erkenntnisse über Vergänglichkeit, Wünsche, Verlangen und Körperbewusstsein sowie die Vielschichtigkeit und Nuancen des Lebens bieten.

Eines der Ziele eines achtsamen Lebens ist es, allen Aspekten des Lebens, wie Atmen, Bewegen, Spielen und Essen, mit Gewahrsein zu begegnen. So wie Atmen oder Bewegen ist Essen eine tägliche Tätigkeit, die wir meist automatisch erledigen und der wir nur wenig Beachtung schenken. Eine Mahlzeit vorzubereiten und zu essen kann bewusst und mit auf alle Sinne ausgerichteter achtsamer Aufmerksamkeit geschehen. Zu entschleunigen und unserem Körper und der Mahlzeit, die wir verzehren, mit Gewahrsein zu begegnen rüttelt einige von uns vielleicht wach und zeigt uns, wie gesund unser Essen doch ist und wie viel wir in Wirklichkeit benötigen. Achtsam zu essen kann uns auch daran erinnern, wie Essen uns verbindet: mit anderen, mit der Kultur und Geschichte unserer Vorfahren, mit den Jahreszeiten und der Fürsorge für die Erde und letztlich mit allem im Universum. Wenn wir erkennen, wie sehr wir mit allem verbunden sind, werden unsere Weisheit und unser Mitgefühl größer.

Thich Nhat Hanh bezeichnet unser Verbundensein mit allen Dingen als *Intersein*. Er verwendet als Beispiel Papier, anstelle von Essen, aber seine Beschreibung des *Interseins* zeigt, wie unermesslich und komplex unser Verbundensein doch ist:

Bist du ein Dichter, dann siehst du, dass eine Wolke auf diesem Blatt Papier schwebt. Ohne die Wolke gibt es keinen Regen. Ohne Regen können die Bäume nicht wachsen. Und ohne die Bäume können wir kein Papier herstellen. Die Existenz des Papiers hängt von der Existenz der Wolke ab. Gibt es die Wolke nicht, kann es auch das Papier nicht geben. Wir können daher sagen, dass die Wolke und das Papier sich gegenseitig bedingen, dass sie *intersind*. „Intersein" ist ein Wort, das in keinem Wörterbuch steht, aber wenn wir das Präfix „inter" mit dem Verb „sein" verbinden, entsteht ein neues Verb: *„intersein"*. Wir können deshalb sagen, dass die Wolke und das Papier *intersind*.

Wenn wir uns dieses Blatt Papier näher ansehen, sehen wir den Sonnenschein in ihm. Gibt es den Sonnenschein nicht, kann der Wald nicht wachsen. Gar nichts wächst ohne Sonnenschein. Darum wissen wir, dass auch der Sonnenschein in diesem Papier ist, dass das Papier und der Sonnenschein *intersind*. Und wenn wir tiefer schauen, sehen wir den Holzfäller, der den Baum gefällt und zur Sägemühle gebracht hat, um dort zu Papier gemacht zu werden. Und wir sehen den Weizen. Wir wissen, der Holzfäller kann nicht ohne sein tägliches Brot existieren und darum ist auch der Weizen, der zu seinem Brot wurde, in diesem Blatt Papier. Und die Mutter und der Vater des Holzfällers sind auch in ihm. Wenn wir es so betrachten, sehen wir, dass dieses Stück Papier ohne alle diese Dinge nicht existieren kann.

Wenn wir noch tiefer schauen, sehen wir, dass wir auch in ihm sind. Das ist nicht schwierig, denn wenn wir uns das Papier ansehen, ist das Papier Teil unserer Wahrnehmung. Dein Geist ist in ihm und mein Geist ist auch in ihm. Wir können daher sagen, dass alles in diesem Stück Papier ist. Es gibt nichts, was nicht in ihm wäre – Zeit, Raum, Erde, Regen, die Mineralstoffe im Boden, der Sonnenschein, die Wolke, der Fluss, die Wärme. Alles koexistiert in diesem Stück Papier. Darum denke ich, dass das Wort „*intersein*" im Wörterbuch stehen sollte. „Sein" ist *intersein*. Wir existieren nicht für uns allein. Wir müssen mit allem *intersein*. Dieses Blatt Papier ist, weil alles andere ist.[8]

KINDER AN ACHTSAMES ESSEN HERANFÜHREN

Wollen wir Kinder an die Praxis des achtsamen Essens heranführen, ist es oft eine gute Idee, mit Essen anzufangen, das Spaß macht. Bitter- oder Milchschokolade ist gleichzeitig bitter und süß und hat weitaus mehr Geschmacksnuancen, als uns bewusst ist. Geschmacksintensive Süßigkeiten wie Pfefferminzbonbons, saure Drops oder Lakritze rufen starke Emotionen hervor, die als Gesprächseinstieg oder Möglichkeit genutzt werden können Unangenehmes zu ertragen, während wir zusehen, wie es entsteht und wieder vergeht. Sie können ebenso versuchen, Geduld zu vermitteln und Ihren Kindern zeigen mit Verlangen umzugehen, indem Sie sie Bonbons oder Lutscher essen lassen, ohne hineinzubeißen. Andere Lehrer benutzen Beeren mit süßem Fruchtfleisch und bitteren Kernen. Oder Sie können die Kinder bitten etwas zu essen, das sie nicht mögen, und dabei die Konzepte des Widerwillens und der Abneigung erkunden. Meine gute Freundin, die Lehrerin Susan Mordecai, verwendet Rosinen in einer Woche und Trauben in der darauffolgenden Woche als Teil einer Übung zum achtsamen Essen mit Kindern. Sie hat festgestellt, dass viele Kinder überhaupt nicht wissen, dass beide ein und dieselbe Frucht sind, bis sie wirklich darauf achten und die Weintrauben schmecken. Andere getrocknete Früchte, eine Mischung von verschiedenem Trockenobst oder Studentenfutter sind oft interessanter als Rosinen. Eine andere Möglichkeit ist Obst, das man schälen muss, und das viele sensorische Komponenten enthält, wie zum Beispiel Clementinen.

Der folgende Übungstext geht auf ähnliche Texte aus dem MBSR-Programm, aus der achtsamkeitsbasierten kognitiven Therapie (MBCT) und aus dem Projekt „Mindfulness in Schools" (dt. „Achtsamkeit an Schulen") zurück. Ich habe eigenes Material mit einfließen lassen. Sie werden es vermutlich je nach Alter, Aufmerksamkeitsspanne, Erfahrung der Kinder und das, was sie in der Übung essen, abändern müssen.

Wenn ich euch sage, ich habe euch etwas mitgebracht, was passiert dann? Was bemerkt ihr in Körper und Geist?

Und wenn ich sage, ich habe euch etwas zu essen mitgebracht, was passiert dann? Was bemerkt ihr in Körper und Geist?

Und wenn ich euch sage, ich habe euch Schokolade mitgebracht? *(Ersetzen Sie hier Schokolade durch den Namen der Süßigkeit oder des Essens, das Sie in der Übung benutzen.)*

Nehmt wahr, wie euer Geist und Körper auf diese Worte reagieren, während ich dieses Essen mit euch teile. Esst es noch nicht. Haltet es nur in der Hand.

Wie fühlt es sich in Körper und Geist an zu warten?

Seht euch jetzt dieses Essen mit anderen, achtsamen, Augen an, so als hättet ihr es noch nie zuvor gesehen.

Und findet ihr das komisch oder albern, dann nehmt es einfach nur wahr und legt diese Gedanken die nächsten Minuten über beiseite.

Denkt jetzt darüber nach, welche Reise dieses Essen hinter sich hat, damit es jetzt in euren Händen sein kann. Denkt darüber nach, wie es von meinen Händen, meinem Auto, dem Geschäft, den Menschen, die es vom

Bauernhof oder von der Fabrik zum Geschäft brachten, wie es diesen ganzen Weg bis in eure Hände und in euren Mund gelangt. Und überlegt euch nun, was alles nötig war, um das Essen zu produzieren: das Sonnenlicht, um die Zutaten zu kultivieren, der Regen, die Materialien, aus denen die Verpackung besteht. All das ist auch Teil des Essens – alle Menschen und Orte und Elemente sind daran beteiligt, dass dieses Essen hier und jetzt in euren Händen ist.

Vielleicht könnt ihr euch diese Menschen und diese Orte in diesem Essen vorstellen.

Fangt an es mit euren Sinnen zu erkunden.

Fangt mit dem Sehsinn an. Untersucht das Essen im Licht und dreht und wendet es vorsichtig in euren Händen.

Schließt die Augen und fühlt es, nehmt seine Beschaffenheit und Temperatur auf der Haut an Hand und Fingern wahr. Fühlt sein Gewicht in euren Händen.

Hebt es nun mit geschlossenen Augen zuerst zu einem, dann dem anderen Ohr. Ja, hört hin, besonders wenn ihr es zwischen den Fingern bewegt.

Haltet es jetzt unter die Nase. Atmet durch die Nase ein. Nehmt alles, was beim Einatmen geschieht, wahr, wie euer Körper, wie euer Mund und Magen reagieren, und bemerkt auch, wie euer Geist mit Gedanken und Gefühlen und Erinnerungen reagiert.

Führt das Essen jetzt von der Nase weg.

(*Ist das Essen verpackt oder hat es eine Schale:* Packt das Essen aus/schält es. Achtet dabei auf alle Geräusche des Auspackens und nehmt auch wahr, was mit euren anderen Sinnen geschieht. Nehmt die Gerüche wahr und auch die Emotionen, die in euch entstehen.)

Hebt das Essen nun zu den Lippen. Wartet eine Weile, bevor ihr hineinbeißt. Achtet auf die Empfindungen im Mund und im Körper. Beobachtet eure Gedanken, Gefühle und euer Verlangen im Körper und Geist. Was sagt euch euer Magen, was fragt euch euer Mund?

Nehmt nun den kleinstmöglichen Bissen. Beobachtet, was euer Geist tut und was euer Körper tut, euer Magen und euer Speichel, eure Gedanken und Gefühle, eure Erinnerungen und Assoziationen.

Wartet einen Moment, bis diese Empfindungen verschwunden sind. Schließt dann die Augen und legt das Essen auf eure Zunge, ohne es zu bewegen. Lasst es einfach auf der Zunge ruhen, fühlt sein Gewicht, seine Temperatur und seine Form. Nehmt erst dann seinen Geschmack wahr.

Nachdem ihr die körperlichen Empfindungen wahrgenommen habt, nehmt eure Gedanken und Gefühle und euer Verlangen wahr.

Bewegt jetzt langsam die Zunge. Erkundet die sich verändernde Beschaffenheit und alle Geschmacksnuancen, von bitter bis süß.

Hört hin, riecht, achtet auf eure Empfindungen. Seid euch aller Bilder oder Filme bewusst, die in eurem Kopf ablaufen, vielleicht über die Reise, die das Essen hinter sich hat, vielleicht über andere Zeiten, in denen ihr etwas Ähnliches gegessen habt.

Seid euch der automatischen Reaktionen eures Körpers bewusst. Achtet darauf, wie sich euer Magen auf das Essen vorbereitet. Nehmt wieder alle Gedanken und Erinnerungen und Gefühle wahr, die gleichzeitig aufkommen.

Beißt jetzt hinein oder kaut und achtet darauf, wie sich das Essen wieder verändert.

Ihr könnt mit eurer Erkundungsreise fortfahren und euch auf jeden Sinn einzeln einstimmen. Ihr könnt die Beschaffenheit spüren, ohne das Essen zu schmecken, oder einfach nur die Geräusche wahrnehmen.

Und dann, wenn ihr bereit seid, schluckt das, was vom Essen in eurem Mund übrig ist, hinunter.

Lasst die Augen geschlossen, tastet euren Körper gedanklich ab. Nehmt wahr, wie die Nahrung ein Teil von Euch geworden ist und ihr mehr in eurem Körper und eurem Geist seid als noch vor einigen Minuten.

Wenn Sie Kinder bitten, mit dem Essen zu warten, bis alle ihre Portion haben, können Sie sie gleichzeitig bitten, auf das Erleben des Wartens zu achten. Sie können ebenso das Erleben von Überraschung und Neugier erkunden. Bitten Sie sie einfach die Augen zu schließen, und legen Sie dann das Essen in ihre Hände.

Anschlussfragen können alle Aspekte, sensorische und emotionale, der Erfahrung behandeln. Je nach Kind können Sie das Gespräch auch in Richtung Umgang mit Verlangen, Gedanken und Erinnerungen oder allen Punkten, die Ihnen wichtig erscheinen, lenken und gleichzeitig dafür sorgen, dass sich das Gespräch organisch entwickelt. Ich beginne meist mit einem Witz: „Ich weiß nicht, wie es bei euch ist, aber ich esse Schokolade normalerweise nicht so." Oder wir können einfach folgende Fragen stellen: „Was habt ihr bemerkt?" „Was hat euch überrascht?" „Wie *war* die Erfahrung – nicht *was haltet ihr von der Erfahrung*, sondern wie *war* sie, sensorisch und emotional?" „Woher wusstet ihr, dass sie euch gefallen oder aber missfallen hat?" „Woher wusstet ihr, dass ihr dabei wart, etwas zu essen, was haben eure Sinne euch gesagt?" „Was ist vor, bei und nach dem Essen passiert?"

Es gibt so viel in dem einfachen Akt des Essens zu entdecken, wenn wir mit unseren Sinnen genau achtgeben. Kinder bemerken das Verlangen, schneller oder langsamer zu werden. Sie bemerken beim Essen Farbe, Beschaffenheit, Geschmack, Geräusche und alle ihre Sinne. Und sie werden sich ihres Körpers bewusst, der sich auf den Vorgang des Essens und die Verdauung vorbereitet, was wiederum zu einer kleinen Biologiestunde führen könnte. Darüber hinaus nehmen sie vielleicht auch wahr, dass ihr Geist Emotionen, Erinnerungen, Assoziationen und Gedanken erzeugt, die durch das Essen hervorgerufen werden. Vielleicht stellen sie eine Verbindung zu anderen Menschen und zur Umwelt her. Thich Nhat Hanh bittet uns zu versuchen in unserem Essen und Trinken „die Wolke zu schmecken".

Für die meisten von uns ist das Essen von Schokolade etwas Schönes. Bitte denken Sie aber auch daran, dass viele Menschen zwiespältige Gefühle und Assoziationen bezüglich Essen haben. Eine kleine Patientin von mir fing an zu weinen, weil sie sich dafür schämte, dass sie im vergangenen Jahr an Halloween ihrer Schwester die ganzen Süßigkeiten weggenommen hatte. Viele Menschen empfinden Schuld rund ums Essen oder angesichts ihres Körperbildes. Unsere Aufgabe ist es, den Kindern bei der Verarbeitung der Erfahrung zu helfen. Trotzdem empfehle ich diese Übung nicht für Kinder, die ihr Essen einschränken oder an Magersucht leiden.

Berücksichtigen Sie bitte auch mögliche Allergien oder Essenseinschränkungen. Arbeiten Sie mit fremden Kindern, ist es ratsam die Eltern oder Bezugspersonen zu fragen, was die Kinder essen dürfen und was nicht. Kinder mögen bestimmte Nahrungsmittel nicht, aber wir können sie ermuntern die Erfahrung mit so vielen Sinnen zu erkunden, wie sie möchten, und sie entscheiden lassen, ob sie es kosten möchten. Das kann zu Neugier und einem Bissen führen und ganz gleich, ob sie dann das Essen mögen oder nicht, können sie dem Erleben des Mögens oder Nicht-Mögens näher auf den Grund gehen. Vergessen Sie nicht Servietten und eventuell Wasser bereitzustellen.

DIE VORTEILE DES ACHTSAMEN ESSENS

Achtsames Essen hat viele Vorteile. Wir stellen einen Kontakt zum gegenwärtigen Moment her und entwickeln Dankbarkeit für unser Essen. Wenn wir langsamer werden, genießen wir meist die Erfahrung mehr, wir essen weniger und gesünder. Studien haben gezeigt, dass wir das Signal, mit dem Essen aufzuhören, von unserem Körper circa zehn oder zwanzig Minuten eher erhalten als von unserem Gehirn.[9] Wenn wir langsamer werden, essen wir häufig weniger, gesünder und verdauen Essen und Nährstoffe besser, als wenn wir schneller essen oder andere Dinge beim

Essen erledigen. (Denken Sie nur daran, wie viel mehr Sie beim Fernsehen essen oder wie schnell die riesige Tüte Popcorn im Kino halb aufgegessen ist.) Die Mittagspausen an Schulen werden kürzer, überall lauern Ablenkungen und wir essen immer schneller. Ich habe neulich erfahren, dass Mittelstufenschüler in New York ihr Mittagessen im Durchschnitt in sieben Minuten essen! Langsamer werden und so jeden Bissen genießen sorgt für mehr Freude beim Essen.

Eine ganze Mahlzeit regelmäßig achtsam zu essen ist heutzutage vermutlich nicht so leicht. Trotzdem haben viele von uns die Zeit für „Montags essen wir achtsam" oder wir können die ersten Bissen oder unseren Nachtisch etwas langsamer und etwas achtsamer an einem anderen Wochentag oder vielleicht nur an bestimmten Feiertagen essen. Wir können auch das Besteck zwischen den Bissen auf den Tisch legen oder jeden Bissen eine bestimmte Anzahl mal kauen, bevor wir ihn herunterschlucken. Eine Therapeutin an einer Schule, für die ich beratend tätig bin, leitet eine Gruppe, die sich zum Mittagessen trifft. Sie findet es sehr schwierig die Kinder davon abzuhalten ihr Essen herunterzuschlingen, da sie so hungrig sind. Sie bittet sie daher drei Bissen ihres Essen beiseitezulegen und sie erst am Ende der Mahlzeit achtsam zu essen.

Oder wenn wir essen, dann sollten wir nur essen – ohne Fernseher, Radio, Handy, Tablets, Bücher oder andere Ablenkungen. Wir können uns bewusst dafür entscheiden, den Ursprung unseres Essens wertzuschätzen. Vielleicht bauen wir ja auch unser eigenes Essen an oder stellen es her. Achtsame Gartenarbeit, achtsames Kochen und achtsame Essensvorbereitung komplementieren alle achtsames Essen.

Wir leben jeden Tag unseres Lebens in unserem Körper, aber scheinen oft nur in unserem Kopf zu wohnen. Mit Ausnahme von professionellen Künstlern und Sportlern sind die meisten Berufe, die unsere

Kultur wertschätzt, nicht körperbetont, sondern kopflastig, was die Körper-Geist-Dualität noch verstärkt. Kleine Kinder an achtsame Übungen zum Körperbewusstsein heranzuführen schafft ein starkes Fundament für Gesundheit, Glück, Lernen und Mitgefühl das ganze Leben lang. Unser Körper kann unser Verbündeter sein und uns unser ganzes Leben unterstützen, wenn wir lernen uns um ihn zu kümmern und Freundschaft mit ihm zu schließen, wenn wir lernen eine harmonische Verbindung zu ihm aufbauen.

Mit dem Strom schwimmen
Achtsamkeit und Bewegung

Ich ging für einen Spaziergang hinaus, blieb dann aber
bis zum Sonnenuntergang, denn nach draußen zu gehen
bedeutete für mich im Grunde, nach innen zu gehen.

JOHN MUIR – *John of the Mountains: The Unpublished Journals of John Muir*

Achtsamkeit findet nicht nur auf dem Meditationskissen statt. Viele der besten Achtsamkeitsübungen für Kinder geschehen nicht im Stillen, sondern in Bewegung. Sich auf den stillen Körper zu konzentrieren ist eine Herausforderung. Darum gibt es in so vielen Kulturen kontemplative Bewegungsübungen wie rituelle Tänze, Sport und Kampfkünste. Wenn wir Yoga und Tai-Chi hören, denken wir meist an Übungen, die achtsame Bewegungen fördern, aber es gibt Dutzende, wenn nicht Hunderte, von anderen Übungen auf der ganzen Welt, die Bewegung und meditatives Bewusstsein miteinander verbinden. Und wir können jeder Bewegung im Alltag Achtsamkeit entgegenbringen. Bewegung bietet besonders für aktive Kinder zahlreiche Möglichkeiten, Achtsamkeit zu leben.

Achtsamkeit in Bewegung zu integrieren hat den zusätzlichen Vorteil, mentales Training mit körperlichem Training zu verbinden. Selbst wenig Sport wirkt sich ausgesprochen positiv auf das Wohlbefinden und auf die körperliche und geistige Gesundheit aus.[1] Unzählige Studien belegen, dass einfaches Gehen nicht nur gut für unser körperliches Wohlbefinden ist, sondern auch bei Depressionen und Angst nützt. Obwohl wir um die Vorzüge körperlicher Aktivitäten wissen, werden sie aus dem formellen und informellen Lehrplan gestrichen. Achtsame Bewegungen helfen unseren Kindern sich körperlich, emotional und kognitiv zu entwickeln und zu entfalten.

Wir gehen jeden Tag, meist ohne darüber nachzudenken. Dieses Kapitel widmet sich daher hauptsächlich der Gehmeditation. Wir richten in einer formalen Praxis und im Alltagsleben bewusst unsere Aufmerksamkeit auf die Erfahrung des Gehens.

Spaziergänge in der Natur können Kindern die Augen öffnen und bieten ihnen neue Perspektiven, die sich von dem unterscheiden, was sie zuhause oder mittels ihrer elektronischen Geräte erleben. Richard Louv ist einer von vielen, die von einer „Naturdefizitstörung" sprechen und beschreiben, wie diese sich auf die körperliche und emotionale Gesundheit unserer Kinder auswirkt.[2] Andere Studien zeigen, dass selbst ein wenig Zeit im Grünen Glück und Aufmerksamkeit erhöhen. Viele von uns haben selber die Macht der Natur erlebt, unsere schwierigsten Emotionen zu beruhigen. Die Natur ist voller Lehrstunden und Metaphern, die es zu entdecken gilt.

Einfache Gehmeditation

Gehmeditation ist einfach. Sie müssen sich nur beim Gehen wahrnehmen und Ihre Körperempfindungen zum Anker der Meditation machen. Um den Autopiloten beim Gehen abzuschalten, könnten Sie sich zum Beispiel fragen: „Woher weiß ich, dass ich gerade gehe?", und sich dann auf Ihre Sinne fokussieren. Ein guter Tipp ist auch, bestimmten Aspekten des Gehens Gewahrsein entgegenzubringen. Sie können beispielsweise Ihrem Körper mit Achtsamkeit begegnen, während Sie auf die Empfindungen in Ihren Füßen auf dem Boden oder die Bewegung Ihrer Muskeln achten. Nehmen Sie wahr, was Ihre Beine tun und was Arme, Torso, Wirbelsäule und Kopf beim Laufen machen. Vielleicht entdecken Sie kleinste Veränderungen im Puls, in der Körpertemperatur oder Atemfrequenz vor, während und nach der Gehmeditation. Sie können sich auch auf die sanfte, wiegende Bewegung bei der Gewichtsverlagerung konzentrieren.

Sie müssen nicht langsam (oder, so die unweigerliche Bemerkung vieler Kinder, wie ein Zombie) gehen. Aber zu entschleunigen macht es leichter, die Nuancen des Gehens zu erkennen. Mit verschiedenen Geschwindigkeiten zu experimentieren macht aber auch Spaß.

Wenn wir unseren Atem zum Meditationsanker machen, konzentrieren wir uns auf den Punkt zwischen dem Einatmen und dem Ausatmen, auf eben jenen Moment der Stille. Wir können ganz ähnlich beim Gehen auf die Punkte der Stille achten, wenn der rechte Schritt zum linken Schritt und der linke Schritt zum rechten Schritt wird.

Achtsames Gehen hat für Erwachsene und ältere Kinder immense Vorteile. Fast alle Kinder, mit denen ich gearbeitet habe, erzählen mir hinterher, dass das achtsame Gehen die Übung ist, die sie am meisten mögen und am häufigsten machen, zum Teil weil sie so einfach und überall machbar ist.

DIE GEHMEDITATION FÜR KINDER ANPASSEN

Sich nur auf den Körper in Bewegung zu konzentrieren ist oft schwer für kleinere Kinder, denn sie haben eine kürzere Aufmerksamkeitsspanne und verstehen nicht immer, worum es beim achtsamen Gehen geht. Thich Nhat Hanh empfiehlt deswegen, kleinere Kinder im Wechsel einige wenige Schritte achtsam machen und sie dann herumlaufen zu lassen. Sie ihre Schritte zählen zu lassen ist eine einfache Methode, ihre Aufmerksamkeit zu bündeln. Wenn sie sich verzählen, fangen sie wieder bei Eins an – und versichern sich, dass es mit Akzeptanz und wertfrei geschieht. Im Nachfolgenden finden Sie viele Vorschläge, die Sie ausprobieren können.

MIT WORTEN GEHEN

Es hilft häufig, wenn man zu den Bewegungen gleichzeitig etwas sagt. Die Worte können abstrakt sein. Wir könnten beispielsweise *danke* sagen und beim Gehen Dankbarkeit oder Mitgefühl zu unseren Füßen oder unserem Körper schicken. Diese Übung geht auf das Programm Achtsames Selbstmitgefühl von Christopher Germer und Kristin Neff zurück. Oder wir können still beziehungsweise innerlich bestimmte Sätze wiederholen.

Jüngere Kinder finden eventuell an den folgenden Zeilen von Thich Nhat Hanh Gefallen. Sie werden bei jedem Schritt aufgesagt:

> Ich bin angekommen,
> ich bin zuhause,
> im Hier,
> im Jetzt.

Teenager und ältere Kinder mögen vielleicht diese Zeilen von Noah Levine:

> Nirgendwo hingehen.
> Nichts tun.
> Niemand sein.

Ihre Kinder und Sie können selbstverständlich auch Ihre eigenen Sätze beim Gehen benutzen.

MIT EMOTIONEN GEHEN

Unserer emotionalen Erfahrung beim Gehen mit Gewahrsein zu begegnen ergänzt die Gehmeditation um eine weitere Dimension. Sie können Ihre Kinder bitten auf die Gefühle zu achten, wenn sie sich anderen nähern oder deren persönliche Distanzzone betreten (siehe: „Auf den

Körper achten: Übung zur persönlichen Distanzzone" in Kapitel 6). Oder Sie könnten sie bitten jeden, dem sie begegnen, anzulächeln, und so aus der Gehmeditation eine Variante der Lächeln-Meditation in Kapitel 9 machen. In einer größeren Gruppe entsteht meist ein natürlicher physischer und emotionaler Rhythmus, wenn die Kinder mit dem Gehen beginnen. Das wäre vielleicht auch ein interessantes Diskussionsthema im Anschluss an die Übung.

Kinder allen Alters erzählen am Anfang oft, wie befangen sie sich fühlen, wenn sie bewusst als Gruppe eine Gehmeditation machen, und dass sie sich fragen, ob die anderen wohl ihrem Gehen genauso viel Beachtung schenken wie sie selber. Sie zu fragen, wie sich dieses Erleben von Befangenheit in Körper und Geist anfühlt und wie sie damit umgehen, kann ein bereicherndes Gespräch sein. Andere Kinder werden möglicherweise Mikroemotionen der Begeisterung beschreiben, wenn sie in den Sonnenschein hineingehen, oder Furcht, wenn sie sich einer kleinen Anhöhe nähern, oder Neugier angesichts ihrer Umgebung.

Sie können andere Aspekte des Gehens in der Gruppe genauer erkunden, indem sie die Kinder einfach bitten, abwechselnd das Tempo anzugeben, und hinterher darüber sprechen, wie es war, die Gruppe beim Gehen zu leiten und dann einem anderen zu folgen. Solche Fragen dienen als Gesprächseinstieg über Vertrauen, Geduld und andere tiefer gehende Themen.

SO GEHEN WIE …!

Bei kleineren Kindern können Sie Visualisierungen und die Fantasie einsetzen, um aus Gehmeditationen ein Spiel zu machen. Lassen Sie die Kinder gehen:

- wie auf einer rutschigen, dünnen Eisschicht auf einem See
- barfüßig auf heißem Sand oder geschmolzener Lava

- wie mit einem Eimer voller Eiswasser auf dem Kopf
- ohne ein einziges Geräusch zu machen
- wie in niedriger oder extremer Schwerkraft
- und den Bauchnabel genau parallel zum Boden zu halten
- wie ein Pinguin, ein Löwe oder ein anderes Lieblingstier
- „als ob sie die Erde mit den Füßen küssen", wie Thich Nhat Hanh es ausdrückt.

Nutzen Sie Ihre Fantasie und erfinden Sie eine Geschichte, um das Interesse der Kinder zu wecken. Warum versuchen sie, so lautlos wie möglich zu gehen? Sind sie Spione? Was ist wohl ihr Ziel oder welchen Schatz versuchen sie über den zugefrorenen See zu erreichen?

Sie können auch auf die Theaterspiele von früher zurückgreifen und die Kinder bitten, so zu gehen, als erlebten sie eine bestimmte Emotion oder wären ein bestimmter Mensch. Deborah Schoeberlein-David empfiehlt diese Übung in ihrem Buch *Mindful Teaching and Teaching Mindfulness*.[3] Sie fördert Mitgefühl und Empathie, sprich die Fähigkeit, sich in andere Menschen hineinzuversetzen. Sie fördert auch den Einblick in die Körpersprache und wie sie diese Nachrichten sowohl an uns selber als auch die Welt um uns herum sendet. Sie können allen Kindern die gleiche Emotion geben oder aber verschiedenen Kindern verschiedene Emotionen zuweisen. Läuten Sie während der Gehmeditation in regelmäßigen Abständen eine Glocke oder geben Sie ein anderes Signal, damit die Kinder anhalten, atmen und in eine andere Emotion überwechseln können.

IN VERSCHIEDENEN ROLLEN GEHEN

Lassen Sie die Kinder ihre Rolle aus einem Hut ziehen und dann so gehen. Rollen sind zum Beispiel:

- ein wütender Schikaneur
- eine selbstbewusste Geschäftsfrau
- eine trauernde Witwe
- eine Prominente auf dem roten Teppich
- ein Modell auf dem Laufsteg
- ein sehr schüchterner Mensch
- ein Mann, der im Lotto gewonnen hat
- eine Schülerin, die durch eine Prüfung gefallen ist
- ein junger Mensch
- ein alter Mensch
- eine Schauspielerin, die einen Oscar erhält
- ein fünfjähriger Junge mit ADHS
- ein Fußballkapitän
- jemand, der einen alten Freund nach vielen Jahren wiedersieht
- ein Oberstufenschüler mit Liebeskummer
- sie selbst.

Ich bin mir sicher, dass Ihnen viele weitere Rollen einfallen. Die Kinder können sich ebenfalls welche überlegen. Benutzen Sie auch Tiere, von der ängstlichen Maus bis zum mutigen Löwen. Aber bevor Sie anfangen, denken Sie darüber nach, welche Emotionen oder Archetypen Sie eventuell auslösen, die die Kinder überwältigen könnten. Denken Sie auch darüber nach, welche Emotionen und Archetypen gut für bestimmte Kinder sind.

Die Übung, in der Rolle eines anderen zu gehen, kann zu lebhaften Gesprächen führen. Fragen Sie die Kinder, wie sich die Rollen, in denen sie gegangen sind, von ihrem eigenen Gehen und ihrer eigenen Persönlichkeit unterscheiden. Kinder wissen oft, dass ihr Gehen und Rollenspiel Auswirkungen auf ihre Gefühle über andere oder ihr Umfeld haben.

Manche Kinder erzählen, dass sie nur wenig über die Welt um sie herum bemerkten, als sie in der Rolle der trauernden Witwe oder des schüchternen Menschen gingen, weil sie nach unten schauten. Andere berichten, dass sie sich durch selbstbewusstes Gehen auch selbstbewusst fühlten. Sich verschiedene Rollen und Emotionen genauer anzusehen kann ein echtes Aha-Erlebnis sein.

ALBERNES GEHEN

Eine Übung, die Spaß macht und aus Jan Chozen Bays Buch *Achtsam durch den Tag* stammt, ist albernes Gehen.[4] Vielleicht sind einige Leser oder Leserinnen alt genug, sich an Monty Pythons Sketch über das Ministerium für alberne Gänge zu erinnern. (Sie finden den englischen Sketch online. Geben Sie als Suche „Ministry of Silly Walks" ein.) Er ist urkomisch und kann sowohl Kinder als auch Erwachsene dazu ermutigen, ihre Befangenheit abzulegen und so albern wie möglich zu gehen. Albernes Gehen macht nicht nur Spaß, sondern erfordert auch sehr viel Aufmerksamkeit, denn es ist nicht einfach, beim Gehen das Gleichgewicht zu halten. Albernes Gehen eignet sich auch hervorragend dazu, Kindern zu helfen, „die Albernheiten herauszulassen", damit sie den Gang wechseln und zur Beruhigung zu weniger albernen Gängen übergehen können.

MIT SENSORISCHEM BEWUSSTSEIN GEHEN

Diese Variation der Gehmeditation ist einfach. Ich habe sie vom Meditationslehrer Chas DiCapua auf einem Achtsamkeitsretreat für Teenager gelernt.

Geht zuerst und haltet die Augen ruhig. Beobachtet, wie sich eure Sicht verändert.

Konzentriert euch nun auf die Fußsohlen und nehmt die verschiedenen Empfindungen wahr.

Und konzentriert euch jetzt auf die Geräusche – eure eigenen und die aus eurer Umwelt –, während ihr euch bewegt.

Konzentriert euch nun auf die Gerüche in der Luft und darauf, wie sie schmeckt.

Und nehmt dann alles auf einmal wahr.

5-4-3-2-1-GEHEN

Ich habe von Annie Nelson, einer Workshop-Teilnehmerin, diese Variation der Übung „Mit sensorischem Bewusstsein gehen" gelernt. Sie lässt ihre Kinder draußen gehen und bittet sie Folgendes wahrzunehmen und zu beschreiben:

5 schöne Dinge, die sie sehen

4 Geräusche, die sie hören

3 Empfindungen, die sie spüren

2 Dinge, die sie riechen oder schmecken

1 Gedanken, die sie haben

PFENNIG-GEHEN

Lassen Sie Ihre Kinder gehen und dabei Münzen auf ihren nackten Füßen oder den Schuhen balancieren. Das kann ein sehr lustiges Unterfangen sein und nachher für viel Gesprächsstoff über die verschiedenen Reaktionen auf diese Herausforderung sorgen. Die Übung vermittelt insbesondere, wie sich Frustration anfühlt und wie wir auf sie reagieren. Wenn das Gehen mit einer Münze zu einfach ist, lassen Sie die Kinder mit mehreren Münzen gehen. Sowohl die Ablenkung durch die hin und her rollenden Münzen und das darauffolgende Lachen als auch die Konzentration in der Gruppe sind ansteckend. Und auch das ist ein weiterer interessanter Diskussionspunkt.

Ganz ähnlich bringen alte Spiele wie Eierlaufen oder das Gehen mit einem vollen Glas Wasser in der Hand dem einfachen Akt des Gehens mehr Gewahrsein und Aufmerksamkeit entgegen.

MIT DANKBARKEIT GEHEN

Auf unsere Umgebung zu achten ist eine weitere Möglichkeit, dem Akt des Laufens bewusstes Gewahrsein entgegenzubringen und unsere Wahrnehmung der Welt zu verändern.

Sie kennen vielleicht das Konzept der positiven Psychologie, das oft missverstanden wird. In der positiven Psychologie geht es nicht darum, so zu tun, als seien Situationen positiv, wenn sie es nicht sind, oder als sei man glücklich, wenn man es nicht ist. Es geht vielmehr darum, unsere angeborene „Negativitätsneigung" neu einzustellen, damit wir die Welt ausgeglichener und realistischer sehen. Unsere Vorfahren mussten zum Überleben Ausschau nach Gefahren und negativen Situationen in ihrem Umfeld halten. Und ein Evolutionsfehler ist, dass wir immer noch dazu neigen, das Negative wahrnehmen, das, was schlecht oder potenziell gefährlich für uns ist. Es mag schwer vorstellbar sein, aber das moderne Leben ist sicherer als das Leben zu Zeiten der Höhlenmenschen und Jäger und Sammler. Man sagt in der positiven Psychologie: „Unser Gehirn ist wie Teflon für positive Erfahrungen und wie Klett für negative." Die positive Psychologie will das ändern. Positives und Negatives sollen in gleichem Maße im Gehirn haften bleiben. Haben wir einen angeborenen Filter für Negatives, können wir das durch Wertschätzungs- und Dankbarkeitsübungen ändern, denn sie ermöglichen es uns die Dinge so zu sehen, wie sie wirklich sind.

Als ich Sophie, einer meiner Patientinnen, positive Psychologie erklärte, dachte sie einen Moment lang darüber nach und fasste das Ganze so zusammen, wie es nur Teenager können: „Ich hab's kapiert. Früher glaubte ich, dass ich, wenn ich nur an Positives denke, in Hundekacke trete. Aber es ist nicht so, dass ich so tue, als ob es die Hundekacke nicht gibt, sondern dass ich *auch* den Sonnenschein und alles andere wahrnehme."

Mein Freund Christopher Germer betont, dass Übungen zur positiven Psychologie, wie Dankbarkeits- und Wertschätzungsübungen, unsere Weisheit fördern, denn sie erlauben es uns, die Welt klarer zu sehen.

In einem Experiment wurde eine Gruppe von College-Studenten gebeten, mehrmals pro Woche einen zwanzigminütigen Spaziergang zu machen.[5] Die Teilnehmer wurden in drei Gruppen unterteilt. Eine Gruppe sollte alles Positive wie den Sonnenschein und die Blumen beim Gehen wahrnehmen. Die zweite Gruppe sollte sich auf alles Negative konzentrieren, auf den Lärm und die Umweltverschmutzung um sie herum. Die dritte Gruppe sollte einfach nur gehen.

Die Ergebnisse nach einer Woche waren wie erwartet: Die allgemeine Stimmung der positiven Gruppe verbesserte sich, die der negativen Gruppe verschlechterte sich und die Kontrollgruppe fühlte sich durch die körperliche Betätigung etwas besser. Die Langzeitergebnisse hielten eine Überraschung bereit: Noch Monate später berichtete die positive Gruppe, dass sie sich positiver und glücklicher fühlte.

Diese Ergebnisse sind die Inspiration für eine andere Gehübung: beim Gehen einfach die Schönheit in der Welt um uns herum wahrzunehmen. Das kann der Baum sein, der gerade anfängt zu blühen, ein besonders schöner Lichtstrahl, ein Haus oder ein Auto in unserer Lieblingsfarbe. Wenn Sie immer einen bestimmten Weg mit Ihren Kindern gehen, können Sie daraus eine regelmäßige Übung machen und sie bitten, auf dem Weg ein positives Detail zu bemerken – etwas Schönes, etwas Lustiges oder vielleicht auch eine freundliche Handlung. Sie können diese Details in einem Tagebuch festhalten oder sie mit anderen teilen.

Eliza, ein junges Mädchen mit dem ich arbeitete, hatte Angst, zur Schule zu gehen. Ihr täglicher, langer Schulweg war wie eine Filmvorschau auf die bevorstehenden Schrecken des Tages, bis sie begann, mit Dankbarkeit zu gehen. Im trostlosen Winter Neuenglands fing sie an, Farbtupfer im Wintergrau auf ihrem Weg zu fotografieren – eine vom Eis bedeckte rote Beere, Tannennadeln im Schnee. Sie sog die damit verbundenen guten Gefühle in sich auf und postete ihre Fotos auf einem Blog über achtsame Fotografie. Wenn sie es heute immer noch tun sollte, dann ist es sicherlich inzwischen ein Instagram-Hashtag.

Momente des Positiven oder der Schönheit auf dem Weg zur Arbeit oder Schule zu finden kann sehr hilfreich sein, denn dieser Teil des Tages, so Studien, ist meist am stressigsten für Erwachsene und Kinder. Mit Dankbarkeit gehen (oder pendeln) kann aus dieser stressigen Erfahrung eine Achtsamkeitsübung machen.

KÖNNEN WIR SO TUN, ALS OB, UND DADURCH EINE NEUE ART DES DENKENS UND FÜHLENS ERREICHEN?

Zu verändern, wie wir unseren Körper bewegen, verändert in sehr hohem Maß, wie wir uns fühlen. Die Professorinnen für Wirtschaftswissenschaften Amy Cuddy, Dana Carney und Andy Yap beschäftigen sich damit, wie unsere Körperhaltung unsere Gefühle und die kurz- und langfristige Wahrnehmung durch andere beeinflusst.[6] Wir wissen, dass die Körpersprache dazu dient, mit anderen zu kommunizieren. Sie haben untersucht, was die Körpersprache uns selber vermittelt, und herausgefunden, dass bestimmte „selbstsichere Körperhaltungen" den Wert bestimmter Hormone im Körper erhöhen, was zu mehr Selbstvertrauen und weniger Stress führt (stellen Sie sich Wonder Woman oder Superman vor, mit hoch erhobenem Kopf, herausgestrecktem Brustkorb und den Händen auf den Hüften). „Unsichere Körperhaltungen" scheinen das Gegenteil zu bewirken. Ein zusammengesunkener Körper (schlechte Haltung, Schultern nach vorn, Arme verschränkt, Kopf nach unten, Hand im Nacken) führt zu einer Erhöhung von Stresshormonen und einer Reduzierung der für Selbstbewusstsein verantwortlichen Hormone. Studienteilnehmer, die vor einem gespielten Vorstellungsgespräch zwei Minuten lang eine selbstsichere Haltung einnahmen, waren weitaus häufiger erfolgreich. Man bestätigte ihnen ebenfalls eine größere Präsenz und Persönlichkeit als den anderen Studienteilnehmern.

Selbstsichere Haltungen mit Kindern zu üben kann sehr nützlich sein. Achtsamkeit heißt nicht, still auf einem Meditationskissen zu sitzen. Sich achtsam zu bewegen und die Körperhaltung zu verändern – durch Yoga, selbstsichere Haltungen oder die Übung zur Stressreaktion aus Kapitel 1 – verändert nicht nur, wie wir uns selbst und die Welt um uns herum sehen, sondern auch, wie die Welt uns sieht.

Sport, Fitness und Achtsamkeit

Sportliche Aktivitäten, die die Haltung betonen und die Konzentration kultivieren, sind eine natürliche Möglichkeit, Körper und Umfeld mit Achtsamkeit zu begegnen. Das trifft auf fast jede Fitnessaktivität zu, ganz besonders gut eignen sich aber folgende Sportarten:

Bogenschießen	Rudern/Mannschaftsrudern
Tanzen	Fechten
Fliegenfischen	Golf
Gymnastik	Wandern
Kampfkünste	Parcour
Bergsteigen	Laufen
Segeln	Schlittschuhlaufen
Skifahren	Surfen
Tennis	Yoga

Yoga ist eine Konzentrationsübung, die Körper und Geist auf die Meditation vorbereitet. Wir können sie achtsam machen, indem wir wahrnehmen, wohin unser Geist beim Praktizieren wandert. Gleichgewichtshaltungen vermitteln uns die Macht eines stillen Geistes. Versuchen Sie die Baumhaltung oder einfach nur, auf einem Bein zu stehen, während Sie abgelenkt oder emotional sind oder über einen lustigen Witz lachen oder den Blick im Zimmer schweifen lassen. Körper und Gleichgewicht geben eher früher als später auf. Unser Körper enthält so viel Weisheit und verschiedene Haltungen lösen bei jedem von uns verschiedene Emotionen, verschiedene Erinnerungen und verschiedene Wünsche aus. Nur wertfrei auf das zu achten, was während der verschiedenen Haltungen in uns aufkommt, ist schon eine Achtsamkeitsübung an sich.

Unser Körper kann auch zur Veranschaulichung dienen. Geschichten erzählen und Yoga machen ist ein fantastisches Programm, von dem ich kürzlich erfuhr. Yoga-Haltungen werden in Geschichten eingebunden, die die Kinder selber schreiben, wodurch Körperbewusstsein und Reflexion über das Schreiben vermittelt werden. In der Übung „bewegte Stille" versucht man, den gesamten Körper zu bewegen und dabei einen Bereich komplett still zu halten. Die Kinder erlauben dann der Stille dieses Bereichs, sich durch den ganzen Körper hindurch auszubreiten, und trainieren so Körper und Geist, sich besser zu konzentrieren.

Achtsamkeit im Sport bezieht sich nicht nur auf meditativen Sport. Mannschaftssportarten wie Basketball, Eishockey und Fußball können ebenso Elemente der Achtsamkeit beinhalten, um Sportlern dabei zu helfen, ihre Leistungen zu erhöhen, wie viele berühmte Sportler (mit Meistertiteln) bereits wissen. Es wird erzählt, dass der Basketball-Trainer Phil Jackson seine Los Angeles Lakers im Umkleideraum bat, sich vor einem Spiel die Socken achtsam anzuziehen. Viele Trainer benutzen geführte Visualisierungen, um mit ihren Mannschaften Techniken wie Freiwürfe zu üben. Andere vermitteln Bewusstseinsübungen, damit die Athleten geistig wach bleiben und dem Ball folgen, oder benutzen Atemübungen zur Stresskontrolle, damit ihre Spieler auch bei Millionen von Zuschauern ruhig bleiben und sich auf ihre Mannschaftskameraden einstimmen können.[7]

Abkürzung zur Gegenwart
Über Geräusche und unsere Sinne

Zwischen Reiz und Reaktion liegt ein Raum.
In diesem Raum befinden sich die Freiheit und die Macht,
uns für eine Antwort zu entscheiden.
In unserer Antwort befinden sich Wachstum und Glück.

ANONYM – meist fälschlicherweise Viktor Frankl zugeordnet[1]

Ist unser Geist ungeübt, rasen unsere Gedanken in die Zukunft oder in die Vergangenheit, überallhin, nur nicht ins Hier und Jetzt. Im Gegensatz zu unserem Geist und unseren Gedanken sind unsere fünf Sinne immer in der Gegenwart und erden uns. Gleichzeitig können unsere Sinne eine Ablenkung oder Abweichung verursachen: Ein Geräusch wird zu einem Bild und einer Geschichte, ein Geruch weckt vergangene Emotionen, eine Empfindung erfüllt uns mit sofortigem Gefallen oder Missfallen. Wir können so viel aus solchen Reaktionen lernen. Sie liefern uns Erkenntnisse über Auslöser, Mögen und Nicht-Mögen, Wünsche und Widerwillen und unsere strukturierte und konditionierte Art, auf sie zu reagieren.

Unsere Sinne erinnern uns daran, dass wir leben, und sie erlauben uns, alles, was das Leben zu bieten hat, wertzuschätzen und zu genießen. Helen Keller fragte einmal eine Freundin, was sie auf ihrem Waldspaziergang gesehen hatte. „Nichts Besonderes", antwortete die Freundin. Die Antwort schockierte Keller so, dass sie ein Essay darüber schrieb, was sie tun würde, wenn sie drei Tage lang wieder sehen könnte. Sie schrieb:

Ich, die ich blind bin, kann den Sehenden einen Hinweis geben, eine Ermahnung an die, die das Geschenk des Augenlichts besitzen: Benutzt eure Augen, als würdet ihr morgen erblinden. Das Gleiche gilt für die anderen Sinne. Hört die Musik der Stimmen, den Gesang eines Vogels, die mächtigen Klänge eines Orchesters, so als würdet ihr morgen euer Gehör verlieren. Berührt jeden Gegenstand, so als würde euch euer Berührungssinn morgen abhandenkommen. Riecht den betörenden Duft der Blumen, lasst euch jeden Bissen schmecken, so als würdet ihr morgen nicht mehr riechen und schmecken können. Nutzt jeden Sinn, so gut ihr könnt. Kostet alle Facetten der Freude und Schönheit aus, die die Welt euch durch den Kontakt zur Natur offenbart.[2]

Dieser Absatz zeigt die Macht der Achtsamkeit, die Schönheit unserer Sinne und die Ideale der Wertschätzung und Dankbarkeit auf bezaubernde Weise. Gleichzeitig dient er als mahnende Erinnerung, dass viele Menschen in dieser Welt Sinne haben, die im Gegensatz zu unseren nicht vollkommen intakt sind.

Dieses Kapitel könnte unendlich lang sein und sich eingehend mit Dutzenden von Übungen beschäftigen, die alle einen oder alle fünf Sinne in Dienst nehmen. Der Kürze halber befasse ich mich hier vor allem mit Geräuschen und dem Gehörsinn – und mache auch einige Vorschläge, wie wir unsere anderen Sinne achtsam einsetzen können.

Viele Lehrer und Lehrerinnen benutzen Glocken, Klangschalen und Ähnliches, um den Anfang oder das Ende einer Meditationsübung anzukündigen. Sind diese Ihnen zu spirituell, können Sie auch Klangstäbe, Stimmgabeln, Triangeln, Trommeln, Musikinstrumente und vielleicht auch Regenmacher benutzen, um einen Übergangsmoment während der Meditation zu kennzeichnen.

VERSCHWINDENDE GERÄUSCHE

Eine einfache, einführende Übung zum achtsamen Zuhören für Kinder ist, sie zu bitten, die Augen zu schließen und bewusst den Klang einer Glocke mit langem Nachklang zu hören. Bitten Sie sie, am Anfang, in der Mitte und am Ende des Klangs genau hinzuhören und die Hand zu heben, wenn der Klang für sie verschwunden ist.

Diese Übung eignet sich hervorragend dazu, den Anfang und das Ende einer Übung zuhause, im Klassenzimmer oder in einem anderen Rahmen zu signalisieren. Ich beginne und beende viele Treffen mit Patienten, Kollegen oder Supervisanden mit dem Klang einer Glocke. Ein Klangduell ist eine Adaptation der Übung: Läuten Sie zwei Glocken gleichzeitig und bitten Sie die Kinder, ihr Bewusstsein abwechselnd auf die beiden Klänge zu richten.

IN DER KLANGLANDSCHAFT SURFEN

Sie können diese Klangmeditation länger oder kürzer gestalten. Schalten Sie Geräte aus, um Rauschen zu vermeiden, oder öffnen Sie ein Fenster oder eine Tür einen Spalt. Bei Anfängern, kleineren Kindern oder Kindern mit einer kurzen Aufmerksamkeitsspanne eignen sich fünf oder zehn Sekunden (zwei- oder dreimal ein- und ausatmen) zwischen den Hinweisen. Bei Kindern mit einer längeren Aufmerksamkeitsspanne können Sie es mit zwanzig oder dreißig Sekunden versuchen.

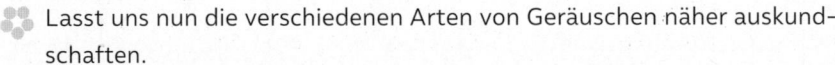 Nehmt euch einige Minuten, um im Hier und Jetzt anzukommen und die Klanglandschaft um euch herum zu erkunden. Stimmt euch auf jedes ankommende Geräusch ein und nehmt wahr, was euer Geist tut. Vielleicht zeigt er euch einen Film oder erzählt eine Geschichte, vielleicht löst er einen Gedanken oder eine Emotion aus oder er ruft eine Erinnerung wach. Nehmt einfach wahr, was geschieht, und kehrt dann zum Zuhören zurück.

Stimmt euch auf Geräusche über euch ... oder auf Geräusche unter euch ein.

Auf Geräusche links ... und rechts.

Auf Geräusche hinter euch ... und vor euch.

Bringt der Geist euch vom Kurs ab oder läuft mit einem Geräusch davon, dann kehrt einfach sanft zum Zuhören zurück.

Bemerkt Geräusche, die in der Nähe sind. Bemerkt Geräusche, die weit weg sind.

Geräusche außerhalb des Gebäudes. Geräusche innerhalb des Gebäudes. Geräusche im Zimmer.

Geräusche eures eigenen Körpers – vielleicht sogar Geräusche wie eure Gedanken, im Inneren eures Körpers.

Jetzt können Sie die Kinder auf verschiedene Arten von Geräuschen achten lassen.

Lasst uns nun die verschiedenen Arten von Geräuschen näher auskundschaften.

Menschliche Geräusche.

Geräusche aus der Natur.

Geräusche von Maschinen.

Nehmt wahr, wie es ist, angenehme Geräusche zu hören, und wie der Geist auf sie antwortet.

Nehmt wahr, wie es ist, unangenehme Geräusche zu hören, und wie der Geist auf sie antwortet.

Nehmt konstante Geräusche wahr und solche, die sich verändern. Geräusche, die regelmäßig und gleichbleibend sind. Und zufällige Geräusche.

Wandert der Geist, um einem bestimmten Geräusch zu folgen, kehrt einfach zum Zuhören zurück.

Sie können mit der Meditation fortfahren und die unterschiedlichen Reaktionen von Körper und Geist auf verschiedene Geräusche untersuchen. Dazu gehört auch, wie wir Geräusche nicht nur mit den Ohren, sondern mit anderen Körperteilen wahrnehmen.

 Versucht jetzt, euch in die Geräusche hineinzulehnen.

Und wieder zurückzulehnen, damit die Geräusche auf euch landen können.

Versucht, euch nur auf ein einziges Geräusch einzustimmen, wirklich hinzuhören und seine Merkmale zu erkunden. Hat es eine bestimmte Form, Beschaffenheit, Farbe oder Emotion?

Versucht, die Geräusche wieder wegzurücken und sie alle auf einmal in den Ohren zu halten. Könnt ihr sie alle gleichzeitig erleben?

Versucht mit dem gesamten Körper hinzuhören. Wenn das Geräusch ankommt, spürt dort die Vibrationen, wo es auf eurem Körper landet. Lasst jedes Geräusch sanft wie Regen auf euch landen.

Seht, ob ihr das Geräusch nur als Geräusch erleben könnt, ehe Ohren und Gehirn daraus eine Geschichte machen oder ihm eine bestimmte Bedeutung beimessen.

Kehrt danach wieder zum Hinhören, zum Empfangen zurück.

Richtet nun wieder eure Aufmerksamkeit auf das Geräusch. Beobachtet, was der Geist tut, und führt ihn sanft zum Hinhören zurück, wieder und wieder – seht einfach, was der Geist tut.

Wir sind jetzt am Ende dieser Übung angelangt. Denkt daran, dass ihr jederzeit zum gegenwärtigen Moment zurückkehren könnt, indem ihr einen Moment oder einige Geräusche lang bei eurer Klanglandschaft vorbeischaut.

Sie beenden diese Meditation am besten mit einem Glockenklang. Sagen Sie vorher Folgendes: „Wenn ich die Glocke läute, folgt dem nachlassenden Klang der Glocke und stimmt euch auf eure anderen Sinne ein. Öffnet die Augen, wackelt mit den Zehen und bringt alle eure Sinne wieder zurück in das Zimmer."

Ich benutze diese Meditation sehr gerne in Schulen, weil Kinder und Lehrpersonal meist skeptisch gegenüber Achtsamkeitsübungen in einem lauten und chaotischen Umfeld sind. Diese Meditation macht das Objekt unserer Ablenkung, sprich Geräusche, zum Anker unserer Aufmerksamkeit. Dabei verändert sich unsere Beziehung zur Ablenkung, wodurch wir selber sehen, dass *das, dem wir uns widersetzen, bestehen bleibt*.

Diese Meditation zeigt uns auch, wie wir andere Frustrationen zu Objekten unserer Aufmerksamkeit machen können. Wenn wir auf unangenehme Geräusche achten, erhalten wir Erkenntnisse über unser körperliches oder emotionales Unbehagen und darüber, wie wir auf Gefühle der Depression oder Angst achtgeben oder wie wir verstehen, was der Geist mit unangenehmen oder frustrierenden Erfahrungen tut. Unserer Reaktion auf unerfreuliche Geräusche näher auf den Grund zu gehen ist gleichzeitig auch eine Gelegenheit, unserer Reaktion auf eine unerfreuliche Emotion oder Person auf den Grund zu gehen. Wir fangen mit nur einem einfachen Geräusch an und lernen, wie sich Gedanken allmählich ausbreiten und wie wir Erkenntnisse gewinnen, wenn wir nur allem, auch den unweigerlichen, unangenehmen Dingen in unserem Leben, unsere Aufmerksamkeit schenken.

Diese Meditation kann auch als Gesprächseinstieg über emotionale Auslöser dienen. Das Geräusch einer tickenden Uhr stresst Patienten, die sich über Zeit oder Termine Sorgen machen. Wir nehmen jeden Tag Tausende von Geräuschen auf und diese Geräusche lösen immer irgendetwas unterhalb unserer bewussten Wahrnehmung in uns aus. Wenn wir uns dieser Übung mit Absicht und Sorgfalt widmen, helfen wir Kindern, mit dem umzugehen, was in ihnen ausgelöst wird, damit sie dann den Raum finden, solche Auslöser zu verarbeiten.

Als Therapeut mache ich diese Übung immer dann selber, wenn meine Unruhe während einer Familiensitzung steigt. Ich stellte fest, dass ich das Geräusch eines Vaters hörte, der nervös an seinem Papierkaffeebecher zupfte, und dass dieses Geräusch seine Nervosität auf uns alle übertrug. Diese Übung kann uns daher helfen uns zu beruhigen und die Emotionen im Therapieraum oder in der Gruppe besser einzuschätzen.

Sie können aus dieser Übung ein Spiel machen und die Kinder bitten, hinzuhören und dann, in der Stille, so viele Geräusche wie möglich aufzuschreiben (oder aufzuzeichnen). Bitten Sie sie, auf die Unterschiede bei Geräuschen zu achten, die zuerst wie ein einziges Geräusch klingen, zum Beispiel unterschiedliches Vogelzwitschern oder Baumrauschen im Wind. Ein musikalischer Teenager, mit dem ich arbeite, ließ sich von dieser Übung zur „Klangjagd" inspirieren und nimmt „Fund-Klänge" in der Stadt auf, die er dann in seinen Kompositionen verarbeitet.

DAS SURFEN IN DER KLANGLANDSCHAFT ALS TÄGLICHE, INFORMELLE PRAXIS

Hinhören kann, wie oben, formell oder aber informell sein. Wir zählen alle bis zehn, um uns zu beruhigen, aber bis fünf oder zehn *Geräusche* zu zählen ist weitaus effektiver, interessanter und umfassender. Einige meiner ängstlicheren Kinder zählen stumm, um sich vor einer Klassenarbeit, einer Aufführung oder einem sportlichen Wettkampf zu sammeln.

Vor einigen Jahren arbeitete ich mit einem Überlebenden eines Bombenanschlags, der ständig hochgradig nervös war, weil sein Gehirn durch das erlebte Trauma beeinträchtigt worden war. Dadurch, dass er bewusst wachsam war und sich in der Realität der Gegenwart, anstatt in seiner Angst vor ihr, verankerte, gewann er die Kontrolle wieder und konnte sich in Situationen selber beruhigen, in denen er ansonsten in Panik geraten wäre. Seine zwei Lieblingsübungen waren bis fünf Geräusche und bis fünf Empfindungen im Körper zu zählen, wenn er ein Zimmer betrat und sich neuen Situationen gegenübergestellt sah. Körperempfindungen zu zählen erinnert uns daran, dass unsere vier anderen Sinne ebenfalls zur Verfügung stehen und auf ähnliche Weise benutzt werden können.

In einer anderen informellen Variation dieser Meditation tauschen wir Geräusche mit jemand anderem aus. Mit Kindern können wir gemeinsam bis zehn Geräusche zählen und uns dabei abwechseln, das, was wir hören, zu benennen und die Gedanken, die aufkommen, zu beschreiben.

Musik und Achtsamkeit

Viele Kinder lieben Musik, ihre iPods und Kopfhörer. Musik zu hören kann ein gutes Mittel zur Stressbewältigung sein. In meiner Arbeit helfe ich Kindern sich Bewältigungsmechanismen für verschiedene Situationen zu überlegen. Musik zu hören landet dabei oft auf Platz eins ihrer Liste. Wenn Kinder mich fragen, wie sie achtsam Musik hören können, schlage ich die folgenden Übungen vor.

ÜBUNG EIN-TITEL-ACHTSAMKEIT

Manchmal verlieren Lieblingslieder ihre Neuheit und ihren emotionalen Einfluss. Diese Übung macht aus alten wieder neue Lieblingslieder.

Setzt die Kopfhörer auf oder dreht die Lautstärke der Lautsprecher auf und tut *nichts anderes,* als ein Lieblingslied *zu hören.* Könnt ihr nur auf ein Instrument achten oder eine Melodie, die sich durch das ganze Lied zieht? Viele Lieder haben heute Dutzende von übereinandergelagerten Melodien. Wenn ihr bewusst hinhört, könnt ihr neue, vorher noch nicht gehörte Aspekte eines Liedes und so das Lied selber neu entdecken.

SICH VON DER MUSIK (EMOTIONAL) BEWEGEN LASSEN

Kindern, die Probleme damit haben, ihre Emotionen zu identifizieren, bevor diese die Oberhand gewinnen, empfehle ich die folgende Übung:

Sucht euch drei Lieder aus: ein fröhliches Lieblingslied, ein trauriges Lied und ein wütendes Lied.

Legt euch hin, macht die Augen zu, dreht die Lautstärke auf und *hört einfach nur* jedes Lied. Achtet beim Hören auf die Stelle im Körper, an der ihr die Emotion spürt, und darauf, wie sie sich wirklich im Körper anfühlt.

Diese Übung zum achtsamen Hören mit dem gesamten Körper ist eine Lektion in emotionaler Intelligenz oder emotionaler Gewandtheit, das heißt in der Fähigkeit, in Echtzeit aufkommende Emotionen zu erkennen und mit ihnen zu arbeiten. Es wäre interessant, in dieser Übung frustrierende, verwirrende oder Angst machende Lieder zu benutzen. Sie sind jedoch nicht so einfach in der Popmusik zu finden. Ein Filmstudent hat mich darauf aufmerksam gemacht, dass Filmmusik, die häufig kostenlos online erhältlich ist, ein breites Spektrum an Emotionen auslöst, wie beispielsweise Angst und Unsicherheit (denken Sie an die berühmten Filmmusiken aus *Der weiße Hai* und *Psycho*). Achtsam Musik zu hören und wahrzunehmen, wie sich unsere Emotionen mit den verschiedenen Liedern verändern, kann Kindern helfen, sich selber zu beruhigen und

161

ihre Emotionen zu verlagern. Sie können sich zum Beispiel eine Playlist erstellen, die mit einem sehr schnellen Lied beginnt und dann nach und nach zu langsameren und ruhigeren Liedern überwechselt.

MEHR ALS WORTE

Diese Übung lädt Kinder dazu ein, darauf achtzugeben, wie sie auf bedeutsame Worte reagieren. Die Wissenschaftlerin Willoughby Britton hat eine ähnliche Übung in einem Vortrag vorgestellt, den ich besuchte. Sie können den Anfang so gestalten:

Für dieses Experiment ist es sehr hilfreich mit geschlossenen oder halb geschlossenen Augen still zu sitzen. Ich werde jetzt ein paar Worte sagen. Bemerkt einfach nur, wie euer Körper auf diese Worte reagiert oder wie euer Geist Filme daraus macht oder euch eine Geschichte erzählt. Nehmt die Wellen der Gedanken wahr, die entstehen, wenn ich diese Wortkieselsteine in den Teich eures stillen Geistes fallen lasse.

Sagen Sie dann ein einziges Wort, warten Sie einen Moment und bitten Sie dann die Kinder, ihre erste Reaktion auf das Wort zu bemerken. Vielleicht ist es eine Emotion, ein Bild oder ein Gedanke. Sie können sie auch dazu ermuntern, diese Reaktion sofort mit den anderen zu teilen oder sie aufzuschreiben und dann in der Anschlussdiskussion mit den anderen zu teilen.

Hier sind einige interessante Wortkieselsteine (die Sie je nach Kindern benutzen können oder auch nicht):

Geburtstag	Urlaub
Feier	Termin
Mittelstufe	Hausaufgaben
Schikaneur	Arbeit
Ärger	Jubiläum
Dating	Teenager

Erwachsene haben vermutlich andere Reaktionen auf ein bestimmtes Wort als Kinder und Kinder unterschiedlichen Alters oder unterschiedlicher Laune haben auch jeweils andere Reaktionen. Ein Vergleich der verschiedenen Reaktionen liefert nach der Übung interessanten Gesprächsstoff.

Unsere Sinne führen uns direkt zum gegenwärtigen Moment und auf sie zu achten ist eine Möglichkeit, die Reaktionen des Geistes zu beobachten und dadurch den Geist besser zu verstehen. Wir können unsere Sinne entdecken und verstärken, indem wir die verschiedenen Sinne ein- oder ausschalten, so wie bei Spielen, in denen wir mit verbundenen Augen Dinge riechen oder fühlen müssen. Sie brauchen nur ein wenig Kreativität und Bereitwilligkeit, um Ihre eigenen Sinnesübungen zu gestalten.

Mit Aufmerksamkeit spielen
Spiele, Spielen und kreative Achtsamkeit

Beim Spiel kann man einen Menschen in einer Stunde
besser kennenlernen, als im Gespräch in einem Jahr.

APHORISMUS, Platon zugeschrieben

Für Kinder ist Spielen ein lebenswichtiger Teil ihrer geistigen, sozialen und emotionalen Entwicklung. Wir haben das Internet für Informationen und Computer für Berechnungen. In Zukunft brauchen wir aber Menschen, die kreativ Probleme lösen, kritisch denken und mit Mitgefühl andere leiten können. Spielen vermittelt Kindern alle diese und viele andere Fertigkeiten. Es fördert die Fein- und Grobmotorik, sowie Sozialkompetenzen, denn es ermutigt Kinder zusammenzuarbeiten, Kompromisse einzugehen und Mitgefühl zu zeigen. Sowohl freies als auch strukturiertes Spielen kultiviert verschiedene Sichtweisen, vermittelt Geduld und fördert die emotionale Intelligenz. In der Therapie hilft Spielen verbal und nicht verbal veranlagten Kindern schwierige Beziehungen und Erfahrungen zu verarbeiten, statt sich als Folge davon auszuagieren. Kinder beim Spielen zu beobachten sagt uns viel darüber, wie sie ihre Welt wahrnehmen und mit ihr interagieren.

Das strukturierte Spielen ist schon seit Langem ein fester Bestandteil der Kindheit. Kinderspiele spiegeln die Werte wider, die wir an Kinder weitergeben, und wie wir sie auf die Welt vorbereiten. Vor einigen Jahren stellte ich fest, dass Kinder mit anderem sozialen Hintergrund andere Spiele oder die gleichen Spiele, jedoch mit anderen Regeln, spielen. Die Unterschiede bereiteten sie auf die unterschiedlichen Welten vor, in denen sie aufwachsen würden. In einem innerstädtischen sozialen Brennpunkt spielten die Kinder sowohl das Kartenspiel Uno als auch Basketball mit hohem Einsatz und unvorhersehbaren Regeln, bei denen der Sieger alles gewann. Es war auch schwieriger mitzuspielen und zu wissen, welche Rolle man im Spiel hatte, als es bei den gleichen Spielen in den Vororten der Fall war. Dort waren die Regeln klar und einheitlich. Die Unterschiede machten schonungslos deutlich, wie die Welt und die Zukunft für diese Kinder aussah. Ich fand auch heraus, dass Zusammenarbeit in bestimmten Gruppen und Wettbewerb in anderen wichtig waren.

Als Kind spielten wir in und nach der Schule Spiele, die Werte vermittelten wie gutes Zuhören, Impulskontrolle und exekutives Funktionieren. Nein, es waren keine besonderen Spiele. Denken Sie zurück an Spiele wie *Kommando Pimperle* und *Kaiser, wie viele Schritte darf ich gehen?*. Solche und ähnliche Spiele sind im Grunde Theorie und Praxis zugleich. Andere Spiele wie *Ich sehe was, was du nicht siehst* oder *Ratespiele* bringen Kindern induktives Denken bei. Denken Sie einen Moment über folgende Fragen nach: Was lernen Kinder durch heutige Spiele? Und können sie die Lektionen, die diese Spiele vermitteln, wirklich lernen, wenn sie weniger Zeit fürs Spielen haben?

Die Spiele, die unsere Kinder spielen, ob Videospiele, körperliche Spiele oder Brett- und Kartenspiele, sind Übungen für das wirkliche Leben. Hier beginnen Kinder, Werte zu verinnerlichen, die sie bis in das Erwachsenenalter hinein begleiten werden. Wenn wir Spielen Achtsamkeit und Mitgefühl entgegenbringen, bringen wir Kindern Achtsamkeit und Mitgefühl bei. Ob sie es in dem Moment wissen oder nicht, wir haben die Samen gepflanzt, die sie zu achtsamen und mitfühlenden Erwachsenen heranwachsen lassen.

Bestehende Spiele anpassen, um Platz für Achtsamkeit zu schaffen

Durch kleine Änderungen lässt sich Achtsamkeit in viele Spiele einbinden. Eine Kollegin änderte das Brettspiel Candyland ab, um emotionales Gewahrsein zu vermitteln. (Jedes noch so kleine Detail, das Candyland interessanter macht, ist gut, denn meiner Meinung nach wurde dieses Spiel nur aus einem einzigen Grund erfunden: Erwachsene zur Langeweile zu verdammen.)[1] Sie stellte neue Regeln auf, nach denen rote Karten Wut symbolisierten. Zogen Kinder eine rote Karte, mussten sie eine Zeit beschreiben, in der sie wütend waren, oder wie sich Wut anfühlt oder was sie im Umgang mit dieser Emotion tun können. Blaue Karten bedeuteten Traurigkeit und gelbe Glück. Die Farben sind weniger wichtig als die dahinterstehende Idee. Ich benutze die gleichen abgeänderten Regeln und habe orangenen Karten die Bedeutung eines achtsamen Atemzugs zugewiesen. Lila Karten bedeuten bei mir eine körperliche Empfindung und grüne Karten ein Geräusch.

Einige Therapeuten schreiben Fragen auf *Jenga*-Bauklötze und bitten die Kinder, die Frage zu beantworten, wenn sie den Bauklotz entfernen. Man könnte ebenso gut Atem- und Achtsamkeitsübungen auf die Klötze schreiben. Schreiben Sie Übungen auf die Rückseite von Karten bei Spielen wie *Memory*. Oder notieren Sie 24 kurze Übungen auf einer Bingo-Karte. Im Damespiel könnten Sie zum Beispiel farbige Aufkleber verwenden, mit denen Sie kurze Übungen kennzeichnen, wenn ein Stein übersprungen wird.

Sie könnten ein Spiel mit einer Übung zum achtsamen Atmen anfangen, wie zum Beispiel mit dem 7-11-Atem oder dem Suppen-Atmen (Kapitel 11). Innehalten, um achtsam ein- und wieder auszuatmen, bevor Sie würfeln oder an der Reihe sind, eignet sich bei Kindern jeden Alters. Wir können langsamer werden und über alle Zugmöglichkeiten in einem Spiel sprechen und so die vielen Alternativen in dem jeweiligen Moment offenlegen. Sie und Ihre kreativen kleinen Mitarbeiter werden sicher mit zahlreichen weiteren Variationen bestehender Spiele aufwarten.

Achtsamkeitsspiele

Wir können bestehende Spiele achtsam machen und wir können aus Achtsamkeitsübungen ein Spiel machen. Nachfolgend finden Sie zwei Beispiele.

DR. ABLENKO

Mein Kollege und Freund Mitch Abblett lässt Kinder Achtsamkeit in der von ihm geleiteten therapeutischen Schule üben. Er benutzt dieses Achtsamkeitsspiel in Gruppen von sechs- bis elfjährigen Kindern. Alle Kinder machen eine Achtsamkeitsübung, bis auf ein Kind, das die Rolle des Dr. Ablenko übernimmt. Die Aufgabe dieses Doktors ist es, sich albern (aber trotzdem angemessen) zu verhalten, um die Gruppe von ihrer Achtsamkeitsübung abzulenken. Das Kind, welches zuletzt lacht oder sich bewegt, ist dann in der nächsten Runde Dr. Ablenko.

FINDE DEN KLANG

Die Autorin Deborah Plummer stellt ein Spiel vor, in dem sie eine tickende Uhr oder einen kabellosen Lautsprecher im Zimmer versteckt und die Kinder bittet, dem Klang beziehungsweise Lied zu folgen und so die Uhr oder den Lautsprecher zu finden. Die Kinder können die Augen zumachen, genau hinhören und dann in die Richtung zeigen, aus der das Lied kommt.

LÄCHELN-MEDITATION

Thich Nhat Hanh soll gesagt haben: „Manchmal ist deine Freude die Quelle deines Lächelns, aber manchmal kann dein Lächeln die Quelle deiner Freude sein." Die folgende Übung, die ich von meiner guten Freundin Janet Surrey gelernt habe, funktioniert am besten, wenn die Kinder im Kreis statt in einer Reihe sitzen.

 Schließt die Augen oder entspannt sie nur und schaut auf etwas, das vor euch auf dem Boden ist.

Ladet eure Lippen nun zu einem Lächeln ein. Bemerkt, wie sich das Lächeln anfühlt. Bemerkt auch, welche Emotionen ihr habt, wenn ihr lächelt.

Lächelt weiter und öffnet die Augen oder schaut vom Boden hoch und seht euch im Zimmer um. Seht und lacht einander an und nehmt die Emotionen wahr, die entstehen.

Wenn ihr jeden im Zimmer angelächelt habt, senkt die Augen und lächelt einen Moment lang nur für euch selber weiter.

(Geben Sie den Kindern, je nach Größe der Gruppe, etwa zwanzig Sekunden für den letzten Übungsabschnitt. Läuten Sie dann eine Glocke, um das Ende der Übung und den Anfang des Gesprächs über das Erlebte zu signalisieren.)

Sie können die Kinder bei dieser Übung auch gehen lassen. Lassen Sie dann aber die Anleitung weg, die Augen zu schließen. In einer anderen Variation kann die Gruppe gemeinsam jeweils einem Kind ein Lächeln in einer „Welle des Lächelns" schicken. Das Lächeln wird dann im Kreis weitergereicht.

Wenn es nur zwei Teilnehmer bei dieser Übung gibt, können Sie einander mehrere Atemzüge lang anlächeln und dann den Blick wieder senken.

DEN ATEM WEITERREICHEN

Eine Hoberman-Kugel, ein sich ausdehnender Ball, eignet sich ganz ausgezeichnet dazu, mit Kindern gemeinsam achtsam zu atmen. In der hier beschriebenen Übung von meiner Freundin Fiona Jensen wird eine Hoberman-Kugel als visuelle und kinetische Hilfe eingesetzt. Diese Übung funktioniert am besten im Kreis. Die Kinder sitzen oder stehen.

Sie machen als Erwachsener den Anfang. Halten Sie die Kugel in ihrer kleinsten, kompakten Form in der Hand. Dehnen Sie die Kugel im Rhythmus mit Ihrem langsamen und achtsamen Einatmen aus und ziehen Sie sie beim Ausatmen wieder zusammen. Bitten Sie die Kinder mit Ihnen gemeinsam zu atmen. Reichen Sie dann die Kugel an ein Kind in der Gruppe weiter und wiederholen Sie die Übung.

Besteht die Gruppe aus sechs Kindern, wird die Kugel mit sechs achtsamen Atemzügen (sieben, wenn Sie mitmachen) geöffnet, in einem Klassenzimmer mit zwanzig Kindern dementsprechend mit zwanzig achtsamen Atemzügen. Die Übung fördert durch das aufeinander abgestimmte, gemeinsame Atmen den Gruppenzusammenhalt. Machen Sie die Übung nur mit einem Kind oder bilden Sie in einer Gruppe Paare, können Sie die Kugel alle drei Atemzüge so lange an den anderen weiterreichen, bis Sie eine bestimmte Anzahl an Atemzügen oder eine bestimmte Zeit erreicht haben.

Wenn Sie keine Hoberman-Kugel haben, können Sie den Atem durch andere Gesten oder Geräusche darstellen und von einem Kind zum anderen symbolisch weiterreichen. Der erste in der Gruppe könnte beispielsweise „Ich atme ein" sagen und sich dann zum Nächsten umdrehen. Beide sagen dann gemeinsam: „Ich atme aus." Der Nächste sagt dann: „Ich atme ein" und so weiter.

DER MENSCHLICHE SPIEGEL

Ein weiteres unterhaltsames Spiel für Kinder aller Altersstufen ist der menschliche Spiegel. Viele von uns haben als Kinder Variationen dieses Spiels gespielt und im Nachhinein erkennen wir vielleicht, wie sehr es die interpersonelle Achtsamkeit gefördert hat.

Sie können diese Übung als Partner mit Ihrem Kind machen. Sie sollten sich gegenüber sitzen oder stehen. Legen Sie vorab fest, wer zuerst die Führung übernimmt.

Diese Person fängt dann langsam an, Teile des Körpers zu bewegen, und wird allmählich schneller. Der oder die andere macht die Bewegungen nach. Läuten Sie nach ein oder zwei Minuten eine Glocke oder geben Sie auf andere Weise das Signal, die Rollen zu tauschen. Jetzt bewegt sich Ihr Kind und Sie ahmen die Bewegungen nach.

Wechseln Sie sich so lange ab, wie Sie möchten.

Sie können auch als Variation verschiedene Gesichtsausdrücke zur Nachahmung vorspielen, um verschiedene Emotionen darzustellen. Oder Sie halten die ganze Zeit über Blickkontakt und benutzen nur Ihr peripheres Sehen, um Bewegungen wahrzunehmen. Diese Variation ist sehr intensiv.

Wenn Sie diese Übung mit zwei Kindern machen, übernimmt abwechselnd eines die Führung und die anderen beiden Mitspieler machen die Bewegungen nach. Oder Sie können als Erwachsener der Moderator und Zeitnehmer sein, während die Kinder menschlicher Spiegel spielen.

Wenn Sie diese Übung in einer Gruppe machen, teilen Sie sie in Paare auf. Sie entscheiden, welche Kinder Paare bilden. Das ist besser, als mit der Nervosität umzugehen, wenn die Kinder sich selber einen Partner aussuchen müssen. Entscheiden Sie vor der Übung, ob körperlicher Kontakt in Ordnung ist und falls ja, in welcher Form. Musikalische Begleitung ist auch eine gute Idee, denn sie regt zur Bewegung an.

**Variation für große Gruppen: Das menschliche Kaleidoskop
(oder das menschliche Mandala)**

Ashley Sitkin, Kollegin und Freundin, hat mir diese Variation des menschlichen Spiegels beigebracht. Sie eignet sich besser für fortgeschrittenere
Gruppen. Bilden Sie ein Kreis, der aus einer geraden Anzahl an Mit-
spielern besteht, und weisen Sie jedem die gegenüber stehende Person
als Partner zu. Einer der Partner übernimmt die Führung, macht freie
Bewegungen mit Händen und Armen und betritt und verlässt den Kreis,
während der andere Partner es ihm nachtut. Alle anderen machen mit
ihren jeweiligen Partnern das gleiche. Wenn jemand den Kreis von oben
sähe, wäre eine gewisse Symmetrie wie in einem Kaleidoskop zu erkennen. Beim Signal, sich abzuwechseln, kehren die Mitspieler zu ihren
ursprünglichen Positionen im Kreis zurück. Eine weitere Gruppenvari-
ation besteht darin, dass alle einen Mitspieler nachahmen. Dieser führt
die gesamte Gruppe mit seinen Bewegungen.

Achtsamkeit durch Kreativität kultivieren

Spielen, Spiele und Bewegungen sind eine Möglichkeit, Kinder kreativ
mit Achtsamkeit zu beschäftigen. Künstlerische Aktivitäten und Kreativität sind eine andere. Sie vermitteln einzigartige Bewältigungsstrategien.
Wir können sie verstärken, indem wir Achtsamkeit in sie integrieren.

ACHTSAMES AUSMALEN

Es überrascht mich immer wieder aufs Neue, wie wirkungsvoll und beruhigend der einfache Akt des Ausmalens, insbesondere des Ausmalens
bestimmter Muster, für Patienten aller Altersgruppen ist. Formen wie
Fraktale, Mandalas, keltische Knoten und Labyrinthe spiegeln alle in der
Natur vorkommenden Formen wider. Die Forschung legt nahe, dass wir
entwicklungsgeschichtlich so verdrahtet sind, dass wir uns in der Gegenwart

solcher Formen ruhig und sicher fühlen. Carl Jung glaubte, dass Mandala-Formen das kollektive Unbewusste anzapfen, das sich in allen Menschen befindet. Ähnliche Muster und Archetypen gibt es in allen Kulturen.

Ich hatte vor einigen Jahren einen schwierigen Fall. Ein achtzehnjähriger junger Mann war gerade aus dem Gefängnis entlassen worden. In einer unserer ersten Therapiesitzungen hatte ich mehrere Buntstifte und Fotokopien von Fraktal-Mustern bereitgelegt. Er suchte sich sofort sorgfältig Buntstifte aus und begann, die Muster auszumalen. Bevor es ihm bewusst wurde, sprach er über seine Verwundbarkeiten, von seiner schwierigen Beziehung zu seinem Vater bis hin zu sehr persönlichen Themen, mit denen ich nie gerechnet hätte. Die Macht dieser Muster ist erstaunlich.

Es gibt viele kostenlose Bilder online und preiswerte Malbücher, einschließlich des neuen und angesagten Genres an Malbüchern für Erwachsene. Fraktale und Mandalas sind hervorragende abstrakte Bilder für alle Altersstufen. Viele Malbücher zu Mandalas enthalten Bilder, die verschiedene kulturelle Hintergründe widerspiegeln und deswegen viele Kinder ansprechen. Kunst-, Architektur- und Design-Malbücher sprechen ebenfalls Kinder mit unterschiedlichen Interessen an. Denken Sie auch ein wenig über die Malutensilien selber nach, wie Bleistifte, Buntstifte und Filzstifte. Neben dem visuellen Akt des Ausmalens fördern sie das Bewusstsein von Geruch, Geräusch und Berührung.

WOLKEN WEGSCHIEBEN

Diese Übung ist eine weitere Gelegenheit, sich kreativ auszudrücken. Sie geht auf meine Kollegin Joan Klagsbrun zurück, die eine Expertin auf dem Gebiet der Focusing-Therapie ist. Die Focusing-Therapie hat vieles mit Achtsamkeit gemein. Joan hat den ersten Schritt im Focusing-Prozess, das „Schaffen von Freiraum", für Kinder angepasst. Alles, was Sie benötigen, sind etwas Papier, Filz- oder Buntstifte und eine kleine Geschenkschachtel oder einen Geschenkbeutel.

Legen Sie die Malutensilien vor jedes Kind und platzieren Sie den Geschenkbeutel oder die Geschenkschachtel auch vor jedes Kind, jedoch etwas weiter weg. Benutzen Sie dann folgenden Text:

Nehmt euch einen Moment Zeit, um eine achtsame Haltung einzunehmen. Schließt die Augen, wenn ihr möchtet.

Atmet dreimal achtsam ein und wieder aus und stimmt euch auf die Gefühle und Emotionen im Körper ein. Ihr könnt die Augen schließen und eine Hand auf euer Herz legen, um euch besser zu konzentrieren.

Schaut jetzt nach innen, ob es bestimmte Gefühle oder Gedanken gibt, die eurem Glück im Weg stehen. Wenn euer Herz wie die Sonne ist, gibt es dann vielleicht Gefühle, die wie Wolken sind und die Sonne blockieren? Vielleicht ein sehr intensives Gefühl?

(Geben Sie den Kindern zehn oder zwanzig Sekunden Zeit zum Nachdenken. Läuten Sie dann eine Glocke oder signalisieren Sie auf andere Weise eine Pause.)

Öffnet die Augen und notiert einige Worte oder malt ein Bild der Wolke, die eurem inneren Sonnenschein im Weg steht.

(Geben Sie den Kindern etwa eine Minute für das Notieren oder Malen.)

Faltet jetzt euer Papier und legt es in die Schachtel (oder den Beutel) vor euch.

Atmet mehrmals ein und aus und stimmt euch wieder ein. Gibt es irgendetwas anderes, das eurem Glück und eurer Gegenwart im Hier und Jetzt im Weg steht, das euren Sonnenschein nicht durchlässt?

(Geben Sie den Kindern weitere zehn bis zwanzig Sekunden oder bis Sie Unruhe und Umherschauen feststellen.)

Öffnet wieder die Augen und malt, kritzelt oder schreibt auf, was euch im Weg steht, und legt das Papier in die Schachtel.

(Geben Sie den Kindern dafür eine Minute.)

Atmet mehrmals ein und aus und stimmt euch wieder ein. Gibt es irgendetwas anderes, das eurem Glück und eurer Gegenwart im Hier und Jetzt im Weg steht, das euren Sonnenschein nicht durchlässt?

(Geben Sie den Kindern weitere zehn bis zwanzig Sekunden.)

Und malt, kritzelt oder schreibt wieder auf, was euch im Weg steht, und legt das Papier in die Schachtel.

(Geben Sie den Kindern dafür eine Minute.)

Nehmt nun die Schachtel und legt sie vor euch hin. Ihr entscheidet, welche Entfernung für euch richtig ist.

(Manche Kinder legen die Schachtel in einem halben Meter Entfernung auf den Boden. Andere stehen auf und legen sie ans andere Ende des Zimmers.)

Stimmt euch jetzt wieder innerlich ein und fühlt, wie eure innere Sonne scheint. Lasst mit jedem Atemzug die Wolken vorüberziehen und die Sonne durchscheinen. Jetzt, da ihr vor der Sonne Freiraum geschaffen habt, ist es vielleicht den Rest des Tages über leichter, zu eurem inneren Sonnenschein zurückzukehren.

Und nehmt euch nun einige Momente Zeit und seht, ob euch irgendwelche Worte oder Bilder über euren inneren Sonnenschein in den Sinn kommen. Malt oder schreibt sie auf eurem letzten Blatt Papier auf.

(Geben Sie den Kindern dafür eine Minute.)

Wir sind jetzt fertig. Denkt den restlichen Tag daran, dass ihr jederzeit einfach nur atmen, die Wolken wegschieben und euch auf euren inneren Sonnenschein einstimmen könnt.

(Läuten Sie eine Glocke oder signalisieren Sie das Ende der Übung auf eine andere Weise.)

Es gibt viele Variationen dieser kreativen Übung. Ich benutze kleine Geschenkschachteln in Eulen-Form und sage: „Gebt eure (Bilder oder Worte auf dem Papier) der weisen, alten Eule."

Sie können andere Bilder und Fragen benutzen, um einen Weg zum gegenwärtigen Moment oder Glück zu bahnen. Die Kinder könnten sich zum Beispiel einen Pfad im Wald vorstellen und die Dinge sehen, die ihn versperren. Oder sie könnten sich vorstellen Unkraut in einem Garten zu jäten, damit die Blumen in ihm blühen können. Fragen Sie die Kinder, was sie im Garten nicht haben möchten, und lassen Sie sie das Unerwünschte wie ein Unkraut zupfen, oder fragen Sie sie, was nicht im Garten ist, das sie gerne im Garten hätten. Lassen Sie sie es anpflanzen und mit Wasser und Sonnenschein versorgen. Kleinere Kinder verstehen das Konzept von Dingen, die ihnen den Weg zu ihrem Glück verstellen. Ältere oder erfahrenere Kinder schätzen das Bild der Wolken, die sie wegschieben, oder des Pfades zum gegenwärtigen Moment. Sie können ebenfalls fragen: „Gibt es irgendetwas aus der Vergangenheit oder Zukunft, das den Weg zur Gegenwart verstellt?" Teenager benötigen oft keine Zeichnungen, um diese vergangenen und zukünftigen Elemente zu identifizieren.

Anmerkung: Bitte stellen Sie sicher, dass jedes Kind am Ende der Übung seine eigene Schachtel erhält. Oder lassen Sie die Kinder ihre Schachteln selber entsorgen oder wieder aufräumen, damit sie wissen, dass auch niemand anderes ihre persönlichen Worte oder Zeichnungen sieht.

SCHREIBEN SIE IHRE EIGENE MEDITATION ZUM ACHTSAMEN ATMEN AUF

Ich begann meine eigene Achtsamkeitspraxis so richtig erst nach einem beeindruckenden Retreat mit Zen-Meister Thich Nhat Hanh, für das ich eine Pause von der Universität machte. Ich kaufte sein Buch *Innerer Frieden – Äußerer Frieden,* in dem er auf ungewöhnlich schöne Weise in Bildern und Worten Atemmeditationen beschreibt.[2] Er integriert Visualisierungen und Rhythmus in den Atem, denn es ist schwer, sich auf den Atem allein zu fokussieren. Die nachfolgenden Beispiele machen seine Idee deutlich:

Einatmen, ich weiß, ich atme ein ...
Ausatmen, ich weiß, ich atme aus ...
Ein ...
Aus ...

Einatmen, mein Atem wird tiefer ...
Ausatmen, mein Atem wird langsamer ...
Tief ...
Langsam ...

Einatmen, ich fühle mich ruhig ...
Ausatmen, ich fühle mich unbeschwert ...
Ruhig ...
Unbeschwert ...

Einatmen, ich sehe mich selber als Blume ...
Ausatmen, ich fühle mich frisch ...
Blume ...
Frisch ...

Ich habe festgestellt, dass sich die Worte und Bilder von Thich Nhat Hanh besonders gut für Kinder eignen. In seinem Buch *Achtsamkeit mit Kindern* beschreibt er Möglichkeiten, über das Zeichnen aus diesen Übungen künstlerische Aktivitäten zu machen.[3]

Diese Strophen waren meine ersten Übungen. Durch die Bilder und Rhythmen war mein Geist konzentriert und still. Ich benutzte einen Kassettenrekorder (ja, so lang ist's her), um mich selber aufzunehmen und die Aufnahme später abzuspielen. Mir wurde schnell klar, dass sich die Bilder unbegrenzt variieren ließen. Ich habe seitdem zusammen mit Kindern und Erwachsenen neue Bilder für ihre eigenen Meditationen geschaffen.

Wenn Sie Bilder benutzen, denken Sie an die Kinder, für die sie bestimmt sind, und an ihren Hintergrund und ihre Probleme. Fangen Sie mit einem Bild an, vielleicht von etwas, das in der Natur vorkommt, und malen Sie es dann und denken über seine Eigenschaften nach. Ein Stillgewässer eignet sich beispielsweise für Kinder, die mit Angst oder Impulsivität zu kämpfen haben. Stillgewässer spiegeln die Umwelt klar wider. Sie sind ruhig und haben Tiefe. Sie sind still und ruhen. Wenn Wasser steht, werden die Reflexionen nicht verzerrt und selbst wenn es kleinere Wellen auf der Oberfläche gibt, ist das Wasser darunter ruhig, so wie wir in der längeren Visualisierung „Stein im See" in Kapitel 5 gesehen haben.

Einatmen, ich sehe mich als See ...

Ausatmen, ich fühle mich still und ruhig ...

See ...

Ruhe ...

(Wiederholen Sie die Strophe.)

Thich Nhat Hanh fängt oft mit Zeilen wie „Einatmen, ich weiß, ich atme ein" oder „Mein Atem wird tief/langsam" an und fügt dann Metaphern hinzu.

Die Formel ist recht einfach: Denken Sie über ein Objekt zusammen mit dem Atem nach und denken Sie anschließend über dessen heilende Eigenschaften nach. Seine eigene Achtsamkeitsmeditation zu schreiben wird dann fast zu einer Runde *Onkel Otto sitzt in der Badewanne*. Wir verbinden Bilder mit den Eigenschaften, die wir kultivieren möchten. Nachfolgend finden Sie einige Vorgaben, die Kindern dabei helfen, ihre eigenen Bilder zu finden.

- „Einatmen, ich sehe mich als …" (ein Bild: bestimmte Tiere, Bäume, Berge, Seen, Meere, Flüsse, Wasser, Luft, Täler, Feuer, Blumen, Sonnenschein, Sterne, Erde, Himmel)

  „Ausatmen, ich fühle …" (Eigenschaften: Stärke, Furchtlosigkeit, Ruhe, Tapferkeit, Reflexion, Beständigkeit, Gewahrsein, Selbstbewusstsein, Offenheit, Unbeirrbarkeit, Gegenwärtigkeit, Großzügigkeit, Nachgiebigkeit, Akzeptanz, Mut, Energie)

Versuchen Sie Variationen mit Tätigkeiten wie „ich lächele mich selber an", „ich akzeptiere mich selber", „ich bin gewahr", „ich genieße den Moment" und „ich freue mich über meinen Atem" und mit aktiven Verben wie *beobachten, fühlen, beruhigen, sich kümmern, loslassen, heilen.* Ein Beispiel:

- Einatmen, ich lächele mich selber an.
  Ausatmen, ich akzeptiere mich selber, so wie ich bin.
  Lächeln …
  Akzeptieren …

Eine andere Variation sieht so aus: Sie atmen die gewünschte Eigenschaft ein und die unerwünschte Eigenschaft wie Stress, Angst oder Depression aus.

- Einatmen, ich atme Erleichterung ein.
  Ausatmen, ich atme Stress aus.
  Erleichterung …
  Stress …

Die Variationen dieser Übung sind unbegrenzt. Nehmen Sie einen Löwen für Tapferkeit oder einen Berg für Selbstvertrauen, wenn Sie mit einem ängstlichen Kind arbeiten: „Einatmen, ich bin ein Löwe. Ausatmen, ich

179

fühle mich tapfer" oder „Einatmen, ich bin ein Berg. Ausatmen, ich bin stark und selbstbewusst." Bei einem deprimierten Kind bieten sich Sonnenschein oder der Himmel an: „Einatmen, ich bin die Sonne, die scheint. Ausatmen, ich bin der weite Himmel."

Der Grundgedanke ist Spaß zu haben und gemeinsam etwas aufzuschreiben. Die Kinder können danach ihre Bilder auf ein kleines Blatt Papier malen und den visuellen Aspekten, den Geräuschen und den Gerüchen des Malens mit achtsamer Aufmerksamkeit begegnen. Auf der Rückseite des Blattes halten sie ihre Zeilen fest. Wenn Sie mit einer Gruppe arbeiten, können die Kinder ihre Zeichnungen und Zeilen miteinander austauschen. Sie können auch gemeinsam die Zeilen auf ihren Computern oder Smartphones aufnehmen, damit sie die Worte mit sich tragen und jederzeit anhören können.

ANDERE SCHREIBVORSCHLÄGE

Es gibt zahlreiche andere Schreibaktivitäten, die sowohl Achtsamkeit als auch Mitgefühl vermitteln und hervorheben. Die jüngste Forschung hat gezeigt, dass das Schreiben (und Lesen) von Erfahrungsberichten Mitgefühl und Empathie fördern. Man weiß schon lange, dass Tagebuchschreiben und expressives Schreiben sich günstig auf die körperliche und geistige Gesundheit auswirken.

Spielen und kreativer Ausdruck sind Tätigkeiten, bei denen neue Ideen und Erkenntnisse geboren werden. Darüber hinaus machen sie einfach nur Spaß. Wie lange es auch her sein mag, dass Sie frei gespielt, Spiele gespielt oder kreativ tätig waren, gehen Sie raus (oder legen Sie los) und spielen Sie ein wenig! Nehmen Sie sich einige Spielsachen, gehen Sie in ein Spielzeuggeschäft und sehen Sie sich um, durchstöbern Sie die Spielzeugtruhe Ihrer Kinder, wenn sie nicht zuhause sind, und gehen Sie auf Entdeckungsreise. Riechen Sie an Buntstiften, tauchen Sie die Finger in Farbe, schreiben Sie Ihren eigenen albernen Text zu einem bestehenden Lied. Was auch immer Sie tun, lassen Sie los, treten Sie aus dem wertenden Geist heraus und seien Sie nur im Hier und Jetzt. Sehen Sie, welche achtsamen Spiele und Übungen entstehen, wenn Sie sich erlauben, ohne irgendeine erwachsene Befangenheit zu spielen oder kreativ zu sein, um Platz für neue Ideen und Verbindungen zu schaffen. (Und wenn es gute Ideen und Verbindungen sind, dann geben Sie mir Bescheid!)

DAS GEHIRN UND KREATIVITÄT

Es gibt gute Gründe, Metaphern, Lyrik und Kunst zu benutzen, wenn wir abstrakte Konzepte wie Achtsamkeit erklären, und es gibt gute Gründe dafür, dass sie ein großer Teil der Achtsamkeitstradition sind. Mit Hilfe von MRT-Studien haben Wissenschaftler jüngst untersucht, wie das Gehirn auf Lyrik, Musik und andere kreative Ausdrucksformen reagiert.

Lyrik und Musik stimulierten die für Gedächtnis und Emotion verantwortlichen Bereiche im Gehirn. Lyrik ließ auch den posterioren cingulären Kortex und die medialen Schläfenlappen aufleuchten. Beide werden mit Introspektion assoziiert.[4] Lyriker sind am Ende vielleicht doch tiefgründig.

Wir wissen, dass Metaphern auf etwas Tiefes und Heilendes im menschlichen Unbewussten zugreifen (siehe Kapitel 5). Eine kürzlich durchgeführte Studie fand heraus, dass die sensorischen Bereiche des Gehirns als Reaktion auf sensorische Metaphern aufleuchten.[5] Künstlerisch kreativ zu sein wird auch mit kritischem Denken und sozialer Toleranz in Verbindung gebracht.[6]

Das Virtuelle redlich machen
Achtsamkeit und Technik

Einst übertrugen die Menschen das Denken den Maschinen,
in der Hoffnung, dass sie das befreien würde. Doch es ermöglichte
nur anderen Menschen mit Maschinen, aus ihnen Sklaven zu machen.

FRANK HERBERT – *Der Wüstenplanet*

Letzten Frühling saß ich im Flugzeug auf dem Weg zu einer Konferenz,
auf der ich mit jungen Menschen über Achtsamkeit reden sollte. Ich
blickte hinunter auf den Tisch vor mir. Mein MacBook bildete das Fundament einer ordentlichen Pyramide der neuesten technischen Geräte:
Mein iPad lag auf dem Laptop und mein iPhone thronte auf dem iPad.
Ich brauchte einen Moment, bis mir die Absurdität dieser Szene klar
wurde: *Ich werde einen Vortrag darüber halten, wie wichtig es ist, im gegenwärtigen Moment zu bleiben und habe nicht weniger als drei glänzende
Apple-Gerätschaften als Begleiter auf meinen Inlandsflug!* Ich war dankbar,
dass ich zumindest die Ironie der Situation erkannte, aber mein nächster
Impuls war, ein Foto von der Pyramide zu machen und es mit meinen
Freunden online zu teilen!

Technik an sich ist weder schlecht noch gut. Technik *ist* einfach.
Was wir mit ihr machen und wie wir zu ihr stehen ist, was zählt. Ein

Zen-Sprichwort lautet: „Der denkende Geist kann unser wichtigster Dienstbote oder unser schrecklichster Dienstherr sein." Diese Beobachtung über die Schrecken, die unser Geist schaffen kann, ist sehr treffend. Ich assoziiere sie aber mehr mit der allgegenwärtigen Technik. Unsere Kommunikationsgeräte scheinen Menschen heute eher nicht zu verbinden. Die Technik hat heute den Zugang zu Informationen und zu anderen Menschen leichter gemacht als zu irgendeiner anderen Zeit in der Geschichte der Menschheit. Unsere Geräte verbinden uns schneller, aber nicht notwendigerweise tiefer. Und während wir zu ihren Dienern werden, statt zu ihren Herren, bricht die Verbindung zu uns selber ab.

Die Technik hat unser Leben auf vielfältige Weise erleichtert, aber sie isoliert uns von menschlicher Interaktion. Statt die Kassiererin anzulächeln (wenn wir nicht online einkaufen oder an einem Kassenautomaten bezahlen), starren wir auf unser Handy, während Musik über Kopfhörer in unseren Ohren dröhnt. Statt einen Passanten nach dem Weg zu fragen, fragen wir unser Smartphone. Wann haben Sie zum letzten Mal einen Konferenzraum betreten und alle unterhielten sich angeregt, statt auf das Display ihrer Handys zu schauen?

Die Technikautorin Linda Stone prägte den Begriff „kontinuierliche partielle Aufmerksamkeit", um den gegenwärtigen Zustand unseres Geistes zu beschreiben. Sie beschäftigt sich heute mit E-Mail-Apnoe, jenem Phänomen, bei dem unser Atem unnatürlich und flach wird, wenn wir unsere technischen Geräte benutzen.[1] Die Art, wie sich der Atem verändert, ist ein weiteres Beispiel dafür, wie der Atem uns einen Einblick in unseren geistigen Zustand gewährt. Beim Autofahren simsen ist ein anerkanntes Problem der öffentlichen Gesundheit, genauso wie beim Gehen simsen. Viele Universitätsstudenten in meinem Wohnort sind beim Überqueren der Straße mit dem Handy in der Hand von Autos angefahren worden.

Technik macht süchtig und das im wahrsten Sinne des Wortes. Unser Technikeinsatz steht mit der in Verhaltensstudien sogenannten „variablen Quotenverstärkung" in Zusammenhang. Dieser Begriff bedeutet im Wesentlichen, dass das zufällige Summen unseres Smartphones den ganzen Tag über als kleine Belohnung für unser Gehirn fungiert, welches neu vernetzt wird und nach noch mehr Verstärkung verlangt. Das erklärt, warum wir Kinder (oder uns selber) dabei ertappen, achtlos den Posteingang und die Feeds sozialer Medien zu aktualisieren. Die Designer von Videospielen, Glücksspielautomaten und Telefonen sind oft Psychologen – zur Maximierung ihrer süchtig machenden Eigenschaften.

Der Philosoph Alan Watts sagte, die große Lüge des Fernsehens sei es, uns weiszumachen, irgendwo anders als hier und jetzt finde etwas Interessanteres statt. Das Internet hat das Fernsehen verdrängt und während es uns das Jetzt schneller als je zuvor verschafft, nimmt es uns zweifelsohne aus dem Hier heraus. Unsere Geräte stellen uns das falsche Versprechen in Aussicht, es gebe etwas Wichtigeres, Dringenderes und Interessanteres als unsere Im-Moment-Erfahrung. Ich weiß, dass diese Aussage sicher kein neunjähriges Kind mit einem iPad in der Hand überzeugen wird. Aber ich glaube, Sie verstehen, was ich sagen will.

Wir können unseren Kindern sagen, dass sie gesunde Grenzen bezüglich ihrer Zeit vor dem Bildschirm brauchen, oder wir können es ihnen vorleben, was weitaus schwieriger, aber auch weitaus effektiver ist. Ich bin genauso schuldig wie alle anderen. Ich bin begeisterter Fan meiner Geräte und sozialer Medien. Wie viel Zeit verbringen Sie morgens mit sich selber und den geliebten Menschen, bevor Sie auf das leuchtende Display Ihres iPhones tippen? Wo ist Ihr Smartphone jetzt? Wie fühlen Sie sich, wenn Sie nicht wissen, wo es ist? Tragen Sie es normalerweise in der Jackentasche oder Handtasche oder liegt es auf Ihrem Schreibtisch oder ist es in einem anderen Zimmer?

DAS 79. ORGAN

Auf der Konferenz „Wisdom 2.0" im Jahr 2013 führte ein Moderator von Google eine einfache Präsentation vor. Ich habe sie angepasst und aus ihr die Übung „Das 79. Organ" gemacht. Versuchen Sie sie mit Ihren Kindern und mit Ihren erwachsenen Freunden und Kolleginnen.

Der menschliche Körper hat 78 Organe. Wir brauchen jedes einzelne zum Überleben und zur Erhaltung unseres körperlichen Gleichgewichts. Würde ein Organ entfernt, hätten wir starke Schmerzen und unser biologisches System befände sich nicht mehr in einem Gleichgewichtszustand.

Heute besitzen die meisten von uns ein weiteres, äußerliches Organ. Dieses 79. Organ heißt Smartphone. Die folgende Übung eignet sich am Ende eines technologiefreien Tages oder eines Retreats.

Nehmen Sie Ihr Smartphone in die Hand. Schalten Sie es nicht ein. Stellen Sie einfach nur fest, wie es sich in Ihrer Hand anfühlt. Bemerken Sie Ihre Emotionen, Ihr Verlangen, die Reaktion Ihres Körpers, während Sie es halten, seine vertraute Größe, Form, sein Gewicht, wie es in Ihre Hand passt.

Suchen Sie sich jetzt einen Partner. Schalten Sie Ihr Handy ein und nehmen Sie achtsam wahr, wie Sie sich fühlen, wenn Sie auf das aufleuchtende Display schauen.

Geben Sie Ihrem Partner Ihr Handy.

Wie fühlte sich das an, als Sie die Bitte hörten, Ihr Handy jemand anderem zu geben? Wie fühlte es sich dann an, es dem anderen tatsächlich zu geben? Wie fühlen Sie sich, wenn der andere jetzt Ihr Handy hält?

Nehmen Sie Ihr Handy nach einigen Minuten wieder an sich.

Denken Sie nun mit Ihrem Partner über diese Übung nach. Was geschah mit Ihnen und warum, glauben Sie, geschah es?

Wenn Sie diese Übung in einer Gruppe machen, kehren die Übungspaare zur Gruppe zurück, um über das Erlebte zu sprechen.

Einchecken und auschecken

Gefällt es Ihnen nicht, wie Sie sich im gegenwärtigen Moment fühlen? (Die Antwort lautet Nein, glaubt man den meisten Werbeanzeigen.) Langweilen Sie sich vielleicht sogar? Dann checken Sie doch aus dem Hier und Jetzt aus und probieren etwas anderes aus: Sehen Sie sich ein Video an, spielen Sie ein Spiel, lesen Sie die Feeds Ihrer sozialen Medien. Wenn wir Kindern beibringen, aus ihrer Erfahrung mittels digitaler Ablenkungen auszuchecken, ist es kein Wunder, dass sie nie eine grundlegende emotionale Gewandtheit und soziale Signale lernen, dass sie nicht verstehen, dass Emotionen und Verlangen kommen und wieder gehen und dass Menschen in der Tat Unbehagen aushalten können. Selbst wenn wir glücklich sind, entfernen wir uns schnell selber aus dieser Erfahrung und posten ein Selfie. Die Kinder und Teenager von heute kennen ein Leben ohne die technischen Möglichkeiten der sofortigen Ablenkung und sofortigen Befriedigung nicht.

In unserer abgelenkten Welt ist die Standardeinstellung auschecken. Ich reiste kürzlich durch ein kleines Dorf in Burma. Ich sah mich an der staubigen Bushaltestelle um und sog alles um mich herum auf. Etwas war anders. Ich brauchte einen Moment, bis mir klar war, dass sich die anderen Reisenden die Welt ansahen. Sie schauten nicht hinunter auf ihre Smartphones. Wie oft greifen wir in einem Augenblick der Langeweile automatisch nach unseren Gerätschaften und schauen, was irgendwo anders in der Welt geschieht? Technik ist nur ein Faktor, der uns davon ablenkt, wie wir uns im gegenwärtigen Moment fühlen. Manche Menschen nehmen Drogen, ritzen sich oder agieren sich anderweitig aus. Uns stehen viele Ablenkungsmechanismen zur Verfügung, wenn es uns nicht gefällt, wie wir uns innerlich fühlen. Mit allen Ablenkungen, die immer zur Hand sind, müssen Sie nie mit sich selber gegenwärtig sein oder wahre Einsamkeit erleben.

Viele sehen die Konsequenzen eines solchen Alleinseins – nicht nur in den Rekordzahlen an psychischen Erkrankungen unter Kindern, sondern auch in jungen Erwachsenen, die schlicht nie die Fähigkeit entwickelt haben, mit sich selber und ihrer Erfahrung allein zu sein, geschweige denn, mit anderen ohne technologische Vermittlung zu interagieren. Viele junge Erwachsene sind überwältigt, wenn sie endlich über die Unabhängigkeit verfügen herauszufinden, wer sie sind und was sie wollen, und ihre eigenen Lebensentscheidungen zu treffen.

Wie wir leben und welche Medien wir benutzen, vermittelt uns explizit und implizit, einsam zu sein, zu viel zu tun zu haben, um uns um unsere eigenen Bedürfnisse zu kümmern und mit unseren Emotionen umzugehen, indem wir beim ersten Anzeichen von Unbehagen äußerlich, statt innerlich, nach Lösungen suchen.

Dem Auschecken steht Achtsamkeit gegenüber. Sie vermittelt uns, wie wir mit uns selber sein, wie wir mit uns selber allein sein können. Achtsame Neugier lässt uns entdecken, dass der gegenwärtige Moment wichtig und interessant zugleich ist. In die angenehmen, unangenehmen und neutralen Aspekte unserer Erfahrung und der Welt um uns herum einzuchecken ist zutiefst erstrebenswert. Mittels Achtsamkeit sehen wir nach innen, wir stellen eine Verbindung zur inneren Erfahrung her, wir ertragen sie und vielleicht lernen wir auch von ihr. So werden wir glücklicher und gesünder.

Achtsamkeit zeigt uns nicht nur allein zu sein, sondern auch, wie wir eine authentische Verbindung zu anderen aufbauen. Ein Freund von mir, den ich vor einigen Jahren auf einem Retreat kennenlernte, leitet die Informatik-Abteilung eines renommierten Internats. Er erzählte mir von einem Wochenendgewitter, das einen mehrtägigen Stromausfall zur Folge hatte. Die Schüler waren offline und hatten „nichts zu tun". Trotzdem hatten sie Spaß und fanden auf andere Weise eine Verbindung. Jahre später erinnerten sich viele von ihnen an diese Tage als die besten an der Schule. Es waren auch seine Lieblingstage (und er ist der IT-Spezialist).

Wir können absichtsvoll eine Auszeit von der Technik nehmen und auch wenn wir zuerst vielleicht auf Widerstand stoßen, werden alle diese

Zeit letztendlich wertschätzen. Eine Familie, mit der ich arbeite, schaltet den WLAN-Router einen Großteil des Tages aus. Wenn die Kinder ins Internet möchten, müssen sie es auf altmodische Weise über einen Kabelanschluss tun. Und da es diesen Kabelanschluss nur in einem Zimmer gibt, sind die Familienmitglieder zumindest im selben Zimmer. Außerdem wird so aus dem Gang ins Internet eine Handlung, die mit Absicht, statt aus reiner Langeweile, geschieht. Andere Familien und Institutionen haben bestimmte Stunden festgelegt, an denen das Internet an oder aus ist, oder sie haben virtuelle stille Räume, in denen der Router den Zugang zu bestimmten Internetseiten blockiert. Andere erklären bestimmte Tage oder Stunden zu „Technik-Ruhetagen" oder „handyfreien Freitagen", damit sie wirklich für sich selber und ihre Mitmenschen präsent sein können. Zeit ohne Technik hat sich als immens vorteilhaft für die Entwicklung von Sozialkompetenzen und die Reduzierung von Stress erwiesen.[2] Kinder haben oft Angst, etwas zu verpassen (engl. „FOMO – fear of missing out"), sprechen jetzt vermehrt aber auch von der Erleichterung des Ausschaltens und der Freude, etwas zu verpassen (engl. „JOMO – joy of missing out").

GRENZEN FÜR DEN TECHNIKEINSATZ SETZEN, ZUM BEISPIEL SO

- Legen Sie technikfreie Zeiten fest, wie die Stunde vor dem Schlafengehen oder die erste Stunde nach dem Aufwachen.

- Erklären Sie bestimmte Bereiche als technikfrei, wie den Abendbrottisch, das Auto, das Wohnzimmer oder Arbeitstreffen.

- Lassen Sie Ihr Handy im Auto oder in der Handtasche, wenn Sie Besorgungen machen.

- Legen Sie zuhause drahtlose und verkabelte Stunden fest.

- Setzen Sie sich für virtuelle stille Räume in Schulen, Bibliotheken und an anderen öffentlichen Orten ein, in denen Chat-Funktionen oder soziale Medien blockiert sind.

- Rufen Sie Ihre Nachrichten nur dann ab, wenn Sie sie auch beantworten können.

- Entschließen Sie sich, bewusst mit Menschen zu interagieren: Fragen Sie nach dem Weg, unterhalten Sie sich mit der Verkäuferin und grüßen Sie jemanden, statt sofort auf Ihr Smartphone zu schauen.

Technik nutzen – aber richtig

Wir Erwachsenen mögen angesichts der Gefahren der Technik die Hände ringen, und solche Gefahren sind sicher sehr real, aber die Technik wird bleiben und wir sind meist genauso von ihr abhängig wie unsere Kinder. Unsere Gesellschaft hat gelernt, Ablenkung und die wirtschaftlichen Vorteile der Technik zu maximieren. Sie hat das Potenzial der Technik für Gesundheit und Glück jedoch noch nicht maximiert. Das ist die Ära, in der wir leben, und den meisten jungen Menschen ist eine Welt ohne solche Geräte unbekannt. Anstatt uns den Gefahren der verkabelten Welt zu widersetzen, sie zu verurteilen und an ihr zu verzweifeln, können wir uns der Herausforderung stellen und unsere Kinder dort treffen, um die Kluft zwischen Generationen und Kulturen zu überwinden, statt unsere Kinder aufzufordern, immer in unsere Welt zu kommen. Sie sind Einheimische in dieser digitalen Welt. Wir müssen sie in ihrer Welt oder zumindest auf halbem Wege treffen, wollen wir eine Verbindung zu ihnen aufbauen.

Wie können wir aus der Technik einen Verbündeten machen, wenn wir jungen Menschen Achtsamkeit vermitteln, anstatt gegen sie anzukämpfen und uns ihr zu widersetzen?

Überlegen Sie sich zuerst, ob Sie die Momente, in denen Sie nach Ihrem Handy greifen, um auszuchecken, als Gelegenheit für eine kurze Achtsamkeitsübung zum Einchecken nutzen können. Das Piepsen und Summen unserer Geräte kann auch als Erinnerung dazu dienen, zu atmen oder bei uns selber einzuchecken. Der Psychiater und Autor Mark Epstein empfiehlt, ab und zu das Handy beim Meditieren *nicht* auszuschalten. Meditieren Sie und bemerken Sie die Reaktionen von Körper und Geist auf jedes Piepsen und Summen des Handys, nehmen Sie die Geschichten und die Wünsche und die Emotionen wahr, die aufkommen. Die Objekte unserer Aufmerksamkeit sind dann unsere emotionale Reaktion auf die Stille (Erwartung, Erleichterung), unsere emotionale Reaktion auf das Piepsen, Klingeln, Summen und Lied (Verärgerung, Neugier, Angst) und unsere Wünsche, die aufgrund der Geräusche in uns entstehen.

Wir können subtile Erinnerungen in unsere Geräte programmieren, wie das Hintergrundbild so zu wählen, dass wir zum Atmen oder Einchecken aufgefordert werden. Wie oft geben wir am Tag unser Passwort in unsere Geräte ein? Auch das kann eine Erinnerung sein, wenn wir *atmen* oder Ähnliches zu unserem Passwort machen.

Zahlreiche kostenlose Internetseiten, Apps und Podcasts bieten geführte Meditationen und Diskussionen über Meditation. Andere Software- und Hardwaresysteme vermitteln einfache Körper-Geist-Prinzipien mittels Biofeedback und Neurofeedback. Plug-ins für Browser können bestimmte Internetseiten und Ablenkungen eine bestimmte Zeit lang blockieren. Und angesichts dessen, was wir über die Auswirkungen von Konditionierung und variabler Quotenverstärkung wissen, ist es wichtig, automatische passive Alarmtöne und Push-Benachrichtigungen auszuschalten und sich stattdessen *aktiv* dazu zu entscheiden, Nachrichten und Aktualisierungen abzurufen.

Fast jedes Smartphone und Tablet hat ein Aufnahmegerät. Ich benutze mein Gerät in der Einzel- und Gruppentherapie, um geführte Meditationen aufzunehmen und die Aufnahmen dann den Kindern per E-Mail zu schicken, sie auf meiner Internetseite zur Verfügung zu stellen oder sie auf einem Gruppen-Blog zu posten, auf dem die Kinder sie miteinander diskutieren können. Kinder finden eine vertraute Stimme häufig beruhigend, wenn diese sie durch eine Übung führt, insbesondere wenn die Übung für sie maßgeschneidert wurde. So können sie uns mit sich führen.

Welche Möglichkeiten können Sie sich vorstellen, um Ihren Kindern in der digitalen Welt zu begegnen und sie für Achtsamkeit zu interessieren?

WIE SIE SICH DIE TECHNIK FÜR ACHTSAMKEITS-ÜBUNGEN ZUNUTZE MACHEN KÖNNEN

- Teilen Sie Übungen mit anderen in sozialen Netzwerken.

- Wählen Sie ein Hintergrundbild für Ihr Handy oder Tablet, Benachrichtigungstöne oder Ihr Passwort so, dass sie als Erinnerung dienen, bestimmte Aspekte der Achtsamkeit zu üben.

- Nehmen Sie geführte Meditationen auf Ihren Geräten auf und hören Sie sie ab.

- Setzen Sie klare Grenzen hinsichtlich der Zeit, die Sie und Ihre Kinder vor dem Bildschirm verbringen.

- Benutzen Sie Ihren Kalender und andere Erinnerungsfunktionen, um sich daran zu erinnern Achtsamkeit zu üben.

- Schicken Sie eine SMS oder E-Mail an Freunde oder Ihre Familie, um sie daran zu erinnern, eine Achtsamkeitsübung zu machen.

Soziale Medien und der vergleichende Geist

Eine Blume vergleicht sich nicht mit anderen Blumen. Sie blüht einfach.

ANONYM

Jede soziale Begegnung, insbesondere solche in sozialen Netzwerken, verstärkt den *vergleichenden Geist,* der die Ursache für viel Unglücklichsein in individualistischen Gesellschaften ist. Die perfekt retuschierten Bilder des Onlinelebens bedeuten, dass wir unser Inneres mit dem Äußeren anderer Menschen vergleichen. Sicher, Heranwachsende vergleichen sich seit Generationen mit Gleichaltrigen und verbringen Stunden vor dem Spiegel, um die Garderobe für die Schule auszusuchen. Ihr Gehirn ist fest für Befangenheit verdrahtet. Aber das ständige Vergleichen und Herausputzen des Selbstbildes hörte gewöhnlich auf, wenn die Schule aus war, wenn die Kinder nach Hause gingen und sich die Jogginghose anzogen. Heute, im Zeitalter der sozialen Medien, wird der Schein vierundzwanzig Stunden am Tag gewahrt. Soziales Netzwerken und soziale Vergleiche beginnen am Morgen und enden kurz vor dem Schlafengehen. Gleichzeitig verbreiten Klatsch-Internetseiten hässliche Gerüchte auf der ganzen Welt, die früher nur einen Platz auf den Wänden öffentlicher Toiletten hatten. Psychologische Studien zeigen immer wieder, dass soziale Medien Kinder unglücklicher und narzisstischer machen. Die enorme Größe und Unmittelbarkeit digitaler Medien bedeutet auch, dass wir, wenn wir uns einloggen, aus einem Feuerwehrschlauch voller emotionaler Reize trinken. Nehmen wir zum Beispiel Facebook: Wir können uns von überall in der Welt einloggen und die Postings unserer Freunde sehen, die Freude, Ärger, Traurigkeit, Lachen, Trauer und Eifersucht auslösen, und all das innerhalb eines kurzen Augenblicks. Wir fahren mit der gleichen mentalen Achterbahn, wenn wir Nachrichtenportale oder andere Internetseiten überfliegen. Die Menschen haben sich in kleinen sozialen Kreisen entwickelt. Unser Gehirn ist nicht dazu vernetzt so viel emotionalen Inhalt auf einmal aufzunehmen. Noch weniger kann es mit den Auslösern umgehen, die uns emotional ansteigen, abfallen und im Kreis drehen lassen, ohne die Zeit, die dafür nötig ist, sie zu verarbeiten und auf sie zu antworten, statt zu reagieren.

Ich sprach kürzlich mit einer jungen Frau, die wegen eines Online-Kommentars über sie am Boden zerstört war. Ich fragte naiv: „Warum lassen Sie es dann nicht einfach bleiben, diese Internetseite zu besuchen?" Sie sah mich nur an und ich wusste, das war ein Reinfall. Sehr viele Kontakte finden online statt und die Angst, etwas online und in der echten Welt zu verpassen, beherrscht den Geist Heranwachsender.

Wie können wir uns selber und den jungen Menschen in unserem Umfeld aber dann beibringen den Feeds sozialer Medien mit Achtsamkeit, sei es auch nur gelegentlich, zu begegnen?

WAS UNS DIE WISSENSCHAFT ÜBER SOZIALE MEDIEN SAGT

Die Wissenschaft von den sozialen Medien ist komplexer, als Sie vielleicht vermuten. Studien haben gezeigt, dass wir uns schlechter fühlen, je öfter wir uns den sorgfältig kuratierten Facebook-Status anderer ansehen. Das Gegenteil trifft aber auch zu: Wenn wir uns unsere eigenen Einträge anschauen, erkennen wir oft die positiven Aspekte unseres Lebens und fühlen uns generell besser. Sehen Sie sich also ab und zu Ihre eigenen Einträge an, so wie Sie die der anderen lesen.

Studien haben auch nachgewiesen, dass soziale Belohnungen und Bestrafungen online und offline gleich sind. Wenn jemand mit uns auf positive Weise interagiert, erhalten wir die gleichen neurochemischen Belohnungen im Gehirn. Wenn wir (oder unsere Kinder) online zurückgewiesen oder ignoriert werden, fühlen wir uns genauso wie bei einer persönlichen Zurückweisung. Interessanter ist, dass das Gefühl des emotionalen Angriffs denselben Bereich im Gehirn aktiviert wie ein körperlicher Angriff. Emotionaler Schmerz tut genauso weh wie echter, körperlicher Schmerz.[3]

Achtsame soziale Medien

Ja, soziale Medien tragen zu einer neuen Ära des sozialen Stresses von Heranwachsenden bei. Wenn wir akzeptieren, dass sie nicht verschwinden werden, können wir sie auch als neue Gelegenheit für Verbindung und Achtsamkeit sehen – dann, *wenn wir sie selber schaffen*. Achtsamkeit sagt uns, es gibt in allem, dem wir mit Achtsamkeit begegnen, Weisheit, und das schließt soziale Medien mit ein.

Wir können mittels sozialer Medien ein klein wenig der Macht der Gemeinschaft einfangen. Wir können Achtsamkeitsübungsgruppen gründen und Menschen mit Meditationslehrern, Achtsamkeitsressourcen und untereinander zusammenführen. Kostenlose Blog-Software erleichtert das Einstellen von Inhalten sowie Diskussionen in den Stunden der Woche, in denen wir keine Treffen unserer Achtsamkeitsgruppe haben.

Ich gehöre einer Dankbarkeitsgruppe auf Facebook an, die vor Jahren mit einigen Freunden in derselben Stadt begann. Viele von uns sind inzwischen in andere Bundesstaaten und sogar auf andere Kontinente gezogen, aber wir stellen immer noch mehrmals pro Woche kurze Dankbarkeitslisten ins Netz. Twitter, Instagram und ähnliche Internetseiten nutzen unterschiedliche meditationsbezogene Hashtags wie *#wannasit* oder Sie können Mitgefühl mittels des Hashtags *#mettabomb* verschicken. Tumblr und andere Blog-Internetseiten erlauben es uns unsere Erfahrungen, Lieblingszitate und Videos mit anderen zu teilen. Wir können virtuelle Sitzmeditationen mit Freunden im ganzen Land oder auf der Welt planen, wenn wir keine Zeit haben, uns mit Freunden vor Ort zu treffen. Am einfachsten ist ein Gruppen-SMS-Thread. Ich nehme an einem mit Freunden aus meiner sonntäglichen Sitzmeditationsgruppe teil. Wir versenden einfach eine Nachricht, wenn wir während der übrigen Woche meditiert haben, antworten mit glücklichen Emoticons und lassen uns von der Hingabe der anderen inspirieren (oder ein schlechtes Gewissen machen). Junge Menschen können mit einer Snapchat-Liste etwas Ähnliches auf die Beine stellen oder mittels anderer Apps, die ich nicht verstehe.

Und, last but not least, hier ist eine Achtsamkeitsübung für soziale Medien, die Sie zuerst selber ausprobieren und dann mit den Kindern teilen können, mit denen Sie arbeiten.

Nehmen Sie eine bequeme, wache und bereite Haltung ein. Lockern Sie Ihre Schultern, atmen Sie mehrmals ein und aus und richten Sie Ihr Gewahrsein auf Ihren körperlichen und emotionalen Zustand in diesem bestimmten Moment.

Schalten Sie nun Ihren Computer ein oder tippen Sie Ihr Smartphone an.

Bevor Sie Ihr Lieblingsnetzwerk besuchen, denken Sie über Ihre Absichten und Erwartungen nach. Nehmen Sie Ihre Erfahrungen in Körper und Geist war, während Sie sich auf das Symbol konzentrieren.

Warum möchten Sie diese Internetseite besuchen? Was erhoffen Sie sich, dort zu sehen oder nicht zu sehen? Wie werden Sie auf die verschiedenen Einträge antworten? Wenn Sie Ihre sozialen Netzwerke besuchen, interessieren Sie sich dann dafür, sich mit anderen zu verbinden oder aber nicht zu verbinden und sich abzulenken?

Schließen Sie die Augen und konzentrieren Sie sich drei Atemzüge lang auf Ihren emotionalen Zustand, während Sie darauf warten, dass Homepage oder App laden.

Öffnen Sie jetzt die Augen, schauen Sie auf die erste Statusaktualisierung oder das erste Foto und lehnen Sie sich danach zurück und schließen wieder die Augen.

Nehmen Sie Ihre Reaktion, Ihre Emotion, wahr. Ist es Begeisterung? Langeweile? Eifersucht? Bedauern? Angst? Wie erleben Sie diese Erfahrung in Körper und Geist? Was wollen Sie unbedingt tun – weiterlesen, eine Antwort versenden, etwas über sich selber mitteilen oder etwas anderes?

Warten Sie einen oder zwei Atemzüge, bis die Empfindungen und Emotionen schwächer geworden sind, oder richten Sie Ihre Aufmerksamkeit achtsam auf den Atem, den Körper oder die Geräusche in der Umgebung.

Versuchen Sie diese Übung mit einer Statusaktualisierung oder drei bis fünf Minuten lang, je nach zur Verfügung stehender Zeit und Ihrer Praxis.

Technik muss uns nicht definieren, auch wenn uns die sozialen Medien in Schubladen stecken und uns auf eine Reihe von „Gefällt mir" und Interessen reduzieren. Ein Zen-Koan fragt: „Wie sah dein Gesicht aus, bevor du auf die Welt kamst?" Heute mögen wir fragen: „Wie sah deine Facebook-Seite aus, bevor du dich angemeldet hast?" Bei dieser grundlegenden Frage geht es darum, wer Sie wirklich sind, über messbare Interessen und Algorithmen hinaus. Unser eigenes Verhältnis zur Technik zu untersuchen und zu verändern erlaubt es uns, eine Vorbildrolle zu übernehmen und neue Wege zu finden, Technik spirituell zu machen. Wir könnten uns sogar Möglichkeiten überlegen, spirituelle Technik für die jungen Menschen zu machen, die als Einheimische in einer vernetzten Welt aufwachsen.

11
Damit Achtsamkeit auch haften bleibt
Kurze Übungen in den Alltag integrieren

Achtsamkeit ist nicht schwierig.
Wir müssen uns nur daran erinnern, sie zu praktizieren.

SHARON SALZBERG – *Entdecke die Kraft der Meditation*

Kinder zu bitten alleine Achtsamkeit zu praktizieren ist ein großer Vertrauensvorschuss. Unsere eigenen Selbstzweifel kehren eventuell zurück: Werden sie es je alleine tun? Und wenn ja, werden sie darüber reden wollen? Werden ihre Freunde sich über sie lustig machen? Vertrauen Sie den Übungen, vertrauen Sie sich selbst und, am wichtigsten, vertrauen Sie ihnen. Schaffen Sie einen Raum zum Wachsen, forcieren Sie es aber nicht. Wenn Ihre Kinder sich wirklich einer eigenen Praxis widersetzen, üben Sie einfach weiter gemeinsam mit ihnen und kultivieren Sie Achtsamkeit in Ihrem Umfeld, während Sie zur Quelle Ihrer eigenen Praxis zurückkehren.

Wenn Sie Kinder zu einer eigenen Praxis ermuntern möchten, ist es wichtig, dass sie einfach ist und Spaß macht. Jemand sagte kürzlich: „Du musst sowieso atmen und gehen. Dann kannst du es genauso gut auch interessant machen." Einigen Berichten zufolge atmen wir bis zu 30.000 Mal pro Tag. Wir können also zumindest einige Atemzüge davon dabei sein. Wenn Sie mit einer Gruppe von Kindern arbeiten, hilft die soziale Verstärkung, denn die Kinder möchten vermutlich an der Anschlussdiskussion teilnehmen und sich über ihre Erlebnisse austauschen. Das trifft insbesondere dann zu, wenn sie sich kreativ, über künstlerische Aktivitäten, über Schreiben oder Singen, ausdrücken können. Ich sage gerne zum Spaß: „Wenn die Hausaufgabe darin besteht, nichts zu tun, kann's ja nicht so schlimm sein." Wir können auch Bereichen unseres Alltags achtsame Aufmerksamkeit entgegenbringen, wie zum Beispiel Gehen und Essen, und wir können automatische Gewohnheiten ablegen, indem wir uns die Zähne mit der nicht dominanten Hand bürsten oder uns kurze, einfache Übungen überlegen, die wir in unser Leben integrieren.

Faktoren wie Erfahrung, Aufmerksamkeitsspanne, Lernstil und bestehende geistige oder körperliche Bedingungen, zusammen mit dem kulturellen Rahmen und Umfeld, in dem Sie sich befinden, spielen bei der Auswahl der Übungen eine Rolle.

Kurze Momente, viele Male

> Der Moment ... selber hält nicht lange an, aber das ist vollkommen in Ordnung. Du musst nicht versuchen, diesen Moment zu verlängern. Wiederhole ihn stattdessen viele Male – „kurze Momente, viele Male."
>
> LAMA TULKU URGYEN RINPOCHE – *As it is*

Wir haben nicht unbedingt jeden Tag Zeit für ausgedehnte Achtsamkeitsübungen. Kurze Übungen über den Tag verteilt verstärken aber die Lektionen unserer längeren Übungen. Viele der kurzen Übungen in diesem Kapitel können von Kindern alleine praktiziert werden. Das Ziel ist es, Kindern zu helfen kurze Eincheck-Übungen zu Schlüsselzeiten oder leicht zu merkenden Zeiten in ihren Alltag zu integrieren.

INNEHALTEN UND AUF DIE SIGNALE DES ALLTAGS ACHTEN

Entscheiden Sie sich – zusammen mit Ihren Kindern – für eine oder zwei regelmäßige Zeiten am Tag oder Signale, die als Erinnerungszeiten dienen, und machen Sie eine oder zwei Übungen zu diesen Zeiten. Bauen Sie darauf auf.

Vor einigen Jahren arbeitete ich mit Allegra, einer Teenagerin, die große Schulangst hatte. Sie verpasste häufig die ersten Unterrichtsstunden wegen Magenschmerzen und Angstzuständen, besonders dann, wenn Mathematik in der ersten Stunde stattfand. Unser Ziel bestand darin, einen Kontakt zum gegenwärtigen Moment herzustellen und bei sich selber und ihrer Stimmung einzuchecken und dann eine Möglichkeit zu finden, sich auf dem Weg zur Schule zu beruhigen und den vor ihr liegenden Tag leichter zu machen. Wir entschieden uns für den Weg zur Schule, insbesondere, wenn sie dabei auf Stoppschilder traf, als Übungszeit. Die Schilder sollten sie daran erinnern, achtsam nach innen zu schauen und sich selber zu beruhigen. Die Übung war einfach: Bei jedem Stoppschild machte sie die von Elisha Goldstein bekannt gemachte Übung „Innehalten".

Obwohl die Übung meist weniger als eine Minute dauert, ermöglicht sie es uns achtsam bei uns selber und unserem Umfeld einzuchecken. Bei jedem Stoppschild tat Allegra Folgendes:

innehalten (vorausgesetzt, es war sicher, zu unterbrechen, was sie in dem Moment tat),

atmen,

beobachten, was in ihr und um sie herum geschah, und dann

überlegen, was sie als Nächstes tun konnte, und mit der Aktivität **fortfahren.**

Diese Übung löste Allegras Angstproblem nicht vollständig, aber sie konnte langsamer werden und dadurch ihrer Angst im gegenwärtigen Moment mit mehr Bewusstsein begegnen. War ihre Angst an einem bestimmten Tag groß, machte sie eine Atemübung oder eine andere Übung zur Selbstberuhigung und setzte ihren Weg zur Schule danach fort. Sie studiert jetzt und es geht ihr gut. Sie besucht alle Vorlesungen und hat sogar ihre Mathematikanforderungen bestanden.

Auf Achtsamkeitsretreats mit Thich Nhat Hanh wird ab und zu eine Glocke geläutet, um die Teilnehmer daran zu erinnern, dreimal achtsam ein- und wieder auszuatmen. Nach ein paar Tagen fängt jeder automatisch an beim Klang der Glocke achtsam zu atmen. (Nach Ende des Retreats hat jeder Glockenklang wochenlang den gleichen Effekt.)

Ich machte vor einigen Jahren eine Spieltherapie mit einem reizenden siebenjährigen Mädchen, das sich für die Meditationsglocken auf meinem Schreibtisch interessierte (wie Sie sehen, ist es eine gute Idee, diese nicht in einem Schrank zu verstecken). Wir beschlossen, dass sie einmal und ich dreimal tief ein- und ausatmen würde, wenn sie aufstand und die Glocke läutete. Zuerst dachte ich, dass sie sich albern verhalten oder durch die Glocke abgelenkt würde. Und so war es auch ab und zu. Aber die meiste Zeit über nahm sie diese Aufgabe ernst und unsere Sitzungen machten sogar noch mehr Spaß. Ihre Mutter war einverstanden, diese Glockenatemübung zuhause beim gemeinsamen Spiel auszuprobieren.

Ron Epstein, Wissenschaftler und Achtsamkeitspraktizierender, hielt kürzlich einen Vortrag. Er sagte: „Wenn Sie zwischen Patientensitzungen die Tür öffnen, berühren Sie die Türklinke achtsam. Wiederholen Sie das zehntausend Mal." Durch diesen Vorschlag inspiriert, benutzt eine junge Frau, mit der ich arbeite und die unter leichter, chronischer Angst leidet, die Türklinke jetzt als Erinnerung, nach innen zu lauschen und auf ihren Körper zu achten. Ihre Übung besteht darin, wahrzunehmen, wie sich ihr Körper jedes Mal fühlt, wenn sie beim Verlassen des Zimmers die Türklinke berührt, und wie sich Körper und Emotionen beim Betreten des Zimmers anfühlen. Wir sagen oft aus Spaß, dass sie an stressigen Tagen am besten mehr Wasser trinkt, um sicherzustellen, dass sie öfter die Toilette aufsuchen muss, um so viele Möglichkeiten zu haben, das Zimmer zu verlassen und wieder zu betreten.

Der Punkt ist umzudenken, wenn Sie oder Ihre Kinder glauben, Sie hätten noch nicht einmal Zeit für kurze Achtsamkeitsübungen. Es gibt so viele kleine Momente in unserem Alltag, die wir zu Achtsamkeitssignalen oder achtsamen Momenten machen können. Nachfolgend finden Sie eine Liste mit 101 solcher Momente.

Die Versuchung ist, sich jetzt viele solcher Momente auszusuchen. Ich fordere Sie jedoch dazu auf, sich nur für ein oder zwei zu entscheiden, sie zusammen mit einer einfachen informellen Übung etwa eine Woche lang zu machen und dann darauf aufzubauen. Vergessen Sie nicht, dass neue Übungen dann zur Routine werden, wenn sie mit Aktivitäten verbunden werden, die die Kinder bereits als Teil ihres Tagesablaufs tun.

Kinder können immer dann achtsam sein, wenn sie durch Folgendes daran erinnert werden:

1. Morgens vor dem Aufstehen im Bett liegen
2. Beim Warten, dass sich die Badewanne mit Wasser füllt oder die Dusche warm wird
3. Bei einer roten Ampel sitzen
4. In der U-Bahn zwischen zwei Stationen sein
5. Wenn die Anwesenheit in der Schule überprüft wird
6. Beim Laden eines Videospiels
7. Beim Laden einer Internetseite oder einer App
8. Beim Warten, dass der Toast aus dem Toaster hochspringt oder die Mikrowelle piepst
9. In einer Auszeit sitzen
10. Darauf warten, dass der Bus, die U-Bahn oder die Mitfahrgelegenheit kommt
11. Darauf warten, am Ende eines Fluges oder einer Busfahrt aufzustehen

12. Darauf warten, dass alle anderen ins Zimmer kommen oder sich an den Tisch setzen
13. Im Wartezimmer sitzen
14. Auf einen Ausdruck warten
15. In der Warteschlange stehen
16. Auf die WLAN-Verbindung warten
17. Auf das Hochfahren des Computers warten
18. Darauf warten, dass man beim Spielen an der Reihe ist
19. Beim Tanken warten
20. Darauf warten, dass der Kaffee kocht oder der Tee zieht
21. Darauf warten, dass die Werbung im Fernsehen oder ein Internet-Video zu Ende ist
22. Auf eine Chat-Nachricht oder Antwort von einem Freund warten
23. Darauf warten, die Straße überqueren zu können
24. Einen Brief in den Briefkasten werfen

Sie können innehalten und eine kleine Achtsamkeitsübung machen, wenn sie:

25. Durch eine Tür gehen
26. Den Hinweiston einer eingehenden SMS hören
27. Das Benachrichtigungsgeräusch eines sozialen Netzwerks hören
28. Die Vögel singen hören
29. Eine bestimme Farbe sehen, die Sie oder jemand für den Tag oder die Woche ausgesucht haben
30. Ein bestimmtes Wort hören, das Sie oder jemand für den Tag oder die Woche ausgesucht haben
31. Eine Türklinke berühren
32. Bremslichter auf der Autobahn sehen
33. Am Fuß einer Treppe stehen
34. Das Klingeln eines Telefons hören

35. Auf einer regelmäßigen Strecke oder Fahrt an einem bestimmten Orientierungspunkt vorbeikommen, etwa an einem bestimmten schönen Baum
36. Einen Lichtschalter berühren
37. An einem Stoppschild vorbeifahren oder -gehen
38. Ein Flugzeug vorbeifliegen sehen oder hören
39. Eine Autohupe in der Ferne hören
40. Den Wind auf dem Gesicht spüren
41. Den Wasserhahn aufdrehen
42. Einen Krankenwagen hören (das kann auch eine Gelegenheit sein, Mitgefühl oder Güte zu schicken)
43. Lachen hören
44. Am Tag den Mond sehen
45. Auf die Armbanduhr oder eine Wanduhr schauen
46. Das Piepsen eines LKW beim Rückwärtsfahren hören
47. Den Kühlschrank oder die Heizung anspringen hören
48. Ein Auto starten hören
49. Die Hundeleine nehmen oder mit dem Hund spazieren gehen
50. Etwas ein- oder ausstöpseln
51. Sitzen, Stehen oder zwischen zwei Körperhaltungen wechseln
52. Jemandem die Hand geben, jemanden abklatschen oder per Handschlag begrüßen
53. Einen Autoalarm in der Ferne hören
54. Mit einem Kugelschreiber klicken
55. Eine nervige Popup-Werbung sehen
56. Ihren Hund bellen oder ihre Katze miauen hören
57. Ihre Füße auf den Boden setzen, wenn Sie vom Bett aufstehen
58. Eine Türklingel hören
59. Ihr Portemonnaie öffnen
60. Ein Buch oder Laptop öffnen
61. Einen bestimmten Geruch bemerken, wie den Duft von Blumen

62. Ein weinendes Baby hören (das ist ebenfalls eine gute Gelegenheit für eine Mitgefühlsübung)
63. Merken, wie ihre Hand zum Handy greift
64. Sie – ihre Eltern, ihren Lehrer, ihre Therapeutin – sehen, ihre Stimme hören, an ihrem Büro vorbeigehen oder eine Nachricht von ihnen erhalten
65. Einen Punkt in einem Spiel gewinnen – oder verlieren.

Kinder können eine Pause einlegen und eine kurze Übung machen, wie beispielsweise achtsam atmen oder den Körper innerlich abtasten, bevor sie:

66. Das Schloss an ihrem Schulspind aufschließen
67. Auf ihrem iPod „play" drücken
68. In die Dusche oder Wanne steigen
69. Einen Aufzugknopf drücken
70. Den Kühlschrank oder einen Schrank öffnen
71. Einen Schlüssel ins Schloss stecken
72. Irgendein Gerät einschalten
73. Einen Briefumschlag öffnen
74. Einen Spaziergang oder eine Wanderung beginnen
75. Ihre Tasche öffnen
76. Den ersten Bissen einer Mahlzeit nehmen
77. Sich den Hausaufgaben widmen
78. Den Fernseher einschalten
79. Ihr Haustier füttern
80. Bei einer E-Mail oder SMS auf „senden" klicken
81. Etwas unterschreiben.

Sie oder Ihre Kinder können bestimmte kleinere, alltägliche Handlungen zu Achtsamkeitstätigkeiten erklären, wie zum Beispiel:

82. Mit dem Hund spazieren gehen
83. Ein Glas oder eine Wasserflasche füllen
84. Etwas in die Mülltonne/Papier-Tonne/Biomüll-Tonne geben
85. Eine Apfelsine oder Banane schälen
86. Vom Parkplatz in ein Gebäude gehen
87. Einen Gang entlanggehen
88. Eine Kreditkarte oder U-Bahn-Karte durchziehen
89. Jemanden umarmen
90. Die Wäsche in die Waschmaschine oder den Trockner geben
91. Socken anziehen oder die Schuhe zubinden
92. Sich anschnallen
93. Einen Bleistift spitzen
94. Jemandem die Hand schütteln
95. Eine Briefmarke auf einen Briefumschlag kleben
96. Geld in einen Verkaufsautomaten werfen.

Eine kurze Achtsamkeits- oder Selbstmitgefühlsübung hilft, wenn die Kinder sie kurz vor einer Nervosität auslösenden Situation machen, wie zum Beispiel:

97. Einem wichtigen Wettkampf oder einer wichtigen Aufführung
98. Dem Betreten der vollen Cafeteria, des Klassenzimmers oder einer Party
99. Einer öffentlichen Rede
100. Der Rückgabe der Klassenarbeiten
101. Dem Einschlafen.

Ich bin mir sicher, dass Ihnen und Ihren Kindern leicht weitere Signale dafür oder Erinnerungen daran einfallen, im Alltag innezuhalten und achtsam zu sein. Und so kommen Sie ihnen auf die Spur: Achten Sie einfach auf die Momente, in denen Sie nach dem Smartphone greifen und auschecken wollen, und nehmen sich einen Augenblick Zeit, um zuerst achtsam einzuchecken. Sie können auch eine entsprechende Benachrichtigung auf Ihrem Smartphone oder Computer einstellen.

WIE SIE SIGNALE ODER ACHTSAME MOMENTE FINDEN

Am Anfang hilft es, eine bestimmte Zeit oder ein bestimmtes Signal festzusetzen, die für Sie als Zeichen dienen, kurz bei sich selbst und Ihren Kindern einzuchecken. Kinder brauchen Routine, wie Eltern und Lehrerinnen wissen, und Übungen zu festgesetzten Übergangszeiten helfen. Wenn Sie beruflich mit Kindern arbeiten, kann eine solche Zeit der Anfang oder das Ende einer Unterrichtsstunde, Aktivität oder Sitzung sein. Sind die Übungen Teil einer Tagesroutine und umfassenderen Kultur, fangen Kinder an, sie zu verinnerlichen. Weitaus wichtiger ist, dass sie Achtsamkeit nicht als sonderbar empfinden und sie mit Bestrafung oder mit einem Problem in Zusammenhang bringen, denn sie haben in guten und in schwierigen Zeiten geübt.

Bestimmte Zeiten am Tag eignen sich besonders gut für Übungen, aber den idealen emotionalen Zeitpunkt für eine Achtsamkeitsübung zu finden kann schwierig sein. Es ist wichtig, dass Sie den emotionalen Rhythmus Ihres Kindes kennen. Wir möchten diese Übungen einem Geist nahebringen, der so offen wie möglich ist. Der Geist ist aber nur selten offen, wenn wir emotional sind. Wenn jemand sich in einem Kampf- oder-Flucht-Zustand befindet oder anderweitig von Emotionen überflutet wird, ist die Bandbreite für eine Informationsaufnahme, die nicht auf das unmittelbare Überleben ausgerichtet ist, sehr gering. Informationen, ob über Mathematik oder Achtsamkeit, werden in einem derartigen Zustand nicht aufgenommen. Die meisten Kinder verstehen, dass Sportler, Musikerinnen und andere Darsteller nicht nur am Tag des Wettkampfs oder des Konzerts trainieren, sondern sich Monate und sogar Jahre auf den großen Tag vorbereiten. Achtsamkeitsübungen sind Training für den

Geist. Studien zeigen, dass selbst einige wenige Momente einer täglichen Achtsamkeitspraxis vermutlich besser sind als ausgedehnte Übungen, die man weniger oft macht.

Kurze Übungen

Es gibt so viele Übungen, die nur eine Minute oder weniger Zeit in Anspruch nehmen. Die folgenden kurzen Übungen vermitteln die Elemente der Achtsamkeit: Gewahrsein, Kontakt mit dem gegenwärtigen Moment, Mitgefühl/Neugier. Sie beinhalten das innerliche Einchecken und Entspannungstechniken sowie Übungen für den Körper, Geist und Atem.

Verschiedene Übungen eignen sich für verschiedene Kinder oder werden von ihnen als natürlicher als andere empfunden. Atemübungen können für ängstliche Kinder oder für Kinder mit Aufmerksamkeitsstörungen schwierig sein. Bewegungsübungen oder Übungen mit einem äußerlichen Aufmerksamkeitsanker sind besser geeignet. Körperbewusstsein kann sehr nützlich sein, ist aber kein idealer Ausgangspunkt für Kinder, die negative Vorstellungen mit ihrem Körper verbinden, sei es durch Krankheit, Trauma oder andere Körperbildstörungen bedingt. Entspannungstechniken für Körper und Geist eignen sich hervorragend bei Stress oder Angst, sind dagegen eher unpassend für müde oder deprimierte Kinder.

Sie können die Anleitungen für eine dieser kurzen Übungen an der Wand befestigen und diese Übung zur Tages- oder Wochenübung erklären oder Sie geben den Kindern die Anleitungen auf Karteikarten oder ihrem Handy mit. Um Achtsamkeit ins tägliche Leben zu integrieren, lesen Sie sich die 101 Momente noch einmal durch und helfen Sie dann Ihrem Kind, sich für den ausgesuchten Moment für eine dieser kurzen Übungen zu entscheiden.

SUPPEN-ATMEN

Atmen ist langweilig und daher zugegebenermaßen schwer, interessanter für Kinder zu machen. Metaphern und Visualisierungen können jedoch helfen. Ein Teilnehmer an einem meiner Workshops machte mich mit dieser Übung bekannt, einer leicht abwandelbaren Visualisierung, die reguliertes Atmen vermittelt.

> Haltet eure Hände so, als ob ihr eine Suppenschüssel haltet. Atmet langsam durch die Nase ein, so als würdet ihr den köstlichen Duft der Suppe einatmen. Atmet durch die Lippen aus, so als ob ihr auf die gesamte Oberfläche der vollen Schüssel pustet, um sie abzukühlen, aber nicht so heftig, dass die Suppe überschwappt.

Ich habe Borschtsch-Atmen in Polen, Tee-Atmen in England und Haferbrei-Atmen in Bhutan gemacht. In Amerika habe ich Kakao-Atmen und sogar Pizza-Atmen ausprobiert. Ich bin mir sicher, Sie und Ihre Kinder werden weitere Favoriten finden. Bei Anfängern oder um Körper und Geist schnell zu beruhigen empfehle ich, das Suppen-Atmen nur fünf Atemzüge lang zu machen. Bei erfahreneren Kindern können Sie die Übung mehrere Minuten lang machen.

Biofeedback-Studien legen nahe, dass die Visualisierung allein für warme Hände sorgt, was wiederum das Nervensystem beruhigt. Gibt es eine bessere Möglichkeit, sich die Hände zu wärmen, als sich eine Suppenschüssel oder Tasse Kakao vorzustellen? Sie können diese Übung auch als „Abkühl-Atem" bezeichnen, weil ich mir keine bessere Art vorstellen kann, unsere „heißen" Emotionen wie Wut und Frustration abzukühlen, als durch das Gefühl kühler Atemluft, die aus unserem Mund strömt.

DER 7-11-ATEM

Den Atem mit einer bewussten Übung zurückzusetzen reguliert, verlagert und stabilisiert unser Energieniveau und unsere Stimmung. Eine weitere kurze, schöne und einprägsame Übung ist der 7-11-Atem. Sie können als Signal beispielsweise einen bestimmten Supermarkt nehmen, an dem Sie regelmäßig vorbeikommen. Ich habe die Übung bei einem Training mit dem Projekt Achtsamkeit in Schulen (engl. „Mindfulness in Schools") gelernt und seitdem erfahren, dass Ersthelfer sie benutzen, um sich selber und andere in Notsituationen zu beruhigen. Wenn Sie Ihren schwierigeren Skeptikern erzählen, dass sogar Feuerwehrmänner und Rettungsfahrer sie machen, könnte sie das eventuell umstimmen.

Sie geht ganz einfach:

> Atmet *ein* und zählt bis sieben.
> Atmet *aus* und zählt bis elf.

Der 7-11-Atem kann fünf Atemzüge lang gemacht werden, wenn die Kinder ihn lernen, und später länger, je nachdem, wie viel Zeit Sie haben. Er erfordert etwas mehr Übung als das Suppen-Atmen, um das Zählen richtig zu bewerkstelligen. Geben Sie Kindern daher etwas Zeit, diese Atemübung zu lernen. Durch das Zählen werden Kinder (und Erwachsene) auch gezwungen sich mehr zu konzentrieren und langsamer zu werden. Bevor ich einige dieser Übungen kannte, bat ich Kinder, tief zu atmen, was sie auch taten, aber sie atmeten auch immer sehr schnell. Was wir meist wirklich mit tiefem Atmen meinen, ist langsames Atmen. Wenn wir das Ausatmen länger machen als das Einatmen, beruhigt sich unser Nervensystem und ermöglicht es uns, eine Verbindung zum gegenwärtigen Moment herzustellen, an dem wir ansonsten vielleicht vorbeigehetzt wären.

Das Gegenteil trifft auch zu: Wenn wir das Einatmen länger als das Ausatmen machen, erhält unser Nervensystem Starthilfe und wird beschleunigt. In Situationen, in denen unser Energieniveau niedrig ist, wenn wir uns müde, antriebslos oder deprimiert fühlen und uns mehr Energie wünschen, um gegenwärtiger zu sein, versuchen Sie es umgekehrt: Probieren Sie den 11-7-Atem aus.

Eine Freundin von mir, Adria Kennedy, die Kindern Achtsamkeit beibringt, wandelt diese Übung für jüngere Kinder ab und bittet sie, Worte oder Sätze ein- und auszuatmen. Versuchen Sie beispielsweise, einzuatmen und *England* zu sagen und auszuatmen und *Entenhausen* zu sagen oder *Maus* einzuatmen und *Megalosaurus* auszuatmen.

DER STILLE SEUFZER

Ein Seufzer kann vieles bedeuten: Erleichterung, Verzweiflung, Freude, Erschöpfung, Traurigkeit. Physiologisch gesehen reguliert und startet Seufzen unsere Atemfrequenz neu. Kinder und Erwachsene seufzen unbewusst und wir können andere dadurch unabsichtlich verletzen. Der stille Seufzer ist ein absichts- und respektvolles Seufzen. Ich habe ihn von Irene McHenry, einer Pädagogin und Vorstandskollegin des Mindfulness in Education Network, gelernt.

Mittels dieser Übung setzen wir übermäßige Emotionen frei und starten unseren Körper und Atem neu. Aus diesem Grund eignet sie sich gut dazu, in Übergangszeiten zum Hier und Jetzt zurückzufinden.

Atmet tief ein. Seufzt dann so langsam und leise wie möglich, so dass niemand überhaupt merkt, dass ihr seufzt.

Atmet das letzte Bisschen Luft im Körper aus und folgt dabei allen Empfindungen im Körper. Richtet eure Aufmerksamkeit dann nach innen und seht, wie sich Körper und Geist fühlen. Überlegt, ob ihr noch einmal still seufzen müsst, oder kehrt zum normalen Atem zurück.

Ich beginne diese Übung gerne damit, dass ich die Kinder dazu auffordere laut zu seufzen, damit sie sehen, wie es ist, Emotionen mit einem Seufzer aus dem Körper zu lassen (und gleichzeitig Spaß zu haben). Danach gehe ich zum stillen Seufzer über und erkläre, dass es Situationen gibt, in denen ein stiller Seufzer angemessener ist, wie in der Schule oder wenn wir niemanden mit unserem Seufzen verletzen möchten.

MIT ALLEN SINNEN ATMEN

Über unsere Sinne gelangen wir meist am schnellsten zum gegenwärtigen Moment und dem, was wir gerade tun. In dieser Übung zum achtsamen Atmen benutzen wir alle unsere Sinne, um unser Gewahrsein auf den Atem zu richten.

Benutzt bei den nächsten Atemzügen alle Sinne, um euch bewusst zu werden, dass ihr atmet.

Wie hört sich euer Atem beim ersten Atemzug an?

Wie fühlt sich euer Atem beim nächsten Atemzug an?

Wie riecht die Luft eures Atems beim darauffolgenden Atemzug?

Wie schmeckt die Luft eures Atems beim nächsten Atemzug?

Wie sieht euer Atem aus?

Wenn ihr den letzten Atemzug genau beobachtet, werdet ihr eventuell feststellen, dass euer Kopf und euer Körper sich beim Ein- und Ausatmen leicht verlagern. Oder ihr seht vielleicht, wie der Atem aussieht, indem ihr euch vorstellt, wie er aussieht, wenn er nach unten in euren Bauch wandert.

Atmet weiter mit allen Sinnen, bis ihr jeden Sinn dreimal benutzt habt.

FÜNF-FINGER-ATMEN

Ich habe diese Übung bei einem Training mit dem Projekt Achtsamkeit in Schulen gelernt und sie wurde sehr schnell zu einer meiner persönlichen und beruflichen Lieblingsübungen zur Selbstberuhigung. Sie dient ebenfalls der Atemregulation und benutzt Berührung, Zählen und Atmen als Anker.

Streckt eine Hand mit gespreizten Fingern nach vorne. Die Handfläche zeigt zu euch.

Legt den Zeigefinger der anderen Hand auf den Daumenballen der ausgestreckten Hand.

Atmet langsam ein, lasst den Zeigefinger langsam an der einen Seite des Daumens hochwandern und sagt „eins". Wenn ihr an der Daumenspitze ankommt, solltet ihr mit dem Einatmen fertig sein.

Fangt an, auszuatmen, und sagt „zwei", während ihr den Zeigefinger an der anderen Seite des Daumens herunterwandern lässt.

Ist der Finger unten am Punkt zwischen ausgestrecktem Daumen und Zeigefinger angekommen, atmet wieder ein, wandert am ausgestreckten Zeigefinger hoch und sagt „drei". Atmet aus, wandert an der anderen Seite herunter und sagt „vier".

Atmet ein und aus und folgt jedem Finger der ausgestreckten Hand, bis ihr die Zahl zehn an der Außenseite des kleinen Fingers erreicht habt.

In Variationen setzt man eine Stoppuhr ein und zählt, wie oft oder wenig man in einer Minute ein- und ausatmen kann. Kinder können auch fürs Zählen die Hand wechseln und auf die Unterschiede zwischen beiden Händen achten.

DER VIER-QUADRAT-ATEM

Der Vier-Quadrat-Atem ist eine weitere Methode, den Atem zu regulieren oder zurückzusetzen, wenn dieser aus seinem natürlichen, leichten Rhythmus gekommen ist. Mehrmaliges Ein- und Ausatmen und bis vier zählen gleicht ihn wieder aus. Kinder können beim Zählen mit der Hand ein Quadrat nachzeichnen.

 Atmet ein und zählt bis vier.

Haltet die Luft an und zählt bis vier.

Atmet aus und zählt bis vier.

Haltet die Luft an und zählt bis vier.

Wiederholt die Übung dreimal und lasst den Atem dann zu seinem natürlichen Rhythmus zurückkehren.

Die Luft anzuhalten kann bei manchen Kindern Angst auslösen. Daher eignen sich der 7-11-Atem oder das Suppen-Atmen besser. Machen Sie mit den Kindern die Übung, die funktioniert und die ihnen gefällt.

METTA (LIEBENDE-GÜTE)-ATEM

Diese Übung ist weniger ideal in einem öffentlichen Rahmen, aber für kleinere Kinder in einer Gruppe oder alleine kann sie Spaß machen und sehr angenehm sein. Mein Freund Samu Sundqvist und ich haben uns diese Übung gemeinsam auf einem Workshop in Helsinki ausgedacht.

 Setzt euch hin oder steht mit den Armen an der Seite und atmet tief ein.

Breitet beim Ausatmen die Arme so weit wie möglich aus, so, als wolltet ihr die ganze Welt umarmen und auch wirklich niemanden vergessen.

Beim nächsten Einatmen umarmt euch selber. Die Arme reichen über euren Brustkorb, die Hände liegen auf der jeweils gegenüberliegenden Schulter.

> Beim nächsten Ausatmen öffnet die Arme wieder weit und umarmt und tröstet die ganze Welt.
>
> Atmet wieder ein und umarmt und tröstet euch selber.

Machen Sie den Metta-Atem am Anfang fünfmal hintereinander und nehmen Sie wahr, wie Sie sich hinterher fühlen. Beim nächsten Mal können Sie sie öfter oder weniger oft machen, je nach Ihren Bedürfnissen oder der zur Verfügung stehenden Zeit.

DER RAUM DAZWISCHEN

Manchmal ist allein das Konzentrieren auf den Atem schwierig oder erzeugt Angst. In diesem Fall hilft es oft sich bewusst zu werden, dass es einen Raum der Stille zwischen unseren Atemzügen gibt, „den stillen ruhigen Ort", wie meine Freundin Amy Saltzman ihn nennt. Versuchen Sie Ihren stillen Ort zwischen fünf Atemzügen zu finden.

> Erlaubt euch einfach nur zu atmen. Findet den Raum der Stille, jenen Punkt, an dem das Einatmen in das Ausatmen und das Ausatmen in das Einatmen übergeht. Richtet eure Aufmerksamkeit einige Atemzüge lang auf diesen Raum.

DIE SCHMETTERLINGSUMARMUNG

Diese beruhigende Übung zur Emotionsregulation wurde für Kinder entwickelt, die Naturkatastrophen überlebten, und imitiert das Flattern von Schmetterlingsflügeln.

> Nehmt eine bequeme Haltung ein, sitzt, steht oder liegt.
>
> Umarmt euch jetzt selber, die Arme reichen über den Brustkorb, die Hände liegen auf der jeweils gegenüberliegenden Schulter.
>
> Drückt oder klopft sanft im Wechsel auf die Schultern – links, rechts, links, rechts.

SENSORISCHER SCAN

Der schnellste und beste Weg zum gegenwärtigen Moment ist über unsere fünf Sinne.

 Beruhigt euren Körper, nehmt eine ruhige Haltung ein, schließt die Augen.

Nehmt zuerst körperliche Empfindungen wahr. Maulwürfe sind fast blind, aber sie haben einen hoch entwickelten Tastsinn und spüren die Vibrationen aus der Umgebung. Tastet die Konturen eures Körpers gedanklich ab. Bemerkt die Empfindungen auf der Haut, die zum Beispiel durch eure Kleidung oder die Luft hervorgerufen werden. Schaut jetzt tiefer nach innen, zu den Muskeln und Organen, und nehmt wahr, was ihr spürt.

Achtet jetzt auf Geräusche. Der Hörsinn von Rotwild zählt zu den besten unter den Tieren. Könnt ihr wie ein Reh lauschen? Könnt ihr jedes Geräusch in diesem Moment hören, ob nah oder fern?

Wendet euch nun eurem Geruchssinn zu. Hunde und Wölfe haben einen stark ausgeprägten Geruchssinn, der ihnen Informationen über die Welt vermittelt. Schnuppert wie ein Wolf. Atmet durch die Nase ein. Welche Gerüche nehmt ihr wahr? Vielleicht riecht ihr Essen, das in der Ferne zubereitet wird, die frische Luft oder das Parfüm einer Passantin?

Konzentriert euch auf euren Geschmackssinn. Welse sollen den besten Geschmackssinn unter den Tieren haben. Öffnet ein wenig den Mund. Könnt ihr alles in eurem Umfeld schmecken? Welcher Geschmack bleibt im Mund oder auf der Zunge zurück, wenn ihr den Mund jetzt wieder zumacht?

Öffnet nun die Augen. Was seht ihr? Adler haben sehr gute Augen, die selbst ein kleines Tier von hoch oben sehen. Und kleine Tiere nehmen ihre gesamte Umwelt wahr, um nach Feinden Ausschau zu halten. Könnt ihr alles um euch herum aufnehmen? Oder konzentriert euch nur auf etwas Schönes.

Willkommen im Hier und Jetzt.

In der östlichen Psychologie gibt es nicht fünf, sondern sechs Sinne. Sie können den sechsten Sinn, den Geist- oder Gedankensinn, gerne zur Übung hinzufügen.

In einer Variation, die ich von der Autorin Dawn Huebner gelernt habe, achtet man zuerst auf das Erste, was man mit jedem Sinn wahrnimmt, und danach auf andere Details im Hintergrund. Dadurch werden wir daran erinnert, wie viel im Grunde über das hinaus geschieht, was wir zuerst bemerken. Sie können auch die Supersinne von Superhelden, statt Tiersinne, benutzen.

3-2-1-KONTAKT

Diese Übung ist eine informelle Ergänzung zur Übung „Zur Ruhe kommen" in Kapitel 5.

> Nehmt drei Stellen wahr, an denen euer Körper mit der Welt Kontakt hat. Eure Füße, Beine und Arme sind offensichtliche Stellen. Achtet aber auch auf die Stelle, an der eure Haut mit der Luft Kontakt hat oder den Stoff eurer Kleidung berührt.

Jennifer Cohen Harper lehrt eine Adaptation, die sie Schreibtisch-Übung nennt. Sie nehmen die Füße auf dem Boden, die Beine auf dem Stuhl und die Arme auf dem Schreibtisch vor Ihnen wahr und drücken sanft gegen sie, um sich geerdeter zu fühlen.

ENTSCHLEUNIGEN

Mein Freund Mitch Abblett rät Körper und Geist zu entschleunigen. Er tut dies zwischen Familiensitzungen. Er erinnert sich so an diesen Prozess:

 Gesicht und Körper entspannen

Schultern senken

Brustkorb und Bauch beim Einatmen öffnen

Finger und Hände lockern.

Ich bin von der Idee der Achtsamkeit als Entschleunigen begeistert. Ein Bekannter wies mich kürzlich darauf hin, dass wir Kinder und einander dafür loben, wie schnell wir Dinge erledigen. Wann hat man Sie zum letzten Mal dafür gelobt, wie langsam Sie etwas gemacht haben?

INNEHALTEN UND DIE GRUNDBEDÜRFNISSE ÜBERPRÜFEN

Als ich als Sucht- und Drogenberater arbeitete, erinnerten meine Kollegen und ich unsere Patienten immer wieder daran, auf ihre Grundbedürfnisse zu achten, damit sie stark genug sein würden, um mit Auslösern und Verlangen dann umgehen zu können, wenn sie am verletzlichsten waren. Dieses schnelle Überprüfen unserer emotionalen und körperlichen Erfahrung kann wie folgt zusammengefasst werden.

 Haltet inne und schaut nach innen. Seid ihr:

* hungrig
* wütend (und/oder ängstlich)
* einsam
* müde?

Wenn ihr euch so fühlt, was könnt ihr tun, um euren eigenen Bedürfnissen nachzukommen und euch um euch selber zu kümmern?

Hunger, Wut, Angst, Einsamkeit und Müdigkeit gehören zu unseren grundsätzlichsten Erfahrungen. Neben einer nassen Windel sind sie wahrscheinlich der Grund dafür, warum ein Baby weint. Wir Erwachsene unterscheiden uns in unseren Grundbedürfnissen gar nicht so sehr von Babys.

NACHDENKEN, BEVOR MAN SPRICHT

Viele Kinder antworten, so wie wir Erwachsenen auch, zu impulsiv. Das trifft im digitalen Zeitalter auch auf unsere E-Mails, SMS und Chat-Nachrichten zu.

Bevor ihr etwas sagt, haltet inne und fragt euch erst:

- Ist das, was ihr sagen wollt, **wahr?**
- Wird es jemandem **nützen?**
- Muss **ich** es sagen? Ist es **inspirierend?**
- Ist **jetzt** der richtige Zeitpunkt, um es zu sagen? Und ist es wirklich **notwendig?**
- Ist das, was ich sagen will, **freundlich?**

STILLE SUCHEN

Wenn unsere innere Welt sich im Kreis dreht, kann es hilfreich sein, in der äußeren Welt nach Stille zu suchen.

Findet etwas Stille in der Welt um euch herum – vielleicht ein Gebäude, einen Findling, eine Statue, den Fuß eines Baums oder etwas anderes, das sich nicht bewegt. Lasst euer Gewahrsein dort ruhen und atmet einige Male ein und aus, bis ihr diese äußere Stille mit einer inneren Stille verbinden könnt.

GRÜNTÖNE

Vor einigen Jahren machte ich im Frühling eine Wanderung um einen See. Als ich zum grünen Wald auf der anderen Seeseite hinüberblickte, wurde mir klar, dass es unzählige Grünschattierungen geben musste. Ich begann sie zu zählen, aber es waren so viele, dass ich den Überblick verlor. Das Grün im Winter oder zu jeder anderen Zeit im Jahr zu sehen, wenn die Welt uns trostlos erscheint, ist eine schnelle Methode, um uns wieder Bodenhaftung zu geben und unsere Umgebung wahrzunehmen.

Ich schaue mir gerne Grüntöne an, denn für mich symbolisieren sie neues Leben, aber Sie können sich auch jede andere Farbe aussuchen. Seit ich diese Übung mit anderen geteilt habe, habe ich gelernt, dass das menschliche Auge mehr Grüntöne als jede andere Farbe unterscheiden kann. Ich habe diese Übung beim achtsamen Gehen auf einem Retreat im vergangenen Jahr gemacht, als auf einmal ein siebenblättriges Kleeblatt aus dem Grün heraus in mein Sichtfeld geriet. Man weiß nie, was man entdeckt, wenn man die Welt mit anderen Augen sieht.

In einer der Jataka-Geschichten über den Buddha wird er als Hirsch wiedergeboren, der mit seiner Herde von einem bösen König eingefangen wird. Als die anderen Herdentiere Angst hatten, erinnerte sie der Buddha-Hirsch daran, dass es keinen Grund zum Verzagen gab, solange der blaue Himmel über ihnen und das grüne Gras unter ihnen war, denn wo es Leben gab, gab es Hoffnung. Sich auf alles Lebendige um uns herum einzustimmen, besonders in der Dunkelheit des Winters, hilft uns, eine hoffnungsvolle Perspektive zu gewinnen.

DEN BLICK NACH INNEN AUF UNSERE ERFAHRUNG RICHTEN

Der Entwicklungspsychiater Daniel Siegel benutzt die folgende Vier-Schritt-Übung, um uns in unserer Erfahrung im gegenwärtigen Moment zu verankern.[1]

Atmet ein und richtet euer achtsames Bewusstsein auf eure Erfahrung im gegenwärtigen Moment. Achtet hierbei auf die:

- **Empfindungen** im Körper
- **Bilder** oder Filme im Geist
- **Gefühle** und Emotionen
- **Gedanken**, die im Geist entstehen.

Wenn wir mehrmals am Tag den Blick nach innen richten, entwickeln wir die Gewohnheit zu bemerken, wie unsere Erfahrung wirklich im gegenwärtigen Moment ist, wodurch die *Muskeln* des Gewahrseins gestärkt werden. Diese Übung eignet sich auch gut dazu, im Anschluss über sie nachzudenken. Sie können die Kinder fragen, was sie während der Übung in diesen vier Bereichen bemerkt haben.

MINI-BODY-SCAN

Bei diesem Mini-Body-Scan tasten Sie nur bestimmte Bereiche des Körpers innerlich ab, nämlich Magen, Brustkorb, Arme, Nacken und Schultern. Diese Bereiche liefern uns die meisten Informationen über unsere Emotionen. Kinder können zum Beispiel die Anfangsbuchstaben MBANS als Erinnerungshilfe auf eine Heftmappe, ihren Tagesplaner oder einen anderen Gegenstand, den sie häufig sehen, schreiben.

- Wie geht es eurem Magen? Ist er entspannt, nervös, zusammengezogen, aufgeregt? Ist euer Atem nah am Magen?

  Wie geht es eurem Brustkorb? Ist er angespannt oder entspannt? Wie sieht euer Herzschlag aus? Ist euer Atem im Brustkorb?

  Wie geht es euren Armen? Sind sie angespannt oder entspannt? Macht ihr Fäuste oder sind eure Handflächen offen?

  Wie geht es eurem Nacken? Ist er steif, tut er weh oder ist er entspannt?

  Und wie geht es euren Schultern? Sind sie entspannt oder zieht ihr sie hoch?

NÖRGELIGE GEFÜHLE

Diese Übung hilft bei der Verarbeitung unangenehmer Gefühle und soll die Kinder daran erinnern, dass diese nörgeligen Gefühle kommen, aber dann auch wieder gehen, dass kein Gefühl von Dauer ist. Sie umfasst drei Schritte:

- **Nehmt wahr**, welche Gefühle es gibt.

  Erlaubt ihnen, euch zu besuchen.

  Beobachtet dann, wie sie wieder **vergehen**.

Die Übung ähnelt einer Meditation von Michele McDonald, in der es um die vier folgenden Prinzipien geht: *erkennen, erlauben, überprüfen* und *nicht-identifizieren*.

EMPFINDUNGSCOUNTDOWN

Diese Übung dient dazu, unsere Aufmerksamkeit zu bündeln und unsere Gedanken zu beruhigen, bevor wir eine Aufgabe beginnen, die unsere ganze Aufmerksamkeit erfordert.

- Nehmt die Empfindung an den Grenzen eures Körpers wahr, dort, wo die Haut Kontakt zur Welt hat.

  Nehmt eine Empfindung irgendwo, direkt unter der Haut, im Körper wahr.

  Nehmt eine Empfindung tiefer im Inneren eures Körpers wahr.

GERÄUSCHCOUNTDOWN

Bei dieser Übung geht es auch um das achtsame Zuhören. Ich beschreibe weitere Zuhör- und Geräuschübungen in Kapitel 8. So wie beim Empfindungscountdown können wir uns mittels dieser Übung auf eine bevorstehende Aufgabe konzentrieren, ob in der Schule, bei den Hausaufgaben oder etwas anderem, für das wir unsere gesamte Aufmerksamkeit benötigen.

- Nehmt ein Geräusch außerhalb des Gebäudes wahr, in dem ihr euch befindet.

  Nehmt ein Geräusch innerhalb des Gebäudes wahr.

  Nehmt ein Geräusch im Zimmer wahr.

  Nehmt ein Geräusch wahr, das auf eurem Körper landet oder in eurem Körper vibriert.

  Nehmt ein Geräusch in eurem Körper wahr. Haltet euch die Ohren zu, wenn ihr möchtet. Vielleicht sind es eure Gedanken, die ihr hört.

ZOOMOBJEKTIV UND WEITWINKELOBJEKTIV

Diese Übung wird manchmal auch als Raubtier-Augen und Beute-Augen bezeichnet. Das hört sich ein wenig unheimlich an, aber vielleicht können Sie sie ja in Adler-Augen und Maus-Augen umbenennen oder eine andere Metapher benutzen. Sie entscheiden, was am besten für Ihre Kinder funktioniert.

❀ Atmet einige Male ein und aus und konzentriert euch nur auf ein Objekt in eurer Umgebung. Weitet dann euer Sichtfeld aus, um eure gesamte Umgebung zu sehen.

Wechselt alle paar Atemzüge zwischen beiden Sichtweisen hin und her.

Versucht dann, eure Gedanken oder Emotionen in Körper und Geist heranzuzoomen oder wegzuzoomen.

Sie können für diese Übung auch Geräusche benutzen und sich einige Atemzüge lang auf ein Geräusch konzentrieren und im Anschluss herauszoomen und die gesamte Klanglandschaft auf einmal hören.

DER FARBENDETEKTIV

Teddy, einer meiner Grundschulpatienten, hat sich diese Übung ausgedacht. Er liest den Kindern im Kindergarten vor und teilt jetzt auch seine Achtsamkeitsübungen mit ihnen.

❀ Seht euch im Zimmer um und findet jede Farbe des Regenbogens. Wenn ihr eine Farbe seht, atmet ein und findet die nächste Farbe.

MIT ANDEREN AUGEN SEHEN

Atem und Körper sind fantastische Abkürzungen zum gegenwärtigen Moment, aber wir können auch unsere Augen benutzen, um gegenwärtig zu werden und unser Gewahrsein und unsere Sichtweise zu erweitern. Diese drei kurzen visuellen Übungen eignen sich gut für Kinder aller Altersstufen.

Samurai-Augen: Seht euch im Zimmer um und versucht euch zu merken, wie alles aussieht. Schließt dann die Augen und versucht gedanklich zu rekonstruieren, was ihr gesehen habt. Macht dann die Augen wieder auf und schaut, wie genau ihr euch erinnert habt.

Kinderaugen: Seht euch im Zimmer mit einem frischen Blick und einem Anfängergeist um, auch wenn ihr eure Umgebung bereits gut kennt. Seht euch so lange um, bis ihr etwas entdeckt, das ihr noch nicht kennt.

Künstler-Augen: Seht euch im Zimmer um und nehmt die Gegenstände in ihm wahr. Hört dann auf euch auf die Gegenstände zu konzentrieren und achtet stattdessen auf den Raum um sie herum, den Künstler als negativen Raum bezeichnen.

EINFACH NUR SEIN × 3

Diese Übung ist eine Variation einer kürzeren Übung aus Elisha Goldsteins neuem Buch *Der Weg zurück ins Glück*.[2] In jedem Zeilenpaar werden wir dazu ermuntert, einfach nur zu sein.

Einatmen,
den Körper ausdehnen.
Einatmen,
den Geist ausdehnen.
Einatmen,
die Sicht ausdehnen.

LIEBENDE GÜTE VERSCHICKEN

In dieser einfachen Liebende-Güte-Übung schicken wir uns selber und den Menschen in unserer Welt liebende Güte. (Weitere Informationen zur liebenden Güte oder *metta* finden Sie in Kapitel 13.) Für manche Kinder ist es schwer jemandem liebende Güte zu schicken, den sie nicht mögen. Gute Wünsche an die ganze Welt zu schicken funktioniert in dem Fall besser.

 Schickt euch selber Freundlichkeit.

Schickt einem Freund oder einem Verwandten Freundlichkeit.

Schickt jemandem Freundlichkeit, den ihr nicht gut kennt.

Und wenn ihr nichts dagegen habt und euch mutig fühlt, schickt jemandem Freundlichkeit, den ihr nicht sehr mögt oder der euch auf die Nerven geht.

ACHTSAM LEBEN: DAS LEBEN SELBER ZUM ANKER DER MEDITATION MACHEN

Spirituelle Praxis besteht nicht nur aus Sitzen und Meditieren.
Praxis heißt sich umsehen, denken, berühren, trinken, essen und reden.
Jede Handlung, jeder Atemzug und jeder Schritt kann Praxis sein
und uns dabei helfen mehr wir selber zu werden.

THICH NHAT HANH – *Your True Home*

Die Aufgabe, Achtsamkeit in unser Leben zu integrieren, besteht aus zwei Teilen: Zum einen können wir Zeiten oder Signale während des Tages finden, die uns dazu auffordern kurze Übungen zu machen. Zum anderen können wir den Aktivitäten, die wir bereits tun, Achtsamkeit entgegenbringen, wie spielen, arbeiten, uns bewegen und mit anderen interagieren, indem wir kurze Übungen wie „Wie weiß ich es?" aus Kapitel 3 machen. Und wir können uns mit vier Worten daran erinnern, was wir gerade tun: Das Gewahrsein (den Geist) auf einem Anker *ruhen* lassen, *wahrnehmen*, wann und wohin der Geist wandert, dann den Geist sanft zum Anker *zurückführen* und *wiederholen*. Achtsamkeit in unser Leben einzubinden heißt das Leben selber zum Anker der Meditation machen.

Wie oft funktionieren unsere Kinder oder wir selber im Autopilot-Modus? Schalten wir Erwachsenen auf Autopilot oder sind wir uns unserer Interaktionen und Sprache bewusst? Können wir unseren Kindern beibringen, gegenwärtiger zu sein und Achtsamkeit nicht nur in die Therapie oder das Klassenzimmer integrieren, sondern auch in künstlerische Aktivitäten, ins Schreiben, in Bewegung, Sport und andere Bereiche des Alltags?

Wenn wir bei allem, was wir tun, ganz und gar gegenwärtig sind, sind wir glücklicher. Erinnern Sie sich noch an die Studie aus Kapitel 2? Sie hat herausgefunden, dass das, was wir tun, nur halb so wichtig für unser Glück ist wie die Tatsache, ob wir es mit unserer ganzen Konzentration tun. Wir können unsere Konzentration fördern, indem wir Achtsamkeit kultivieren, aber wir können auch Ablenkungen entfernen und nicht mehrere Dinge gleichzeitig tun.

Achtsamkeit in den Alltag einbinden mag etwas mehr Schweigen, etwas mehr Entschleunigen und mehr Eins-nach-dem-Anderen bedeuten. Sie können die Vorschläge in Teil 2 noch einmal durchsehen und zusätzlich mein Buch *Child's Mind* lesen.[3] In ihm stelle ich 100 Aktivitäten vor, die Kinder achtsam tun können. Oder noch besser: Erstellen Sie Ihre eigene Liste.

Eine der Freuden der Achtsamkeitsintegration und eines achtsameren Lebens ist, dass Kinder und Erwachsene gemeinsam anfangen über das gemeinsame Üben in die Achtsamkeit *hineinzuwachsen*. Wir können gemeinsame Erkenntnisse und gemeinsame Frustrationen, die aus der Praxis entstehen, miteinander teilen. Eine gemeinsame Erfahrung führt zu einer gemeinsamen Sprache, die wir benutzen können, wenn wir über Achtsamkeit sprechen: *„damit sitzen"; „ermöglichen, dass es kommt und wieder geht"*; und *„einchecken"* oder *„einen Anker werfen"*. Wir können beim anderen jeden Tag nachfragen: „Wie ist das Wetter heute Morgen in deinem Geist? Was sagt die Wettervorhersage?" oder die Metaphern und Sprache benutzen, die sich in unserer Familie und Gemeinschaft eingebürgert haben und jetzt lebendig sind. Diese gemeinsame Sprache verstärkt und inspiriert die Praxis jedes einzelnen.

Die Intention ist letztendlich, wirklich achtsam zu leben. Aber nicht viele – das heißt die wenigsten – Kinder werden diesen Punkt je erreichen, noch werden es Erwachsene. Früher, in jenen grandiosen Jahren, glaubte ich, dass jeder, mir dem ich arbeitete, lernen würde ein perfekt achtsames Leben zu führen. Ich hatte vergessen, dass ich dazu selber erst ein perfekt achtsames Leben führen musste. Seither habe ich meine Ziele revidiert und mein Ego aus dieser Gleichung herausgenommen. Ich habe das Ziel losgelassen, dies im Alltag zu erreichen, und dabei jedoch nie aufgehört, danach zu streben. Wir können immer danach streben anderen zu vermitteln eine ins Leben ganz und gar integrierte formelle und informelle Achtsamkeitspraxis zu haben, auch wenn wir – als Lehrer und Lehrerinnen – dieses Ziel selbst erst noch erreichen müssen. So wie die Erleuchtung oder Heiligsprechung in spirituellen Traditionen kann ein achtsames Leben unser Polarstern sein, nach dem wir uns ausrichten und auf den wir zusteuern, aber nicht unbedingt, um ihn zu erreichen.

Wenn wir unser Bestes geben, gelingt es uns und unseren Kindern manchmal so zu leben und Achtsamkeit zu benutzen, um eine Situation klarer zu sehen und sie besser handzuhaben. An manchen Tagen haben wir mehr Erfolg als an anderen. Selbstmitgefühl trägt uns durch alles. Im Idealfall benutzen Kinder Achtsamkeit nicht nur, um ihre Erfahrungen zu beobachten und sich für eine kluge Handlungsweise zu entscheiden, sondern sie können Achtsamkeit selber als kluge und erfahrene Handlung einsetzen. Und genau hier sehen wir Transformation. Sich ihres Kontextes bewusst und die aus dem Körper stammenden Emotionen fühlend, sehen sie, dass sie eine Wahl haben: *Trinke ich Alkohol oder sage ich Nein? Atme ich durch meine Angst hindurch und gehe ich auf die Bühne oder gebe ich auf? Handele ich positiv und benutze vielleicht Achtsamkeit oder treffe ich eine Entscheidung, die ich später bereuen werde?*

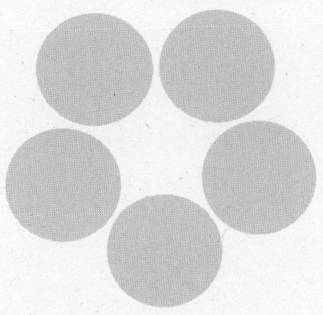

TEIL 3

Achtsamkeit in einem formellen Rahmen vermitteln

12

Tipps für die Vermittlung von Achtsamkeit

Dadurch, dass wir lehren, lehren wir uns selber, dadurch, dass wir erzählen, beobachten wir, dadurch, dass wir bestätigen, untersuchen wir, dadurch, dass wir zeigen, sehen wir, dadurch, dass wir schreiben, denken wir, dadurch, dass wir pumpen, befördern wir Wasser in den Brunnen.

HENRI-FRÉDÉRIC AMIEL – *Tag für Tag: Intime Aufzeichnungen*

Kindern Achtsamkeit und Mitgefühl zu vermitteln hat seine Herausforderungen und seine Belohnungen. Es gibt keine „Einheitsmethode". Dieses Kapitel befasst sich mit den Grundlagen, wie man Kindern am besten Achtsamkeit nahebringt. Sie stammen aus meiner eigenen Erfahrung und aus Gesprächen mit führenden Kollegen und Kolleginnen. Ich beschreibe nicht nur, wie man in Kindern Interesse weckt und ihre Zustimmung gewinnt, sondern auch, wie man Anschlussgespräche führen kann. Sie werden diese Informationen nützlich finden, ob Sie Ihrem eigenen Kind Achtsamkeit vermitteln oder beruflich mit Kindern arbeiten.

Wir spielen viele Rollen im Umgang mit den Kindern in unserem Leben: Wir sind Eltern, Lehrer, Therapeuten und Freunde. Bevor ich Psychologe wurde, arbeitete ich einige Jahre lang als Lehrer, und nun bin ich auch Vater. Jede Rolle hat beeinflusst, wie ich Achtsamkeit sehe und sie mit Kindern teile. Kinder verbringen vermutlich mehr Zeit in der Schule als irgendwo anders. Daher haben Pädagogen die einzigartige Gelegenheit, Kindern Achtsamkeit vorzustellen. Historisch waren Klöster sowohl im Osten wie im Westen die Zentren des Lernens. Durch Gebete und Meditationen lernten die Menschen sich effektiv zu konzentrieren, effizienter zu lernen und kreativer zu denken. Achtsamkeit wieder an die Orte des Lernens zurückzubringen ergibt einfach Sinn.

Wenn Sie als Therapeut oder Therapeutin arbeiten, haben Sie einzigartige Möglichkeiten, Achtsamkeit in Ihre Arbeit mit den Kindern zu integrieren. Achtsamkeit hat sich als wirksam bei psychischen Problemen und anderen Schwierigkeiten erwiesen. In der strukturierten Einzeltherapie haben Sie Zeit, Achtsamkeit zu vermitteln und zu üben. Wenn Sie als Krankenschwester oder Ärztin mit Kindern arbeiten, unterstützt Achtsamkeit Sie ebenfalls in Ihrer Arbeit. Achtsamkeit macht Sie konzentrierter, empathischer und effizienter, während Sie Ihre Patienten darin unterstützen, sich von Krankheiten und Verletzungen schneller und umfassender zu erholen.

Sind Sie Mutter oder Vater, stehen Ihnen auch viele Möglichkeiten zur Verfügung, allem im Umgang mit Ihren Kindern Achtsamkeit und Mitgefühl entgegenzubringen, und das ihr ganzes Leben lang. Kleinere Kinder sind meist offener als skeptische Teenager, die von Ihnen nichts über Achtsamkeit hören möchten. Glücklicherweise gibt es andere erwachsene Mentoren, die diese Aufgabe dann übernehmen könnten. Und wenn ihre eigene Praxis schließlich Fuß fasst, kann es durchaus vorkommen, dass Ihre erwachsenen Kinder Übungen mit Ihnen teilen, so wie ich es heute mit meinen Eltern mache.

Seine eigene Praxis aufrechtzuerhalten ist oft nicht einfach, besonders dann, wenn wir gleichzeitig versuchen sie mit anderen zu teilen. Traditionell erhält man seine eigene Praxis durch drei Elemente aufrecht: fundierte Lehre, innere Motivation und Unterstützung durch die Gemeinschaft. Im Buddhismus werden diese drei Elemente als die „drei

Juwelen" bezeichnet: der *Dharma*, der *Buddha* und der *Sangha*, welche das allmähliche Wachsen und Aufblühen einer Praxis möglich machen. Wenn wir Achtsamkeit mit Kindern teilen, müssen die solide Wissensvermittlung, eine solidarische Gemeinschaft und die richtige Technik auf die Lernbedürfnisse der Kinder abgestimmt sein und ihre angeborene Neugier und Motivation ansprechen. Diesen optimalen Punkt zu finden mag nach Alchemie klingen, aber die besten Lehrpraktiken, die ich in diesem Kapitel vorstelle, bringen Sie diesem Ziel näher.

WIE MAN DIE SICH ENTWICKELNDE PRAXIS DER KINDER FÖRDERT

Berücksichtigen Sie die folgenden Schritte und Prioritäten, um die Achtsamkeitspraxis Ihrer Kinder zu fördern:

1. Kultivieren Sie *Ihre eigene Praxis*.

2. Gründen Sie eine *Gemeinschaft* oder treten Sie einer Gemeinschaft bei.

3. Beginnen Sie die *formelle Lehre*, bringen Sie Kindern Übungen bei, leiten Sie sie in Übungen und üben Sie gemeinsam mit ihnen.

4. Teilen Sie *informelle Übungen*, um Achtsamkeit in den Alltag zu integrieren.

5. Binden Sie achtsames Gewahrsein in *regelmäßige Aktivitäten* ein.

Diese Schritte helfen uns auch, mit dem Widerstand unserer Kinder umzugehen. Bei jedem Schritt können wir, wenn wir auf Widerstand stoßen, zum vorangegangenen Schritt zurückkehren.

Die Praxis der Lehre

Viele von uns möchten Achtsamkeit mit jungen Menschen teilen, weil wir ihre Vorteile selber erlebt haben. Wir haben vermutlich auch die Schwierigkeiten erlebt, das Gelernte von unseren Meditationskissen in den Alltag zu übertragen. Noch schwieriger ist es wahrscheinlich, jene Weisheit in eine Lehre für Kinder zu übersetzen, damit diese von unserer und ihrer eigenen Praxis lernen und wachsen und die Weisheit auf den Spielplatz, in das Klassenzimmer, in die Familie und die Nachbarschaft mitnehmen können.

Für viele von uns ist der Übergang von einer eigenen Achtsamkeitspraxis zur Vermittlung von Achtsamkeit ein großer Schritt. Viele mutet es sonderbar an, nach Jahren einer sehr persönlichen Praxis diese nun mit anderen zu teilen. Gefühle der Unsicherheit und des Zweifels können entstehen: *Ich bin nicht gut genug. Für wen halte ich mich, jetzt Achtsamkeit zu unterrichten? Ich bin nicht Thich Nhat Hanh! Sie werden mich auslachen. Ich werd's vermasseln!* Das ist ganz besonders der Fall, wenn wir Teenagern Achtsamkeit beibringen, deren Selbstzweifel, Befangenheit, Kritik und Skepsis ansteckend (jedoch selten tödlich) sind. Wenn Sie solche Gefühle haben, sind Sie nicht allein. Zweifel sind am Anfang und selbst nach einer Weile normal. Wenn Sie Zweifel angesichts Ihrer Fähigkeit haben, Achtsamkeitsübungen zu leiten, wenden Sie sich an Ihren eigenen Meditationslehrer oder Mentor. Und wenn Sie *keine* Zweifel haben und sehr selbstbewusst sind, dann wenden Sie sich *auf jeden Fall* an jemanden. Um Rat zu fragen ist keine Schwäche. Wenn wir dann, wenn wir Hilfe benötigen, um Hilfe bitten, leben wir unseren Kinder Demut vor und zeigen gleichzeitig, dass wir alle aufeinander angewiesen sind.

Die Absicht dieses Buches ist es, die Samen der Achtsamkeit in Kindern zu pflanzen, was oft einfach nur bedeutet, Kindern die Erfahrung der grundlegenden Elemente der Achtsamkeit zu zeigen, nämlich Kontakt zum gegenwärtigen Moment, Gewahrsein und Konzentration sowie Akzeptanz und Nichtwerten, oder mit ihnen – so Susan Kaiser Greenland – Aufmerksamkeit, Ausgewogenheit und Mitgefühl zu teilen. Haben wir das getan, haben wir unsere Aufgabe gut gemacht und unsere Absichten erfüllt, gleich ob nun eine formelle Praxis im Leben der Kinder aufblüht oder nicht.

Mit einem Anfängergeist anfangen

Vermitteln Sie Achtsamkeit mit einem Anfängergeist bezüglich der eigenen Person, des Lernumfelds und der Kinder. Wenn Sie können, lassen Sie jegliche Vorurteile und Erwartungen los. Ob Sie eine Mutter oder ein Vater sind, die einen Streit erwarten (oder ein Augenrollen), ein Lehrer, dem man gerade etwas über die Kinder erzählt hat, oder eine Therapeutin, die vor der Sitzung mit einem Kind dessen 5 cm dicke Patientenakte gelesen hat, versuchen Sie den Kindern mit einem offenen Herzen und Geist zu begegnen. Tun Sie das, werden sich die Kinder sicher genug fühlen, Ihnen auf die gleiche Weise zu begegnen. Begegnen Sie Kindern mit einer vorgefassten Meinung darüber, wie sich die Dinge entwickeln werden, werden die Kinder das ebenfalls tun – mit einem verschlossenen Geist und Herzen. Und wenn Sie das Kind mit einem Anfängergeist sehen können, kann sich diese Sichtweise auf das Kind übertragen.

Ein Ritual oder eine Übung vorab wird Ihnen helfen Ihren Anfängergeist zu finden. Sagen Sie zum Beispiel einige gütige Sätze des Selbstmitgefühls, überlegen Sie sich, wie Sie Ihre innere Ruhe finden, oder bemühen Sie sich, geistig, körperlich und emotional Platz zu schaffen.

Vielleicht sind Sie Eltern oder Großeltern, vielleicht sind Sie Therapeutin oder Lehrerin, vielleicht spielen Sie eine ganz andere Rolle im Leben des Kindes, dem Sie Achtsamkeit ans Herz legen möchten. Wir Erwachsenen vergessen schnell, was es heißt ein Kind zu sein, auch wenn wir es alle einmal selber waren! Wenn Sie leicht eine Verbindung zu den positiven Aspekten Ihrer eigenen Kindheit herstellen können, werden Sie eher in der Lage sein, eine bessere und authentischere Verbindung zu den Kindern aufzubauen, die Sie erreichen möchten.

Übungen leiten

Ob Sie Übungen in Ihrem Wohnzimmer, Klassenzimmer oder Therapieraum leiten, ob Sie Atembewusstsein oder kreative Aktivitäten einsetzen, oder ob Sie fröhliche Kindergarten-Kinder oder jugendliche Straftäter unterrichten, die Absicht ist immer dieselbe: das Interesse der Kinder zu wecken und eine positive Achtsamkeitserfahrung anzubieten.

Wenn Sie mit Übungen anfangen, die bei Ihnen Anklang finden, erhöhen Sie die Chance, dass die Übungen bei den Kindern Anklang finden. Auf ein gemeinsames Ziel hinzuarbeiten, vielleicht zehn Atemzüge oder zehn Minuten zu üben, motiviert und inspiriert Ihre Kinder. Je klarer wir unsere Anleitungen formulieren, desto leichter können sie ihnen folgen und desto sicherer und wohler werden sich die Kinder fühlen.

Für manche Kinder ist das achtsame Entschleunigen eine Erleichterung, für andere mag es ungewohnt und unangenehm sein. Und bei wieder anderen kann es Unsicherheit auslösen. Zu sagen: „Wir werden still mit unseren Gedanken sitzen" kann sich, je nach Kind, langweilig anhören, unklar sein oder sogar Angst verursachen. Stille hat in verschiedenen Kontexten und Kulturen verschiedene Bedeutungen. In der Therapie ist Stille oft ein Raum des Heilens, aber in Schulen oder Familien kann sie Gefahr, Ärger oder Einsamkeit signalisieren. Andere Anleitungen wie „Wir werden eine Minute lang hier sitzen und nur auf alle Geräusche achten, die wir hören können. Anschließend werden wir über unsere Beobachtungen sprechen" sind dagegen klar und umfassend. Mit einer konkreten Übung wie dem Lauschen auf Geräusche anzufangen, statt mit einer abstrakten Übung wie dem Wahrnehmen von Gedanken, vermittelt den Kindern das Gefühl des Erfolgs und der Motivation. Definitionen von Achtsamkeit, von denen es zahlreiche für Kinder gibt, sollten kurz und präzise sein. Eine gute Faustregel lautet: Die Definition sollte einfach genug sein, dass ein Kind sie der Familie oder Freunden erklären kann.

Sie werden sich wahrscheinlich von Ihrer eigenen Vorstellung trennen müssen, was Meditation für Sie ist. Für Kinder mag Meditation nicht geschlossene Augen, gerader Rücken oder Füße auf dem Boden bedeuten. All das kann sich ungewohnt, unangenehm oder unsicher anfühlen oder eine andere Bedeutung in anderen Kulturen haben. Kinder zu bitten, den Blick zu senken oder die Augen zu schließen, kann Ablenkungen und Befangenheit reduzieren, aber nicht alle Kinder fühlen sich wohl dabei. Daher: Lernen Sie Ihre Kinder gut kennen.

Die Meditationsdauer wird auch unterschiedlich sein. Ihre Kinder bestimmen, welche Länge gut ist. Sobald sie anfangen unruhig zu werden, sollten sie noch ein klein wenig länger meditieren und dann aufhören. Längere Sitzmeditationen sind meist leichter, wenn wir sie in einer bestimmten Haltung durchführen. Statt die „richtige" oder „falsche" Art zu sitzen zu erklären, sage ich lieber: „Die beste Haltung ist die, die ihr eine Weile einnehmen könnt, ohne dass es euch unangenehm ist oder ihr müde werdet. Für mich ist das aufrechtes Sitzen." Die Haltung ist nicht mehr Anordnung, sondern wird zur Einladung, was sich grundsätzlich von der Situation der Kinder in der Schule und zuhause unterscheidet. Statt zu sagen: „Länger zu sitzen ist besser", lade ich sie ein länger zu sitzen, indem ich sage: „Länger oder öfter zu sitzen bedeutet mehr Gelegenheiten, eure Gedanken zu beobachten."

Ihre anpassungsfähige und unterstützende Einstellung hat nichts mit der vorhersehbaren Dichotomie von Richtig und Falsch gemein, die viele Kinder gewohnt sind. Es hilft sich einfach davon zu lösen, was Meditation sein *sollte*. Solche vorgefassten Meinungen stammen aus kulturellen Traditionen, die sich nicht mit den Traditionen der Kinder decken, mit denen Sie arbeiten. Anstatt mit einem unflexiblen Lehrplan zu erscheinen und von den Kindern zu erwarten sich anzupassen, ist es besser, wenn wir uns selber und unsere Übungen anpassen, um auf ihren Geist, ihren Körper und ihr Temperament einzugehen.

Üben Sie, wenn möglich, gemeinsam mit Ihren Kindern. Die Kinder machen die Übungen alleine oder sie machen sie nicht. Sie vermitteln ihnen in dem Moment trotzdem durch Ihre Präsenz in der gemeinsamen

Zeit ganz und gar gegenwärtig zu sein. Auch wenn ich nicht immer meine Augen während einer geführten Meditation schließe, finde ich es nützlich, eine achtsame Haltung einzunehmen. Ich folge einem Text und sehe, was sprachlich funktioniert. Zusammen zu üben zeigt, dass Sie die Kinder nicht bitten, etwas zu tun, was Sie selber nicht tun würden. Auch das unterscheidet sich von der Dynamik der Autoritätsfiguren, an die Kinder gewöhnt sind. Natürlich ist es schwierig, während einer Übung zum achtsamen Essen mit Schokolade im Mund zu sprechen, und bestimmte Bewegungen einer Bewegungsübung machen Sie vielleicht müde. Geben Sie in solchen Situationen einfach Ihr Bestes und führen Sie die Kinder durch die Übung.

Zur Erinnerung: Ihre Absicht ist am Anfang, Kinder mit achtsamem Gewahrsein vertraut und die Erfahrung positiv zu machen. Wenn Ihnen das bei einigen Kindern gelingt, war Ihre Arbeit erfolgreich. Ich setze mir die Intention, dass ein Kind Gewahrsein erleben und die Übung hilfreich finden wird. Dadurch erreiche ich gewöhnlich mehr als mein anfänglich gestecktes Ziel. Selbst in Kindern, die die Augen verdrehen, können Sie Samen pflanzen, die mit der Zeit aufgehen, wenn auch nicht in Ihrer Zeit oder in Ihrem Leben! Sich seines Egos bewusst zu sein ist sehr wichtig. Alles, was wir tun können, ist, die Bedingungen für Achtsamkeit zu schaffen. Wenn wir den „Erfolg" oder „Misserfolg" für die jungen, lernenden Menschen zu sehr als unseren eigenen verzeichnen, leben wir weder Selbstfürsorge noch die richtige Sichtweise der Situation vor.

TIPPS FÜR GEFÜHRTE ÜBUNGEN

Nachfolgend finden Sie eine Liste von Fehlern, die unerfahrene Moderatoren besonders bei geführten Meditationen machen und wie man sie vermeiden kann:

Tempo: Zu schnell zu sprechen ist ein typischer Fehler. Zu langsam zu sprechen macht die Übung langweilig. Finden Sie mit Hilfe des Atems das richtige Tempo.

Lautstärke: Sprechen Sie laut genug. Wenn Sie zu entspannt sind oder zu leise sprechen, hören die Teilnehmer Sie am anderen Ende des Zimmers nicht.

Stimmlage: Eine ruhige, selbstbewusste und positive Stimmlage ist ideal. Achten Sie darauf, weder hypnotisch noch feierlich zu klingen.

Worte: Wenn die Worte eines Übungstextes Sie nicht ansprechen, improvisieren Sie mit Worten, die sich für Sie und Ihre Kinder eignen.

Einen kontemplativen Raum schaffen

Vielleicht unterrichten Sie nicht an Ihrem eigenen Ort. Denken Sie dann daran, dass Sie Gast sind und respektvoll sein müssen. Bedanken Sie sich und fragen Sie immer vorher, ob Sie Möbelstücke umstellen dürfen. Wenn Sie den Raum nicht selber eingerichtet haben, benutzen Sie ihn so, wie er ist.

Wenn Sie in einer Schule arbeiten und die Schule gut kennen, können Sie eine Verbindung zwischen Achtsamkeit und den anderen Schulfächern herstellen. Fragen Sie vorher die Lehrer und Lehrerinnen der Kinder. Können Sie Metaphern von den Sternkarten an der Wand benutzen? Können Sie Informationen über Achtsamkeit und den Körper mit einem Anatomie-Modell im Bioraum in Verbindung bringen? Wenn Sie das Material Ihres Gastgebers benutzen, machen Sie sich damit bei ihm gleichzeitig beliebt. Ein leeres Zimmer kann sogar als eigene Metapher fungieren. Das Zimmer ist vielleicht leer, um der Zerstörung zu widerstehen. Wir leeren unseren Geist, um uns selber nicht mit zerstörerischen Gedanken zu schaden. Mit dem zur Verfügung Stehenden zu arbeiten fördert die wichtige Fähigkeit der kreativen Improvisation. Wir leben den Kindern damit auch vor, dass wir das, was hier ist, akzeptieren, und geben unserer Umgebung Sinn.

Wenn möglich, hängen Sie Erinnerungen in dem Zimmer auf, in dem sich Ihre Gruppe regelmäßig trifft, oder vielleicht auch im gesamten Gebäude. Stellen Sie sicher, dass Ihre Treffen immer im Schul-, Krankenhaus- oder Klinikkalender aufgeführt sind.

Ist die Person, von der Sie die Räumlichkeiten anmieten, zu Ihren Zeiten auch da, laden Sie sie ein, an Ihren Treffen teilzunehmen. Schließen Sie sich nicht nur mit den anderen Erwachsenen zusammen, sondern lassen Sie sie auch assistieren und die Kinder selber durch die Übung führen. Kommen Sie wieder und fragen Sie jedes Mal. Ihr Selbstbewusstsein und Ihre Beständigkeit schaffen ein Gefühl der Sicherheit sowohl für die Kinder als auch die Erwachsenen. Und wenn Ihre Einladung jedes Mal abgelehnt wird, dann fragen Sie weiter. Sie haben in Ihrer eigenen Praxis auch nicht beim ersten Mal aufgegeben, als Ihr Geist wanderte und Sie mit Ihren chaotischen Gedanken alleine ließ. Geben Sie deswegen bitte auch nicht beim ersten Mal auf, wenn ein Erwachsener abwandert und Sie mit seinem chaotischen Klassenzimmer alleine lässt.

Ihren Ort spirituell zu gestalten ist ein wichtiger, wenn auch schwieriger Teil des Arbeitens in Einrichtungen. Heute habe ich das große Glück, meinen eigenen Unterrichtsraum zu haben. Das war aber nicht immer so. Als ich an sozialen Brennpunkten in innerstädtischen Schulen arbeitete, führten meine Kollegen und ich unsere Therapiesitzungen fast überall durch: hinter der Aula, in einem Abstellraum, auf einem Treppenabsatz und, nein, das ist kein Witz, in einer Toilette, die zu einem Lagerraum umgebaut worden war. Lehrer, Hausmeister und andere Kinder unterbrachen regelmäßig unsere Sitzungen. Meine Kollegen ließen sich dadurch jedoch nicht entmutigen. Sie verliehen diesen öden Örtlichkeiten einen frischen Anstrich und dekorierten Sie so, dass sie für alle zu einem besonderen, spirituellen Ort wurden. Tun Sie mit dem Raum, der Ihnen zur Verfügung steht, das, was Sie können.

Wenn Sie ein eigenes Büro oder eine eigene Praxis haben, versuchen Sie, diesen Platz spirituell oder zumindest besonders zu gestalten. Mein Praxisraum ist voller Dinge, die wichtige Menschen und Ereignisse in meinem Leben symbolisieren. Ich bin von Andenken von meinen Lieblingsorten, Familienerbstücken und Büchern, die mir am Herzen liegen, umgeben. Auf dem Boden liegt der Teppich meiner Großeltern, an der Wand hinter dem Stuhl für meine Patienten hängen Fotos von meinen Reisen, und Bücher meiner Lieblingslehrer liegen neben Gegenständen, die mich an meine Mentoren erinnern. Sie können jeden Raum mit inspirierenden Zitaten oder Gedichten, die Sie oder andere mitgebracht haben, schöner gestalten. Bitten Sie Ihre Kinder, Gegenstände mitzubringen, die sie an Achtsamkeit erinnern, und finden Sie einen Platz dafür, so dass die Kinder diesen Ort auch als ihren eigenen empfinden.

Selbst wenn Sie Ihren eigenen Raum haben, kann es bestimmte Einschränkungen geben. Womöglich können Sie bestenfalls nur eine Achtsamkeitsecke schaffen. Haben Sie keinen Platz für eine solche Ecke, dann kann ein Foto, ein Poster, eine Glocke oder ein Farbtupfer Ihr Anker sein und Sie und jeden, der Ihren Ort betritt oder an ihm vorbeigeht, an Achtsamkeit erinnern und inspirieren.

Wenn Sie Gruppen unterrichten, dann sollten Sie sich vorher eine Sitzordnung überlegen. Die Meinungen gehen auseinander, ob Kinder im Kreis oder hintereinander in Reihen sitzen sollten. Für mich ist es eher eine Frage, wie gut Sie Ihre Kinder kennen. Wird Ihre Gruppe schnell albern und stachelt sich gegenseitig an? Oder können die Kinder einander ermutigen und miteinander diskutieren? Fühlen sich Ihre Kinder in einem Kreis eher befangen oder sicher, weil sie einander sehen können?

Wenn Sie in einer Schule oder in einer ähnlichen Einrichtung arbeiten, wie sieht deren Allgemeinkultur aus? Lernen Sie die anderen Erwachsenen kennen und finden Sie Verbündete und Kontaktpersonen. Es ist wichtig, dass Sie die Dynamik einer Gruppe kennen. Erkundigen Sie sich daher beim Personal nach deren emotionalem Puls oder bitten Sie jemanden teilzunehmen, der die Beziehungsdynamik gut kennt und Ihnen sagen kann, wer neben wem sitzen beziehungsweise nicht sitzen sollte, sei es, um sich gegenseitig zu helfen, sei es, weil es sicherer ist.

Überlegen Sie, ob es nicht vielleicht einen bestimmten Kontext oder eine bestimmte Tageszeit gibt, an der die Kinder offener gegenüber neuen Ideen sind und über eine gesunde Aufmerksamkeitsspanne verfügen. Regelmäßige Treffen, an einem bestimmten Tag oder zu einer bestimmten Zeit und vorzugsweise dann, wenn Herz und Geist eher offen sind, werden die Erfahrung für die Kinder vorhersehbar und sicher machen.

Wenn Sie auf Widerstand stoßen

Auf aktiven oder passiven Widerstand zu stoßen ist nicht einfach. Nehmen Sie Widerstand nicht persönlich. Den besten Lehrern auf der Welt gelingt es nicht immer, jeden Schüler und jede Schülerin zu erreichen. Seien Sie daher freundlich zu sich selber – und den Kindern.

Bestimmte Formen des Widerstands sind sehr aufschlussreich. Einschlafen kommt häufig unter Anfängern vor. Ich sage dann oft zum Spaß: „Wir üben gerade mal fünf Minuten und ihr habt schon etwas gelernt – ihr braucht mehr Schlaf! Wie könnt ihr die Ruhe bekommen, die ihr benötigt?" Kichern ist auch üblich. Setzen Sie sie als Geräusche ein, auf die die Kinder ihre Aufmerksamkeit richten können, oder als Reaktionen auf neue Erfahrungen. Ich lächele dann zur Bestätigung, zeige aber auch Ernsthaftigkeit in meinem Gesicht – viele Eltern und Lehrerinnen beherrschen diesen Gesichtsausdruck. Kinder übertreiben es vielleicht auch ein wenig mit dem Atem oder einer bestimmten Bewegung. Sie sind einfach nur albern oder aber die Übertreibung macht es für sie leichter, sich auf den ausgewählten Anker zu konzentrieren. Überlegen Sie sich deshalb, wie Sie auf ein derartiges Verhalten eingehen.

Zeigen Kinder großen Widerstand, dann haben sie vermutlich gute Gründe und eine andere Übung würde sich besser eignen. Manche Kinder haben Schwierigkeiten damit, ruhig sitzen zu bleiben. Bitten Sie sie vielleicht eine andere Rolle während der Übung zu übernehmen. Es mag vielleicht kontra-intuitiv erscheinen, dem zappeligen Kind zu erlauben die Glocke zu läuten oder der Zeitnehmer zu sein, aber sie können sich durchaus der Situation gewachsen zeigen und stören als Folge die Gruppe nicht mehr.

Zur Erinnerung: Widerstand kann frustrierend sein, aber nur durch Widerstand wachsen wir. Ein Kollege sagt, dass Babys laufen lernen, indem sie sich der Schwerkraft widersetzen und lernen, das Gleichgewicht zu halten. Widerstand ist eine Gelegenheit, zu lernen und es beim nächsten Mal anders zu machen. Je mehr Sie klares Denken in Ihrer eigenen Praxis kultivieren, desto eher werden Sie in der Lage sein, gekonnt auf ein sich widersetzendes Kind einzugehen, statt sich überwältigt zu fühlen.

Wenn Sie eine längere Übung beenden, überprüfen Sie, ob jemand abgelenkt ist und eine kleine Erinnerung benötigt, um ins Hier zurückzukehren. Wenn Sie zum Beispiel die Kinder gebeten haben sich auf einen inneren Anker wie den Atem zu konzentrieren, müssen Sie sie vielleicht dazu ermuntern, ihr Bewusstsein auf einen äußeren Anker wie den Körper als Ganzes oder das Zimmer zu richten. Wenn sich die Kinder auf einen Sinn konzentriert haben, bitten Sie sie dann, sich nacheinander auf alle Sinne zu konzentrieren, ihre Zehen zu bewegen oder dem Klang einer Glocke zuzuhören, bis er schwächer wird und dann ganz verschwindet, und erst danach die Augen zu öffnen. Ich erinnere die Kinder auch gerne daran, dass sie sich während der Übung einen Weg zu ihren Gefühlen zurück bahnen und dass sie über den Atem, Geräusche, den Körper oder welchen Anker auch immer wir benutzt haben jederzeit zu ihrer Achtsamkeit zurückkehren können.

Scheint der Widerstand zu unüberwindbar oder steuern Sie auf Burnout zu, dann treten Sie ein oder zwei Schritte zurück, bitten Sie Ihre Gemeinschaft um Hilfe oder wenden Sie sich an Ihre eigene Lehrerin / Ihren eigenen Lehrer und vertiefen Sie Ihre eigene Praxis.

Nach der Übung: durch die Diskussion führen

Durch erfahrenes Nachfragen und Nachdenken nach der Übung entdecken Kinder, wie Achtsamkeit ihrem Leben nützt. Wenn Kinder die Vorteile der Achtsamkeit für sich selber entdecken, lernen sie durch Anschauung, statt durch Vorsagen. Das ermöglicht es ihnen, Achtsamkeit ihre eigene Prägung zu geben.

Wir können Kinder dazu ermutigen, uns von ihren Übungen zu erzählen und ihre Erfahrungen mit Erwachsenen und Gleichaltrigen zu teilen, damit sie so neue Erkenntnisse gewinnen. Helfen Sie Kindern ihre Erkenntnisse im täglichen Leben anzuwenden, indem Sie ihnen an konkreten Beispielen zeigen, wann und auf welche Weise sie achtsam waren.

Die Art der Fragen, die wir stellen, und die Richtung, in die wir die Diskussion lenken, hängen von unserer Rolle als Therapeut, Eltern oder Lehrer ab. Jede Erfahrung ist zulässig und wir können die Erfahrung des Kindes, ob positiv, negativ oder neutral, validieren, ungeachtet dessen, ob wir glauben, eine Übung habe „funktioniert" oder nicht. Je mehr wir die Kinder und ihre Erfahrung akzeptieren, desto offener werden sie uns und einander gegenüber sein. Eine offene, verbundene, mitfühlende Neugier ist die beste Haltung, die Sie einnehmen können, damit Kinder sich gehört und gesehen fühlen.

Das Erlebte zu verarbeiten, sei es durch bestimmte Fragen, offene Diskussionen oder einen Moment des stillen Schreibens oder Malens, unterstützt die Kinder darin, die Erfahrung zusammenzufassen und die aus der Übung gewonnenen Erkenntnisse zu verinnerlichen. Sie erhalten dadurch ebenfalls eine Stimme. Können sie sich nicht laut ausdrücken, ermutigen Sie die Kinder es leise zu tun – zu denken, zu zeichnen, sich zu bewegen, zu schreiben. Meine Kollegin Joan Klagsbrun sagt: „Ich würde gerne von euch hören, wie die Erfahrung für euch war – in einem Geräusch, in Worten, Bildern, in einer Bewegung, Empfindung, wie auch immer ihr sie ausdrücken wollt." In der Gruppe können wir die Kinder bitten einander zuzuhören und dann das Gehörte wiederzugeben, damit jeder die Gelegenheit hat, sich über das Erlebte auszutauschen.

Eine Diskussion in der Gruppe ist nicht immer für alle Kinder ideal. Teilen Sie in dem Fall die Gruppe in kleinere Gruppen oder Paare auf. Überlegen Sie sich, wie Sie die Erfahrung miteinander teilen und diskutieren möchten, zum Beispiel in einer offenen Diskussion, einer geleiteten Diskussion oder mit einem Redestab oder Redestein.

Vermeiden Sie suggestive Fragen, aber animieren Sie zur Diskussion. Manche Kinder mögen eine vorgegebene Übung, andere nicht, aber sie werden alle am Anfang sehr wahrscheinlich ruhig sein. Anfänger neigen zur Unsicherheit und fragen oft: „Habe ich es richtig gemacht?" Erinnern Sie die Kinder daran, dass es kein Richtig und kein Falsch gibt, bestätigen Sie ihnen, dass jede Erfahrung normal ist. Regulierende Fragen wie „Bei wem ist der Geist auch gewandert?" oder „Hat sich noch jemand gefragt, ob er es auch richtig macht? Das ist völlig normal" sind nützlich. Sie geben den Ton vor, indem sie übliche Erfahrungen von Anfängern mit den Kindern teilen. Vielleicht erzählen Sie ihnen von Ihren eigenen Erlebnissen, als Sie mit Achtsamkeit anfingen.

Kleinere Kinder nach ihren Erfahrungen zu fragen ist nicht einfach, weil sie sich in dem Alter generell mit offenen Fragen schwertun. Trotzdem können wir sie auf offene Art nach Einzelheiten fragen. Anstelle des

Therapeutenklassikers „Wie habt ihr euch gefühlt?" könnten wir fragen „Wie habt ihr euch im Körper und im Geist gefühlt?" oder „Was habt ihr bemerkt? Ist euch aufgefallen, dass ihr anders als sonst gegangen seid (oder geatmet oder gegessen habt)? Was fandet ihr überraschend? Habt ihr euch schon einmal so gefühlt? Wie hat es eure Erfahrung beeinflusst sich auf eine bestimmte Sache oder auf eine bestimmte Weise zu konzentrieren? Was hat euch gefallen?" Fragen Sie auch „Was hat euch nicht gefallen?" oder „Gibt's heute irgendwelche Hasser in der Gruppe?" Wenn Kinder sagen, ihnen sei langweilig gewesen oder sie haben die Übung schrecklich gefunden, bitten Sie sie, dieses Gefühl genauer zu beschreiben durch Fragen wie „Woher wusstet ihr, dass euch langweilig war? Wie sah Langeweile aus – war sie eine Empfindung im Körper oder Gedanken im Geist? Was wolltet ihr stattdessen lieber tun?" Die Antworten der Kinder enthalten viele Informationen. Therapeuten sagen halb im Ernst, halb im Scherz, dass alles Diagnose ist. Stimmt und stimmt nicht, aber alles ist sicherlich nützlich. Wenn Kinder sagen, sie haben das Gefühl, die Übung falsch zu machen, öffnet das den Dialog darüber, wie wir uns selber bewerten und woher dieser Druck und diese Stimmen stammen. Wenn sie erwähnen, dass sie etwas mögen oder nicht mögen, erfahren wir, wie sie mit Unangenehmem und Angenehmem in dem jeweiligen Moment umgehen. In der Anschlussdiskussion können wir den Mikrokosmos der Übung mit den Makrosituationen in ihrem Leben verbinden.

Unsere Aufgabe besteht auch darin, ihnen positive Rückmeldungen zu geben und sie zu ermutigen. Beides ist am wirkungsvollsten, wenn es direkt nach einer Übung stattfindet und möglichst spezifisch ist. Wir können den Kindern dafür danken, dass sie offen waren und einen Ort der Stille geschaffen und mit uns geteilt haben. Und wenn Sie Kinder im Alltag dabei ertappen, achtsam und mitfühlend zu sein, sagen Sie es ihnen und anderen, machen Sie sie darauf aufmerksam und verstärken sie es.

Sie können Kinder auch fragen, wann sie in der letzten Woche oder in den letzten Tagen Achtsamkeit eingesetzt haben. Eine solche positive

Verhaltensunterstützung und -verstärkung ist weitaus wirksamer als Kritik oder Schuldgefühle, wenn es darum geht, Verhalten zu verändern und zu festigen. Den meisten von uns fällt es schwer, das Verhältnis Ermutigung/Kritik zu verschieben und je gestresster wir selber sind, desto eher werden wir das Negative kritisieren, statt das Positive wertzuschätzen. Ein Grund mehr, Ihre eigene Praxis wiederzubeleben, denn nur so werden Sie achtsam genug sein, auch das zu erkennen, was gut funktioniert. Sie können die Kinder ebenso dazu ermuntern, ihren Freunden und Verwandten Achtsamkeit beizubringen. Am Ende einer Therapiesitzung hole ich gewöhnlich die Mutter oder den Vater ins Zimmer und bitte das Kind, seinen Eltern das beizubringen, was wir an dem Tag gelernt haben.

Ihre eigenen Erfahrungen teilen

Wenn wir möchten, dass sich Kinder uns gegenüber in den Übungen öffnen, müssen wir darüber nachdenken, wie sehr wir uns selber öffnen wollen. Sam Himelstein spricht oft von der gekonnten Selbstoffenbarung des Achtsamkeitslehrers. Wir wollen die natürliche Neugier der Kinder fördern, aber sie könnten persönliche Fragen stellen, die wir nicht so recht beantworten können. Unser persönliches Wohlbefinden und unsere Rolle bezüglich der Kinder bestimmen, was wir mit ihnen teilen können und was nicht. Als Mutter oder Vater werden Sie vermutlich viel mit Ihren Kindern teilen. Lehrer und Lehrerinnen weniger. Und viele Therapeuten sind so ausgebildet, dass sie nichts über sich selber preisgeben dürfen. Wie sieht das Gleichgewicht zwischen Ihrer Rolle im Leben des Kindes, Ihrem persönlichem Wohlbefinden und der Sicherheit und dem Wohlbefinden des Kindes aus? Das müssen Sie vorab wissen oder Sie werden überrascht sein, wie schnell die Kinder Ihre Knöpfe drücken und Sie ihnen Persönliches über sich erzählen, ohne sich dessen bewusst zu sein.

Fragen, die wir uns stellen sollten, wenn wir Persönliches über uns selber mitteilen, sind: Welche Absicht habe ich? Ist das, was ich sagen will, im Interesse der Kinder? Ist das, was ich mit ihnen teilen will, mehr über *mich* als über *sie*? Projiziere ich etwas auf die Kinder? Welche langfristigen und kurzfristigen Konsequenzen sind möglicherweise zu erwarten?

Ich habe festgestellt, dass ich mehr in einer Gruppe oder Schule von mir erzähle als in der Einzeltherapie. Aber ich bin Therapeut und teile daher auch genug in der Einzeltherapie, damit die Kinder wissen, ich bin auch ein Mensch, der mit diesen Übungen Schwierigkeiten hat und ihre Vorteile genießt. Wenn wir Kindern vorleben, dass wir uns mit unseren eigenen Unvollkommenheiten wohl fühlen, ohne dabei selbstironisch zu sein, lernen sie eine wichtige Lektion. Kinder lernen aus unserem Verhalten und aus unserer Sprache. Wir wollen ihnen daher nicht vorleben, dass wir uns selber schlechtmachen.

Am Ende geht es nicht um Sie und Ihre Erfahrung, sondern um die Erfahrung der Kinder. Das Wichtigste ist, dass Sie eine Vorstellung davon haben, welche persönlichen Grenzen für Sie akzeptabel sind.

Ein Hinweis zu Traumata und gefährdeten Kindern

Die Achtsamkeitspraxis kann in manchen Kindern sehr viel an die Oberfläche bringen – Gutes und Nicht-so-Gutes. Das geschieht auch, wenn die Beziehung zwischen Lehrer und Schüler sehr eng ist.

Die gute Nachricht ist, dass Sie etwas richtig machen, wenn Unverarbeitetes an die Oberfläche kommt. Trotzdem kann es überwältigend sein, besonders dann, wenn Sie nicht mit Ihren eigenen Kindern arbeiten oder keine Erfahrung im Bereich psychische Gesundheit oder Trauma haben. Kennen und erkennen Sie Ihre eigenen Grenzen und die Grenzen Ihrer Ausbildung. Sind Sie Lehrer oder Lehrerin, dann versuchen Sie nicht, Therapeut oder Therapeutin zu sein, und umgekehrt. Sind Sie Therapeut oder Therapeutin, dann arbeiten Sie nicht außerhalb Ihres

Ausbildungsbereichs oder Ihrer Komfortzone. Bitten Sie in schwierigen Situationen um Hilfe, Unterstützung und Betreuung. Kennen Sie zu jeder Zeit Ihre persönlichen und beruflichen Grenzen und kennen Sie ebenfalls Ihre ethischen und rechtlichen Verpflichtungen hinsichtlich Ihrer Berichtspflicht, wenn ein Kind über Missbrauch oder Vernachlässigung spricht. Versuchen Sie nicht selber mit solchen problematischen Situationen umzugehen, und versprechen Sie nie, ein Geheimnis zu bewahren, wenn Sie es nicht können.

Wenn Sie fremde Kinder unterrichten, insbesondere gefährdete Kinder, sind die Unterstützung durch die Gemeinschaft und eine enge Zusammenarbeit mit anderen Berufsgruppen unerlässlich. Informieren Sie sich über sämtliche Auslöser, die für das Kind eine Rolle spielen, und darüber, wen Sie oder das Kind konsultieren können, wenn die Probleme über Ihren Handlungsspielraum hinausgehen. Achtsamkeit kann starke Reaktionen auslösen: Darum funktioniert sie und darum kann sie gefährlich sein. Die richtige Dosis ist, so wie in der Medizin auch, hoch wirksam, aber zu viel zu schnell kann zu schwer für gefährdete Kinder sein. Wissen Sie genau, was Sie tun, kennen Sie Ihre Kinder und wissen Sie, auf welche professionelle Unterstützung Sie zurückgreifen können.

Man sagt, Wachstum finde nur außerhalb unserer Komfortzone statt. Für mich ist es treffender, dass Wachstum im Bereich zwischen unserer Komfortzone und unserer Sicherheitszone stattfindet. Wir müssen daher beide Zonen für uns selber und unsere Kinder identifizieren.

Letztendlich liefert kein Buch, kein Workshop und kein Ausbildungsprogramm perfekte Ratschläge für jeden Krisenmoment in Ihrem Leben und im Leben der Kinder, mit denen Sie arbeiten. Weder Lehrplan noch Methoden werden Ihnen helfen. Vinny Ferraro vom Programm Achtsame Schulen (engl. „Mindful Schools") sagt: „Der Lehrplan steht ziemlich weit unten auf der Liste deines Angebots." Die beste Option in schwierigen Situationen sind Sie, sind Ihre Weisheit und Ihr Mitgefühl, auf die Sie zurückgreifen können, wenn Sie selber Achtsamkeit praktizieren.

13

Erleuchtete Gemeinschaft
Eine Kultur der Achtsamkeit schaffen

Das ist das wahre Geheimnis des Lebens – ganz und gar
vertieft sein in das, was man im Hier und Jetzt tut.
Und statt es Arbeit zu nennen, erkennen, dass es Spielen ist.

ALAN WATTS – *Die Essenz von Alan Watts*

Sie möchten vielleicht, wie viele Menschen, eine umfassendere Kultur der Achtsamkeit an Ihrer Arbeitsstelle, in der Familie oder in der größeren Gemeinschaft aufbauen.

Sie erinnern sich – Thich Nhat Hanh sagt, Kindern Achtsamkeit beizubringen, sei wie das Pflanzen von Samen. Wenn wir diese Metapher weiterführen, können wir uns Familien als Boden vorstellen, Schulen als Sonnenlicht und andere Einrichtungen und Erwachsene in der Gemeinschaft als Regen und Dünger, die die Bedingungen schaffen, unter denen Achtsamkeit am besten wachsen und gedeihen wird. Selbst wenn alle Bedingungen gegeben sind, können wir nicht sicher sein, dass eine Achtsamkeitspraxis auch aufblühen wird, aber wir wissen, dass sie ohne sie verkümmern würde.

Eine größere Gruppe, die eine Kultur der Achtsamkeit kultiviert, wird im Buddhismus *Sangha* genannt. Eine Gemeinschaft unterstützt Kinder, unterstützt Erwachsene, unterstützt Sie. Eine starke Gemeinschaft schafft eine dauerhafte, sich gegenseitig fördernde, kontemplative Kultur, die die Praxis eines jeden aufblühen lässt. Eine solche Gemeinschaft kann vieles sein, besonders in unserer mehr und mehr säkularen Gesellschaft, in der spirituelle Einrichtungen weniger und weniger die Mitte der Gemeinschaft sind. An ihre Stelle treten Familien, Klassenzimmer, Gemeinden, Yoga-Studios, Gemeindezentren oder größere Einrichtungen. Die Gruppe ist das Behältnis, das die Achtsamkeitspraxis umfasst und ihr ermöglicht, in den Kindern aufzublühen und sie durch schwierige Zeiten zu tragen, so wie ein Ökosystem ein einzelnes Leben nährt.

Wenn wir für Änderungen in den Schulen oder anderen Einrichtungen unserer Kinder eintreten, haben wir einzigartige Gelegenheiten, treffen aber auch auf einzigartige Formen des Widerstands. Es gibt nicht den einen besonderen Ansatz, der wie durch Zauberhand eine achtsame und mitfühlende Gemeinschaft entstehen lässt, genauso wie es nicht die eine besondere Praxis gibt, die für jedes Kind funktionieren wird.

Die Intention in diesem Kapitel ist es, Ihnen einige der besten Übungen vorzustellen, mit denen Sie Achtsamkeit in Ihre Gemeinschaft bringen können. Sie basieren auf den Erfahrungen von Eltern und Fachkräften, die seit Jahren achtsame und mitfühlende Ökosysteme schaffen.

Überlegungen

Bei jeder Aufgabe, die wir achtsam beginnen, sollten wir zuerst über unsere Intentionen nachdenken. Sind sie realistisch und trotzdem schwierig? Andere Fragen helfen uns, darüber nachzudenken und dann eine kluge Vorgehensweise zu erkennen.

Denken Sie über die Rolle in der Einrichtung nach, für die beziehungsweise in der Sie arbeiten möchten. Sind Sie ein externer Berater (so wie ich häufig) oder der Direktor, die Direktorin oder ein Angestellter oder eine Angestellte der Schule? Sind Sie Eltern in einer kleinen Familie oder eine Angestellte eines großen Krankenhauses oder Schulbezirks?

Welche Beziehung haben Sie zu den Kindern? Sind Sie Eltern, Kliniker, Pädagoge oder haben Sie eine andere Rolle?

Erwägen Sie einen von oben greifenden Ansatz, in dem ein Achtsamkeitsprogramm mit einem Mandat von der Schul- oder Institutionsleitung kommt, oder einen von unten greifenden Ansatz wie zum Beispiel die Gründung einer kleinen Achtsamkeitsgruppe von gleichgesinnten Kollegen und den weiteren Ausbau von dieser Basis aus? Benutzen Sie einen Lehrplan oder improvisieren Sie? Möchten Sie es alleine tun oder mit Hilfe von Kollegen oder externen Fachkräften? Wer sind Ihre möglichen Verbündeten, wie sieht ihr Wissensstand, ihre Sachkompetenz bezüglich Achtsamkeit aus, welches Interesse haben sie an Achtsamkeit und welche Skepsis bringen sie ihr entgegen?

Wann und wie werden die Übungen vermittelt: jeden Morgen vor dem Frühstück? Eine einmalige Einführung für die gesamte Schule? Über eine Therapiegruppe? Werden die Übungen in jede Klasse eingebunden oder nur in den Gesundheitsunterricht oder in ein außerschulisches Programm integriert? In einer Schule mit Abschlussprüfungen bietet es sich an, Achtsamkeit in eine Prüfungsvorbereitung zu integrieren. Einige achtsame Momente vor einer Prüfung könnten die Noten wesentlich verbessern.

Einen Fuß in die Tür bekommen und Achtsamkeit an den Mann und die Frau bringen

Sich an eine Einrichtung mit dem Angebot zu wenden, Achtsamkeit zu unterrichten, ist normalerweise mühsam. Öffentliche Einrichtungen sind voller Bürokratie und externen Fachkräften gegenüber meist skeptisch eingestellt. Jede Organisation, die mit Kindern arbeitet, hat aus gutem Grund Maßnahmen zum Schutz der Kinder. Bezüglich Schulen ist es vermutlich besser, von diesen eingeladen zu werden, als Ihre Dienste anzubieten, es sei denn, Ihr Kind besucht diese Schule oder Sie sind eine erfahrene Pädagogin. Einrichtungen wie Büchereien, Jugendstrafanstalten, Gemeindezentren, Nachmittagsprogramme oder örtliche spirituelle Gemeinschaften interessieren sich dagegen oft für kostenlose Programme für Kinder und Jugendliche. Meine Freunde bei *Wellness Works*, einer Achtsamkeitsorganisation in Pennsylvania, haben Kindern mit großen Schwierigkeiten (oder Behinderungen) ihr Programm mit Erfolg angeboten. Eine andere Freundin arbeitete ehrenamtlich an der Schule ihrer Kinder. Dann wechselte sie über zur örtlichen Bücherei und von dort nahmen die Dinge im Schneeballeffekt ihren Lauf. Sieht die Gemeinschaft Ergebnisse, wird man Sie auch weiterhin einladen.

Es ist meist schwieriger, die erwachsenen Türhüter für Achtsamkeit zu interessieren. Experten auf dem Gebiet der Überzeugung wissen, dass es zwei Wege gibt: der eine führt durch den Kopf, der andere durch das Herz. Sie müssen sowohl ein intellektuelles als auch ein emotionales Argument zugunsten von Achtsamkeit vortragen sowie ein empirisches Argument. Sie wissen wahrscheinlich bereits instinktiv, warum Achtsamkeit wichtig ist, aber die Forschungsergebnisse und Theorie am Anfang des Buches dienen Ihnen dazu, andere Erwachsene von Achtsamkeit zu überzeugen. Ihr Wissen kann Mythen zerstreuen und die Macht dieser Übungen übermitteln, um so Geist, Herz und Türen zu öffnen.

Das Wort *Achtsamkeit* liegt im Moment im Trend. Wir wissen, dass Achtsamkeit unter jeder Bezeichnung funktioniert, und wir wissen auch, dass sich alles ändert und Modeerscheinungen kommen und gehen. Wenn wir diesen Übungen den Namen Achtsamkeit geben, verschaffen wir ihnen möglicherweise ein kürzeres Verfallsdatum als gewollt. Benutzen Sie Bezeichnungen daher mit Vorsicht. Begriffe wie *Aufmerksamkeit* oder *Bewusstseinstraining, Resilienz, Konzentration, Höchstleistung, Steigerung* oder *Optimierung* sind eventuell vorzuziehen.

Die effektivsten Initiativen fangen mit einem Workshop an, damit Eltern, Pädagogen, Personal und andere Interessenvertreter einen Einblick gewinnen, bevor Sie anfangen mit den Kindern zu arbeiten. Erwachsene brauchen mehr als Statistiken, Hirnbilder und Details über Achtsamkeitsprogramme für Jugendliche, auch wenn derartige Informationen sicher nützlich sind. Je spezifischer Sie sind, was die Kapitalrendite anbelangt in puncto körperliche und geistige Gesundheit, beide mit hohen Kosten verbunden, sowie Noten, Verhalten, Burnout (für Personal und Kinder), Personalfluktuation oder andere für die Organisation wichtige Faktoren, desto besser. Eine kürzlich durchgeführte Studie hat festgestellt, dass freiheitseinschränkende Maßnahmen in Wohnheimen am wirksamsten dadurch reduziert wurden, dass das Personal Maßnahmen zum achtsamen Stressabbau lernte.[1]

Wichtiger als intellektuelle oder emotionale Argumente ist das persönliche Erleben von Achtsamkeit, denn nur so versteht man sie auf der Bauchebene. Maya Angelou sagte: „Ich habe gelernt, dass Menschen vergessen, was du gesagt hast, sie vergessen, was du getan hast, aber sie vergessen nie, welche Gefühle du bei ihnen ausgelöst hast." Achtsamkeit und Mitgefühl *fühlen sich gut an*. Meine kürzeste Einführung in die Achtsamkeit ist die vierteilige Stressübung in Kapitel 1. Sie reicht oft schon aus, um skeptische Erwachsene vom Wert der Achtsamkeit zu überzeugen, besonders wenn man sie fragt, wie sich ihre Kinder vor einer wichtigen Prüfung oder beim Verhandeln einer neuen Schlafenszeit fühlen sollen. Demonstrationen zerstreuen auch Ängste, dass Achtsamkeit auf die eine oder andere Art religiös sein könnte. Denken Sie auch daran zurück, was *Ihr* eigenes Interesse geweckt hat. Waren es Forschungsergebnisse oder das eigene Erleben von Achtsamkeit oder beides?

Je mehr andere Leute Achtsamkeit intellektuell und intuitiv verstehen, desto mehr Unterstützung werden Sie von Familie, Schule, Klinik und Krankenhauspersonal erhalten und desto wahrscheinlicher ist es, dass achtsames Gewahrsein im fruchtbaren Boden der Gemeinschaft gedeihen wird. Dem Personal einer Organisation zuerst ein Programm anzubieten ist eine hervorragende Möglichkeit, ein Fundament zu legen. Das kann bedeuten, dass Sie sich bei Führungskräften, in der Personalabteilung (in der es oft bereits viele Achtsamkeitsbegeisterte gibt), Gewerkschaften oder dem Krankenversicherer der Firma für Achtsamkeit einsetzen – sie alle können Kosten für die Gesundheitsfürsorge und Personalfluktuation sparen, die auf Burnout zurückgehen. Vielleicht stehen Ihnen nicht die nötigen finanziellen Mittel zur Verfügung. Teil Ihrer Rolle ist es dann, kreative Wege zu finden, Spenden zu sammeln. Einrichtungen sparen langfristig Geld, wenn Mitarbeiterleistung und -zufriedenheit verbessert werden. Viele Achtsamkeitsprogramme richten sich an Fachkräfte und dienen der Selbstfürsorge, andere sind speziell für Lehrer und Therapeuten gedacht. Schulpflegschaften sind vielleicht willens, einen Teil der Kosten für gemeinsame Workshops oder Achtsamkeitskurse für Eltern und Pädagogen zu übernehmen. Ich arbeite gerade an einem ähnlichen Projekt für einen hiesigen Krankenhausverbund. Die meisten Therapie- und Pädagogikmodelle, die Kindern Achtsamkeit vermitteln, sprechen sich dafür aus, dass sowohl die Erwachsenen als auch die Kinder üben. Wenn Lehrer, Therapeutinnen, Anbieter und Bezugspersonen selber Achtsamkeit praktizieren, sind sie glücklicher und besser in ihrer Rolle/ihrem Beruf. Ob sie die Übungen mit Kindern teilen oder nicht, sie werden die Früchte der Praxis genießen können. Und wenn Sie Personal oder Eltern für das, was Sie tun, begeistern können, sprechen Sie alle die gleiche, auf der gleichen Erfahrung beruhende Sprache.

Plädieren Sie dafür, dass jeder in der Gemeinschaft Achtsamkeit kennenlernt, ob in Form eines einmaligen Vortrags oder regelmäßiger Gruppentreffen. Denken Sie an alle Interessenvertreter der Gemeinschaft – nicht nur an die Kinder und das Personal einer Einrichtung, sondern auch an die Eltern und ehemaligen Schüler von Schulen, an Krankenhausvorstände, örtliche Unternehmen und Privatpersonen, die Geld an Kliniken spenden, und laden Sie sie ein mit Ihnen auch Achtsamkeit zu erleben. Schulvorstände und Kommunalpolitiker müssen Ihnen den Gefallen tun und Sie zumindest anhören, wie ich herausfand, als meine Bekannte Vanessa mich zum Landtag schleppte, um unseren Abgeordneten dort einige Achtsamkeitsübungen beizubringen. Eltern und Geldgeber in einigen Gemeinschaften können überraschend großzügig sein, wenn sie erst einmal Achtsamkeit verstanden und selber erlebt haben. Ein Freund von mir erhielt eine sechsstellige Spende von Eltern an seiner Schule, die an seinem Achtsamkeitskurs für Eltern teilgenommen hatten. Und vergessen Sie nicht: Wenn Sie Eltern ein Programm anbieten, bieten Sie auch eine achtsame Kinderbetreuung an.

Sie können auch eine Ecke oder ein Regal in der Einrichtung anbieten, die als Achtsamkeitsressource dienen. Eine Kollegin hat für solche Zwecke eine Box voller Spielsachen und Requisiten für Übungen, CDs und Bücher über Achtsamkeit, Kissen und Yogamatten sowie Ordnern mit Aktivitäten, die sie an ihrem Arbeitsplatz aufbewahrt und zu der jeder, der möchte, Zugriff hat. Eine solche Ressourcenbox ist für eine Organisation ideal, genauso wie eine Kontaktperson für Achtsamkeitsressourcen, an die man sich mit Fragen wenden kann und die sozusagen als menschliche Erinnerung dient, Achtsamkeit zu praktizieren.

Wo fangen wir an, einen Kulturwandel hervorzurufen? Die Antwort ist schwierig. Die meisten Menschen, die erfolgreich sind, sind sich einig: Ein von oben greifender Ansatz kann mehr Widerstand auslösen als eine von unten greifende Herangehensweise. Ein von oben greifender Ansatz ist langfristig nur in kleinen Einrichtungen möglich wie freien und unabhängigen Schulen sowie kleinen Kliniken oder Institutionen mit charismatischen Führungskräften.

Fangen Sie daher lieber bei sich selber und einigen interessierten Eltern und Kolleginnen an und lassen Sie Ihre Initiative von dieser Basis aus wachsen. Jede Organisation hat formelle Führungskräfte und Meinungsführer, die unterschiedliche Machtpositionen haben. Ein Freund von mir, der an der Harvard Business School arbeitet, fasst es so zusammen: Formelle Führungskräfte schreiben die Exposés und Richtlinien. Meinungsführer sind diejenigen, zu denen Sie gehen und sagen: „Was hat es mit dem Exposé zu dieser neuen Richtlinie auf sich?" Um wirkliche

Veränderungen zu bewirken, müssen Sie Einfluss auf die Meinungsführer ausüben. Sie sind es, die Sie mit kontemplativen Übungen inspirieren wollen. Sie sind es, die die Kultur schaffen, die sich dann nach unten hin ausbreitet. Experten, die es wissen, behaupten, dass die besten Führungskräfte gute Zuhörer sind und sich selber als Diener der Gemeinschaft, statt als Herren, sehen.

Interventionen am Arbeitsplatz beinhalten, dass Sie sich bei Ihren Kollegen und Kolleginnen und Eltern für Achtsamkeit stark machen (oder sie ihnen vorstellen). Gründen Sie eine Meditationsgruppe, die sich einmal pro Woche in der Pause oder nach der Arbeit trifft oder ab und zu gemeinsam achtsam isst. Als Nächstes könnten Sie mit interessierten Mitgliedern der Gemeinschaft eine Arbeitsgruppe oder einen Studienkreis zur Achtsamkeit ins Leben rufen. Befinden Sie sich in einer Führungsposition, beginnen und beenden Sie alle Mitarbeiterbesprechungen mit kurzen Übungen, um Achtsamkeit in die Woche zu integrieren. Halten Sie Achtsamkeitsweiterbildungen für das Personal ab oder übernehmen Sie die Kosten für externes Training. Viele Gemeinschaften haben Leseprojekte, die das Jahr in einem besonderen Thema verankern. Schlagen Sie ein Buch über Achtsamkeit vor. Teilen Sie Ihre Ressourcen mit anderen, indem Sie Workshops, Vorträge und Studienkreise für alle in der Gemeinschaft zugänglich machen, einschließlich Eltern, Lehrer, Kinderärzte und andere Dienstleistungsanbieter. Einige meiner Kollegen haben angefangen im hiesigen Krankenhaus zu arbeiten, um den Angestellten und der Gemeinschaft, die vom Krankenhauspersonal versorgt wird, zu bestimmten Gelegenheiten im Jahr einen Tag der Achtsamkeit anzubieten.

Ein Mann, den ich in Finnland traf, gründete einen Tag der Achtsamkeit in seiner kleinen Heimatstadt. Er nennt ihn „Eine Sache, ein Tag". An diesem Tag soll man sich dem Praktizieren von Achtsamkeitsaspekten widmen. Winooski in Vermont ist die erste Stadt, die versucht eine achtsame Stadt zu werden. Ihnen fallen sicher weitere kleine und große Initiativen ein. In meinen Gesprächen mit Menschen auf der ganzen Welt wird deutlich, wie viel aus ein paar interessierten Menschen geworden ist, die sich gefunden haben, zusammensitzen, zusammenarbeiten und ihrer Praxis ermöglichen, sich auf Gleichgesinnte auszudehnen.

Kapitel 11 behandelt achtsame Momente detaillierter und die Übungen in diesem Kapitel können praktisch sein, um den Kontakt zu anderen Erwachsenen aufzubauen. Selbst Erwachsene mit einem vollgepackten Familienleben und Einrichtungen *haben* hier und da Momente, in denen sie den Blick nach innen richten können, wenn sie nur nach diesen Momenten Ausschau halten. Vor zwanzig Jahren fanden gestresste Angestellte Momente, um in Form einer Zigarettenpause bewusst zu atmen. Helfen Sie Ihren Kollegen und Kolleginnen Momente des Friedens an einem hektischen Tag zu finden – jenen Moment, wenn die Kinder zur nächsten Unterrichtsstunde gegangen sind, eine einminütige Pause zwischen Patienten oder einen anderen kurzen Augenblick am Tag. So wie jedes kleine Detail sich summiert und uns überwältigen kann, summieren sich kleine, achtsame Momente und bringen uns wieder ins Gleichgewicht.

Ob Ihre Organisation Kindern explizit Achtsamkeit vermittelt oder nicht, die Vorteile, die Achtsamkeit in Erwachsenen fördert, haben einen Einfluss auf uns alle. Scheitert jeder Ihrer Versuche und hält sich Widerstand hartnäckig, dann können Mitgefühlsübungen für Ihre Kollegen und Kolleginnen Sie vielleicht inspirieren, so wie der Rückhalt Ihrer Achtsamkeitsgemeinschaft, Ihres eigenen Lehrers oder Ihrer eigenen Praxis.

Mit institutionellem Widerstand arbeiten

Es ist nicht leicht, als Außenstehender Kollegen oder Vorgesetzte anzusprechen, und wir können auf Widerstand stoßen. Ich hörte kürzlich, wie Vinny Ferraro ein Publikum begeisterter Lehrer und Lehrerinnen fragte, ob sie den Unterschied zwischen Widerstand und Ambivalenz kannten. Diese Frage sollten wir uns bezüglich unserer eigenen Praxis stellen. Und sie zeigt wieder die Notwendigkeit einer eigenen Praxis und von ein oder zwei Verbündeten.

Widerstand basiert normalerweise auf Angst, besonders Angst vor dem Unbekannten. *Institutioneller* Widerstand entsteht häufig als legitime Angst vor den sehr realen zeitlichen und finanziellen Grenzen. Zeit für Achtsamkeit hinzuzufügen ist ein einfaches Rechenexempel. Es bedeutet in den meisten Fällen, Zeit von Lehrern und Personal wegzunehmen, was sich potenziell auf Noten oder andere wesentliche Ergebnismessungen auswirkt. Zum Glück sind die langfristigen Einsparungen hinsichtlich der Gesundheitskosten für das Personal und besserer Ergebnisse für die Kinder bewiesen. Wenn Zeit Geld ist, dann kostet die Bitte, viel beschäftigten Klinikern und Lehrern Zeit für Achtsamkeit bereitzustellen, vorab etwas, aber Sie können auch zeigen, dass Achtsamkeit nicht sehr viel Zeit in Anspruch nehmen muss, wenn die Übungen kurz sind.

Eine schleichende Form des Widerstands kommt von ausgebrannten Mitarbeitern. Als Außenstehender oder Führungskraft ist diese Form nur schwer zu bekämpfen. Ausgebrannte Mitarbeiter sind verständlicherweise skeptisch, was das jährliche hausinterne Training im „nächsten großen Ding" anbelangt. Sie könnten dann betonen, dass Achtsamkeit ein *altes* Ding ist und bereits zum Standard in Erziehung und Pflege gehört und dass die Organisation Gefahr läuft zu verpassen, was führende Organisationen bereits tun. Das ist vielleicht ein motivierenderer Ansatz, Geist, Türen und Geldbeutel zu öffnen. Vergessen Sie nicht, dass jedes Mal, wenn wir den Status quo in Frage stellen, Menschen dies persönlich nehmen könnten. Finden Sie daher Verbündete. Wenn wir die Weisheit und Erfahrung des jeweils anderen respektieren, werden wir schnell bereitwillige Verbündete auf unserer Seite haben. Wenn wir unser Gegenüber herausfordern oder klein reden, verlieren wir potenzielle Partner.

Vor zwanzig Jahren waren Achtsamkeitsübungen in der Psychotherapie-Welt Randerscheinungen. Heute gehören sie zum Standard. Achtsamkeit nicht bei Angst oder Depressionen zu empfehlen heißt, nicht mit bewährten Methoden konform zu gehen. Die meisten Universitäten bieten in ihrem Psychotherapieprogramm Achtsamkeitskurse für Kliniker an. Sie zählen zu den beliebtesten Kursen. Das gleiche trifft vielleicht bald auch auf medizinische Fakultäten, Krankenpflegeschulen, Lehramtsausbildungen und ähnliche Ausbildungsprogramme zu.

In der Welt der Kinderpsychotherapie sagt man, mit Kindern arbeiten bedeutet, mit Familien und größeren Systemen und deren entsprechenden Beschränkungen zu arbeiten. Familien, die frustrieren, überarbeitete Sozialarbeiter, gestresstes Personal – das alles sind unvermeidbare Tatsachen, wenn man mit jungen Menschen arbeitet. Viele, mich eingeschlossen, fühlen sich hier am meisten herausgefordert. Für mich waren die Kinder, mit denen ich in den innerstädtischen Brennpunktschulen arbeitete, weniger eine Herausforderung als die Erwachsenen um sie herum, deren Widerstand ansteckend war. Die Schulen waren nicht nur selber einschüchternd mit den Metalldetektoren an der Eingangstür und den Gittern vor den Fenstern, sondern das ältere Personal war von einem zerstörerischen Zynismus durchdrungen. Mir graute jedes Mal vor dem Umgang mit den Erwachsenen.

An einem Freitag Nachmittag setzte ich mich erschöpft auf das Sofa meines Vorgesetzten. Er sah, dass ich nicht mehr weiter wusste, als ich mich über das boykottierende Verhalten des Personals beklagte, auf das ich Woche für Woche bei meinen Versuchen, den Kindern zu helfen, traf. Er lehnte sich zurück, hörte meine Schimpftirade einige Minuten lang an und sagte dann:

„Unsere Aufgabe besteht darin, mit den Kindern zu arbeiten. Damit sind wir beauftragt, darum hast du dich wahrscheinlich auch für diese Arbeit entschieden."

Ich nickte zustimmend und erleichtert. Er schien es verstanden zu haben. Es waren die *anderen* Erwachsenen, die unsere Arbeit behinderten.

Dann drehte er sich zu mir und meinte: „Aber in Wirklichkeit sind diese Kinder in der Welt der Erwachsenen, im System verankert. Statt zu versuchen die Kinder zu therapieren und das System zu bekämpfen, sieh deine Arbeit als Therapie für die Kinder und das gesamte System und die Kinder als Symptom dieses großen, kranken Systems."

Diese komplexe Antwort war nicht das, was ich an jenem grauen Wintertag hören wollte, aber sie war ein Denkanstoß. Mit der Zeit ist seine Antwort ein Refrain geworden, wenn ich über soziale Gerechtigkeit im einem größeren Zusammenhang nachdenke. Ich weiß trotzdem nicht immer, *wie* das System zu therapieren ist, aber seine Erklärung hilft mir, meine Arbeit in diesem größeren Zusammenhang anzugehen.

Wir redeten auch über die frustrierendsten Mitarbeiter und erinnerten uns daran, dass diese auch einmal Kinder und Auszubildende gewesen waren. Wir sprachen über den Stress, unter dem sie standen, und die Tatsache, dass die meisten von ihnen sicher einmal voller Optimismus, wenn nicht Idealismus, angefangen hatten, in der Hoffnung, anderen helfen zu können. Im Laufe der Zeit und mit genügend Tagen wie meinem damals blieb nur noch Verbitterung. Mein eigener schleichender Zynismus war ein Warnsignal, dass sich etwas ändern musste – vermutlich meine eigene Praxis. Jahre später wurde mir klar, dass der einzige Widerstand, gegen den ich etwas tun konnte, mein eigener war.

Sie möchten sich vielleicht auch fragen, welche Annahmen, welcher Widerstand und wer unter diesem Widerstand leidet.

Zur gleichen Zeit ließ mein Körper mich wissen, dass ich mich auf dem besten Weg zu einem Burnout befand. Magenschmerzen und Verschlafen plagten mich an den Morgenden, an denen ich in einer bestimmten Schule arbeiten musste. Man muss kein brillanter Therapeut sein, um die Verbindung zu sehen. Ich war mir ihrer jedoch nicht bewusst, bis ich mit Kollegen und Mentoren darüber sprach. Ich vertiefte meine Praxis und machte einen Metta (Liebende-Güte)-Kurs an einem hiesigen Meditationszentrum. Mein Körper fing an zu heilen, mein Herz öffnete sich wieder und meine Reaktion auf die Schule veränderte sich. Man sagt, Schmerzen mal Widerstand gleich Leiden. Sich Widerstand zu widersetzen kann zu mehr Leiden führen. Ich möchte Ihnen aber gerne auch diese Gleichung geben: Widerstand mal Mitgefühl gleich Einsicht – Einsicht, wie man besser mit Widerstand umgehen kann.

Metta-Meditation

Praktizieren Sie die Metta-Meditation, wenn Körper, Geist und Seele (oder Ihr Partner, Ihre Freunde und Kollegen) Ihnen sagen, dass Sie auf einen Burnout zusteuern.

Metta wurde eigens für den Umgang mit Angst entwickelt. Der Buddha schickte seine Schüler in den Dschungel, aber sie kehrten zurück, denn sie hatten Angst, alleine unter wilden Tieren und gefährlichen Räubern zu meditieren. Sie und ich sind nicht im Dschungel Indiens, in dem wir Tiger mit unserem Blick fixieren, aber vielleicht haben Sie ja einige schwierige Schüler und Mitarbeiter im Beton-Dschungel in Ihrem Blick fixiert und Angst und Frustration haben Ihr Selbstvertrauen und Ihre Praxis erschüttert. In den meisten spirituellen Traditionen gibt es Gebete für Feinde oder Anleitungen, wie man diesen liebende Güte schickt. Metta ist eine Variation davon.

Die Übung ist einfach. Nehmen Sie eine angenehme Meditationshaltung ein. Sie können auch eine Hand oder beide Hände auf Ihr Herz legen, müssen es aber nicht.

Denken Sie an jemanden, der nur Ihr Bestes will. Wir nennen diese Person Ihren Wohltäter.

Vielleicht ist diese Person ein inspirierender Vorgesetzte, eine ehemalige Professorin oder ein anderer Mentor. Vielleicht ist es jemand, der die Leidenschaft für Ihre Arbeit entfacht hat, als Sie selber jung waren. Vielleicht ist es der Mensch, der Sie mit Meditation oder einem spirituellen

Weg bekanntgemacht oder der Sie dazu inspiriert hat, eine Brücke zwischen Ihrer persönlichen und Ihrer beruflichen Leidenschaft zu schlagen.

Überlegen Sie sich einige gute Wünsche für sie, wie zum Beispiel „Mögest du glücklich sein, mögest du sicher sein, mögest du unbeschwert und in Frieden leben."

Tun Sie das einige Tage lang als Teil Ihrer regelmäßigen Meditationspraxis. Versuchen Sie, sich in diese Menschen hineinzuversetzen, und stellen Sie sich vor, sie schicken Ihnen auch solche Wünsche. Oder schicken Sie sich einfach selber diese guten Wünsche.

Nehmen Sie zur Kenntnis, dass Sie nicht sagen, Sie *sind* glücklich und sicher und *leben* unbeschwert und in Frieden, sondern Sie wünschen, wie ein guter Freund, dass Sie diese Dinge finden und erfahren werden.

Wenn diese Sätze weder Ihr Herz noch Ihre Erfahrung ansprechen, dann überlegen Sie sich Sätze, die authentischer für Sie sind, und stellen Sie sich vor, wie Ihr Wohltäter sie zu Ihnen sagt. Welche Worte würde er benutzen, um Sie zu inspirieren?

Vielleicht: Du verdienst Inspiration. Mögest du Glück und Liebe finden. Mögest du furchtlos deine Arbeit tun, anderen zu helfen. Mögest du sicher in Körper und Geist sein.

Wünschen Sie sich eine Woche lang diese guten Dinge als Teil Ihrer regelmäßigen Meditationspraxis. Sehen Sie sich aus der Perspektive dieser anderen weisen Person. Vielen von uns ist es unangenehm, uns selber Gutes zu wünschen, besonders dann, wenn wir es nicht gewohnt sind, Dankbarkeit und gute Wünsche von uns selber oder unseren Mitmenschen zu erhalten. Aber bleiben Sie dabei.

Schicken Sie nach einer Woche einem Kollegen, bei dem es Ihnen leichtfällt, solche guten Wünsche, vielleicht einem Verbündeten im System, der Ihre Positivität fördert, statt Zynismus oder Frustration. Versuchen Sie, diese guten Wünsche etwa eine Woche lang in Ihre Praxis einzubinden.

Wählen Sie in der darauffolgenden Woche eine Person für Ihre Metta-Meditation, für die Sie keine Gefühle, weder positive noch negative Gefühle, haben. Vielleicht die Sekretärin, die Sie oft sehen, aber mit der Sie kaum sprechen, oder den Hausmeister, mit dem Sie wenig Kontakt haben.

Fangen Sie dann – in der Woche danach – an, schwierigeren Menschen am Arbeitsplatz gute Wünsche zu schicken: schwierigen Eltern, einem wenig nachsichtigen Direktor oder dem Störenfried, der Ihnen unter die Haut geht.

Schwierigen Menschen gute Wünsche zu schicken ist keine leichte Aufgabe. Fangen Sie daher klein an und arbeiten Sie sich hoch. „Das ist spirituelles Gewichtheben," so der Lehrer Noah Levine. „Darum fangen wir mit leichten Hanteln in unserem Leben an und versuchen uns erst danach an größeren Gewichten!" Und wenn die großen Hanteln zu schwer sind, stellen Sie sich diesen Menschen als einen idealistischen Anfänger bei seiner Arbeit vor oder vielleicht als unschuldiges Kind. Oder konzentrieren Sie sich auf eine Eigenschaft, die Sie an dem Menschen mögen beziehungsweise die Sie nicht an ihm stört. Anderen das Beste zu wünschen fordert unsere Sichtweise heraus. Wenn diese schwierigen Menschen glücklich wären, keine Angst hätten, sie selber wären und eine Verbindung zu ihren eigenen ursprünglichen Absichten und ihrem grundlegenden Gutsein hätten, würden sie sich anders verhalten und uns weitaus weniger provozieren. Was könnten wir ihnen also Besseres schicken?

Vielleicht geschieht etwas Mystisches, wenn wir unsere Sätze sagen, oder vielleicht verändert sich unsere kognitive Perspektive. Was es auch immer ist, Ihr Erleben der schwierigen Menschen am Arbeitsplatz wird sich sehr wahrscheinlich verändern. Auch wenn diese sich nicht ändern, wird *Ihre* Reaktion auf *sie* vielleicht umschlagen. Das heißt, klügere und geschicktere Ansätze, mit ihnen zusammenzuarbeiten, werden sich eher zeigen, weil Ihr Geist ruhig, mitfühlend und offen ist. Die Frustration darüber, was sie tun „sollten", wird sich auflösen. Ihre Verbündeten werden dann vielleicht zu Freunden und einst neutrale Parteien zu ruhigen Quellen der Inspiration. Ihre „Feinde" selber mögen oder mögen sich nicht ändern, aber sie sind für Sie vielleicht nicht mehr Objekte der Frustration, sondern Erinnerungen an etwas anderes.

Diese resistenten Hüter sind letztendlich nicht der Feind, vergessen Sie das nicht. Sie sind Verbündete und Lehrer, die Sie nur noch nicht richtig einzusetzen wissen. Machen Sie die Metta-Meditation, um neue Möglichkeiten aufzutun, aber auch, und das ist viel wichtiger, um Zeit zu finden mit Mitgefühl zu handeln. Thich Nhat Hanh sagt, *Mitgefühl* sei ein Verb. Leben Sie Mitgefühl in der Wirklichkeit, in der Gemeinschaft um Sie herum. Sie sind ein Leuchtfeuer der Achtsamkeit und des Mitgefühls. Sie können formelle Übungen wie die Metta-Meditation machen oder Sie können still andere Menschen unterstützen. Mein Freund Francis sucht sich zum Beispiel jedes Jahr einen „heimlichen Schützling" unter den jüngeren Kollegen aus, für den er sich Zeit nimmt, um sich zu erkundigen, wie es ihm geht, um ihm seine Hilfe anzubieten und einfach auf ihn zu achten.

Mit anderen arbeiten

In Organisationen, in denen man um Zeit, Aufmerksamkeit und Geld wetteifert, vergessen wir leicht, dass wir alle versuchen den Kindern zu helfen, und dass wir alle nur eine unterschiedliche Vorstellung davon haben, wie diese Hilfe aussieht.

Wir benötigen alle Klarheit und Demut auf dieser Reise, um offen gegenüber neuen Ideen und Perspektiven zu sein. Wir können alle so viel voneinander lernen. Vertrauen Sie darauf, dass der Therapeut seine Arbeit tut, dass die Lehrerin weiß, was sie tut, dass die Eltern sich ihrer Rolle bewusst sind und dass die anderen Bezugspersonen ihr Bestes geben.

Als Vater habe ich mehr von Freunden und Verwandten als von jedem Buch gelernt, das ich für mein Studium oder mich selber gelesen habe. Als Therapeut habe ich viel mehr von Eltern darüber gelernt, Kindergruppen zu leiten, als von meinen Gruppentherapiekursen. Und ich habe so viel mehr über die menschliche Natur von meinen Beobachtungen auf meinen Weltreisen gelernt als in meiner Ausbildung zum Psychologen. Dieses Buch ist eine Destillation der Weisheit jener Menschen, denen ich in Gesprächen, auf Workshops und in Büchern begegnet bin. Lehrerinnen, Therapeuten und Eltern vergessen schnell, dass sie alle auf ein gemeinsames Ziel hinarbeiten. Es ist so schön, wenn wir uns daran erinnern und uns gegenseitig unterstützen könnten.

Wenn Sie Achtsamkeit in die Gemeinschaft bringen, wird es Sie vielleicht überraschen, wo Sie Verbündete finden. Seien Sie für jeden von ihnen dankbar. Inspirieren und helfen Sie einander regelmäßig, damit Sie die Stärke und die Unterstützung in den Momenten haben, in denen Sie sie am meisten brauchen.

In meinem Bemühen, Kinder mit Achtsamkeit vertraut zu machen, habe ich festgestellt, dass das am besten funktioniert, wenn ich anderen Erwachsenen helfe. Eine Standardvorstellung in Helferberufen erinnert uns daran, dass Flugbegleiter uns bitten, zuerst die eigene Sauerstoffmaske aufzusetzen, bevor wir anderen dabei helfen. Selbstfürsorge und unsere eigene Praxis sind entscheidend, wenn wir Achtsamkeit mit anderen teilen wollen. Stellen Sie daher sicher, dass Ihre Kollegen das Atmen nicht vergessen. Ganz gleich, ob Sie nun den Kindern selbst Achtsamkeit beibringen oder nicht – einige wenige achtsame Mitarbeiter, die wirklich das praktizieren, was sie predigen, und ihre von eigener Praxis geprägten Handlungen und Gegenwart sind eine heilende Erfahrung für die meisten Kinder. Eine von den Erkenntnissen einer Achtsamkeitspraxis geprägte Kultur wird aus Ihnen und Ihren Kollegen die besten Lehrer, Therapeutinnen, Bezugspersonen und Eltern machen, die Sie sein können, und so die Wahrscheinlichkeit, dass die Kinder aufblühen, exponentiell erhöhen.

Indem Sie Achtsamkeit unter den Erwachsenen in Ihrer Gemeinschaft fördern, unterstützen Sie nicht nur Ihre eigenen Bemühungen, Kindern zu helfen, sondern Sie unterstützen auf Ihrem gemeinsamen Weg die Erwachsenen in ihren eigenen Anstrengungen, Kindern zu helfen.

Was können Sie in der nächsten Woche tun, um zu einer Kultur der Achtsamkeit in Ihrer Gemeinschaft beizutragen?

EINIGE VORSCHLÄGE, EINE ACHTSAME GEMEINSCHAFT ZU SCHAFFEN

Informieren Sie sich über Ereignisse in der Gemeinschaft.

Wissen Sie, wer die einflussreichen Akteure unter den Kindern und Erwachsenen sind.

Denken Sie über die Vorteile und Schwierigkeiten Ihrer Rolle als Insider oder Outsider nach.

Gründen Sie eine Meditations- oder Arbeitsgruppe.

Starten Sie eine Lesekampagne, gemeinschaftsweite Lehrveranstaltungen oder ein Achtsamkeitsjahresthema.

Gewinnen Sie alle Interessenvertreter – Kliniker, Pädagoginnen, Eltern, Personal – für Ihre Sache und zeigen Sie ihnen Achtsamkeitsübungen.

Halten Sie einen „Tag der Achtsamkeit" oder „Eine Sache, ein Tag" ab.

Beginnen oder beenden Sie Treffen mit einem Moment der Kontemplation. Dies kann eine Achtsamkeitsübung sein, muss es aber nicht.

Schlussbemerkungen

Gewähre dir einen Moment des Friedens und du wirst sehen,
wie töricht du umhergeeilt bist. Lerne, still zu sein, und du wirst sehen,
dass du zu viel gesprochen hast. Sei gütig und du wirst sehen,
dass dein Urteil über die anderen zu hart war.

ANONYM

Mit Anfang zwanzig fing ich an Achtsamkeit mit Kindern zu teilen. Ich war ein idealistischer oder vielleicht auch arroganter Universitätsabsolvent, der meinte, die Welt verändern zu können, indem er Kindern Achtsamkeit beibrachte. Mir wurde schnell klar, dass die Schüler und das Personal am Internat für verhaltensauffällige Kinder, an dem ich unterrichtete, anderer Meinung waren. Nachdem ich mich für einen Karrierewechsel entschieden und mein Studium in klinischer Psychologie angefangen hatte, glaubte ein Teil von mir, dass mein zukünftiger Berufsalltag aus dreiviertelstundenlangen Meditationssitzungen mit Patienten bestehen würde mit zehn Minuten am Ende der Sitzung, in denen wir uns darüber unterhalten würden, wie viel näher wir jetzt – dank meiner Arbeit – der Erleuchtung waren. (Das ist leider kein Scherz.) Meine Verblendung wurde erst durch einen lebensüberdrüssigen Fünfzehnjährigen aufgehoben, der mich ansah, seufzend die Augen verdrehte und sagte: „Dr. Willard, atmen ist mittlerweile echt uncool."

Neue Definitionen von Erfolg aufzustellen und zu akzeptieren gehören zu den schwierigeren Aspekten meiner Achtsamkeitsreise. Ein Mentor hat einmal gesagt: „In unserer Arbeit messen wir Erfolg nicht mit dem Zollstock, sondern mit dem Messschieber." Er half mir auch zu verstehen, dass Fortschritt nicht immer linear ist, was angeheiratete Verwandte, Versicherungsagenturen und pädagogische Entscheidungsträger nicht immer verstehen. Ich habe gelernt, dass unsere Aufgabe bei einigen Teenagern mit großen Schwierigkeiten manchmal darin besteht, sie nicht aus einer Talfahrt zu ziehen oder gar die Talfahrt zu stoppen, sondern die Talfahrt einfach nur zu verlangsamen und bei ihnen zu sein, wenn sie ganz unten sind. Egal, wie sehr Sie oder ich davon überzeugt sind, die jungen Menschen der Welt brauchen Achtsamkeit, sie sind vielleicht in diesem Moment in ihrem Leben nicht dazu bereit – auch nicht, wenn wir uns noch so sehr anstrengen Achtsamkeit so kurzweilig wie möglich zu gestalten oder sie Schulen und Einrichtungen schmackhaft zu machen.

Heute gibt es im Grunde nur einen Schüler, den wir wirklich beeinflussen können: uns selber. Meine beste Arbeit als Vater, Lehrer und Psychologe entstand aus den Erkenntnissen, der Weisheit und dem Mitgefühl heraus, die ich in meiner eigenen Praxis und in meinen Beziehungen zu meinen kleinen Patienten gewann. Sie entstand nicht aus den Methoden und Techniken heraus, mit denen ich sie überhäufte.

Ich arbeite inzwischen seit einigen Jahren als Therapeut und ich werde immer noch nicht dafür bezahlt, mehr als ein paar Minuten während meiner 50 Minuten langen Therapiesitzungen oder Workshops still zu sitzen und zu meditieren. Ich bin immer noch nicht erleuchtet und ehrlich gesagt sehen die Menschen in meinem Umfeld so aus, als ob sie dem Ziel der Erleuchtung viel näher sind als ich. Meine Arbeit ist anders, als ich sie mir vor langer Zeit vorstellte. Manchmal sieht sie so aus, als übten zwei Menschen still miteinander. Aber meistens sieht sie so aus, dass ich versuche Achtsamkeit in einem Zimmer voller Emotionen aufrechtzuerhalten und vorzuleben. Ihre Erfahrung mag anders aussehen. Ihre Übungen mit Kindern werden sehr wahrscheinlich dem Gelesenen in diesem Buch ähneln, enthalten aber viel mehr von Ihnen, Ihrem Umfeld und Ihren Kindern in Worten und in der Umsetzung.

Als ich vor einigen Jahren Metta-Meditation praktizierte, wurde mir mit einer Mischung aus Begeisterung und Angst klar, dass ich vielleicht ein Wohltäter im Leben eines anderen war. Wir wissen, dass der beste Indikator für Resilienz im Leben von Kindern ein Erwachsener ist, der für sie da ist, der bedingungslos an sie glaubt. Für ein Kind bin ich es vielleicht. Was für ein Privileg und was für eine große Verantwortung.

Thich Nhat Hanh beschreibt, wie wichtig Achtsamkeit in einer traumatisierten Gemeinschaft ist.

In Vietnam gibt es viele Menschen, Boatpeople, die ihr Land in kleinen Booten verlassen. Wenn die Boote auf raue See oder Stürme treffen, geraten die Menschen in Panik und die Boote können untergehen. Aber wenn nur ein Mensch an Bord ruhig und klar bleiben kann und weiß, was zu tun ist und was nicht, kann er dazu beitragen, dass das Boot überlebt. Sein Gesichtsausdruck, seine Stimme vermitteln Klarheit und Ruhe und die Menschen haben Vertrauen. Sie werden ihm zuhören. Ein solcher Mensch kann das Leben vieler retten.[1]

Sind Sie bereit, ein solcher ruhiger Mensch im Boot mit Ihren Kindern oder mit anderen Kindern in der Schule Ihrer Kinder oder am Arbeitsplatz, in der Familie, in der Gemeinschaft zu sein? Lautet die Antwort Ja, dann legen Sie das Buch auf die Seite, kommen Sie in den gegenwärtigen Moment mit Akzeptanz und Wertfreiheit und fangen Sie hier an.

Mögen alle Wesen in Frieden leben.

Anmerkungen

Einleitung

1. Wilson, Timothy D. u. a.: Just Think: The Challenges of the Disengaged Mind. In: *Science, 345, 6192*, 2014, S. 75-77.

Kapitel 1: Amerikanische Kinder und Stress

1. Hölzel, Britta u. a.: Mindfulness Practice Leads to Increases in Regional Brain Gray Matter Density. In: *Psychiatry Research 191, Nr. 1*, 2011, S. 36-43. Lazar, S. W. u. a.: Meditation Experience Is Associated with Increased Cortical Thickness. In: *Neuroreport 16*, 2005, S. 1893-1897.

2. Black, David u. a.: Notes from a Growing Science; sowie Britton, W. und Sydnor, Arielle: Neurobiological Models of Meditation Practices: Implications for Applications with Youth. In: Willard, Christopher und Saltzman, Amy (Hrsg.): *Teaching Mindfulness Skills to Kids and Teens*. New York: Guilford-Press, 2015. Lazar, Sara: Neurobiology of Mindfulness. In: *Mindfulness and Psychotherapy*, 2. Aufl. 2013, New York: Guilford-Press, S. 282-294.

3. Blackwell, Lisa S., Trzesniewski, Kali H. und Dweck, Carol Sorich: Implicit Theories of Intelligence Predict Achievement Across an Adolescent Transition: A Longitudinal Study and an Intervention. In: *Child Development 78, Nr. 1*, 2007, S. 246-263.

4. Turkle, Sherry: *Connected, but Alone?* TED-Präsentation in englischer Sprache. Aufgezeichnet Februar 2012. Kann zusammen mit dem interaktiven Protokoll hier heruntergeladen werden: ted.com/talks

5. Suzuki, Shunryū: *Zen-Geist, Anfänger-Geist: Unterweisungen in Zen-Meditation.* Freiburg: Herder Verlag, 2009 *(orig.* Ders.: *Zen Mind, Beginner's Mind.* Boston: Shambhala, 2011). Willard, Christopher: *Kindlicher Geist – Anfängergeist: Wie Kinder durch Achtsamkeit zu innerer Ausgeglichenheit und Resilienz finden können.* Freiburg, Arbor Verlag, 2017 *(orig.* Ders.: *Child's Mind: Mindfulness practices to help our children be more focused, calm, and relaxed.* Berkeley: Parallax Press, 2010)..

Kapitel 2: Was genau ist Achtsamkeit?

1. Killingsworth, M. A. und Gilbert, D. T.: A Wandering Mind Is an Unhappy Mind. In: *Science 330, Nr. 6006,* 2010, S. 932.

2. Kirschenbaum, Howard und Henderson, Valerie Land (Hrsg.): *The Carl Rogers Reader.* New York: Mariner Press, 1989, S. 19.

3. Pollak, Susan; Pedulla, Thomas und Siegel, Ronald: *Sitting Together: Essential Skills for Mindfulness-Based Psychotherapy.* New York: Guilford-Press, 2014 (dt.: *Gemeinsam sein: Grundlegende Kompetenzen für die achtsamkeitsbasierte Psychotherapie.* Freiburg: Arbor Verlag, 2015.)

4. Lazar, Sara: *Neurobiology of Mindfulness.* A.a.O.

5. Centers for Disease Control and Prevention, National Center for Injury Prevention and Control: *10 Leading Causes of Death by Age Group, United States – 2013.* (Grafik kann hier heruntergeladen werden: cdc.gov, letzter Zugriff: 13. August 2015).

Kapitel 3: Das Fundament legen

1. Bögels, Susan M. u. a.: Mindful Parenting in Mental Health Care: Effects on Parental and Child Psychopathology, Parental Stress, Parenting, Coparenting, and Marital Functioning. In: *Mindfulness 5, Nr. 5,* 2014, S. 536-551.

2. Flook, Lisa u. a.: Mindfulness for Teachers: A Pilot Study to Assess Effects on Stress, Burnout, and Teaching Efficacy. In: *Mind, Brain, and Education 7, Nr. 3,* 2007, S. 182-195.

3. Grepmair, Ludwig u. a.: Promoting Mindfulness in Psychotherapists in Training Influences the Treatment Results of Their Patients: A Randomized, Double-Blind, Controlled Study. In: *Psychotherapy and Psychosomatics 76, Nr. 6,* 2007, S. 332-338.

Kapitel 5: Achtsamkeit visualisieren

1. Bodrova, Elena und Leong, Deborah J.: *Tools of the Mind: The Vygotskian Approach to Early Childhood Education.* Englewood Cliffs: Merrill, 1996.

2. Lacey, Simon; Stilla, Randall und Sathian, K.: Metaphorically Feeling: Comprehending Textural Metaphors Activates Somatosensory Cortex. In: *Brain and Language 120, Nr. 3,* 2012, S. 416-421.

3. Orsillo, Susan M. und Roemer, Lizabeth: *Der achtsame Weg durch die Angst: Wie wir andauernde Sorgen und Grübeleien hinter uns lassen und zu einem erfüllten Leben finden.* Freiburg: Arbor Verlag, 2012. (*orig.* Dies.: *The mindful way through anxiety: Break free from chronic worry and reclaim your life.* New York: Guilford Press, 2011). Vgl. auch: Dies.: *Mindfulness and Acceptance Based Behavioral Therapies in Practice.* New York: Guilford Press, 2009, S. 127.

4. Pollak, Susan; Pedulla, Thomas und Siegel, Ronald: *Gemeinsam sein: Grundlegende Kompetenzen für die achtsamkeitsbasierte Psychotherapie.* Freiburg: Arbor Verlag, 2015 (*orig.* Dies.: *Sitting Together: Essential Skills for Mindfulness-Based Psychotherapy.* New York: Guilford Press, 2014).

Kapitel 6: Auf den Körper achten

1. Nummenmaa, Lauri u. a.: Bodily Maps of Emotions. In: *Proceedings of the National Academy of Sciences 111, Nr. 2,* 2014, S. 646-651.

2. Williams, Mark u. a.: *Der achtsame Weg durch die Depression.* Freiburg: Arbor Verlag, 2009 (*orig.* Dies.: *The Mindful Way Through Depression: Freeing Yourself from Chronic Unhappiness.* New York: Guilford Press, 2007).

3.   Gendlin, Eugene T.: *Focusing.* In: *Psychotherapy: Theory, Research and Practice 6, Nr. 1*, 1969, S. 4-15.

4.   Creswell, J. D., u. a.: Neural Correlates of Dispositional Mindfulness During Affect Labeling. *Psychosomatic Medicine 69, Nr. 6*, 2007, S. 560-565.

5.   Stephen W. Porges: Die Polyvagal-Theorie: neurophysiologische Grundlagen der Therapie; Emotionen, Bindung, Kommunikation und ihre Entstehung. Paderborn: Junfermann, 2010 *(orig. Ders.: The Polyvagal Theory: Neurophysiological Foundations of Emotions, Attachment, Communication, and Self-Regulation.* New York: Norton, 2011).

6.   Levinson, W. u. a.: Physician-Patient Communication: The Relationship with Malpractice Claims Among Primary Care Physicians and Surgeons. In: *Journal of the American Medical Association 277, Nr. 7*, 1997, S. 553-569. Gottman, John Mordechai und Silver, Nan: *Why Marriages Succeed or Fail: What You Can Learn from the Breakthrough Research to Make Your Marriage Last.* New York: Simon & Schuster, 1994.

7.   Kabat-Zinn, Jon: *Gesund durch Meditation: Das große Buch der Selbstheilung.* München: Knaur Taschenbuch, 2011 (*orig. Ders.: Full Catastrophe Living: Using the Wisdom of Your Body and Mind to Face Stress, Pain, and Illness.* New York: Dell, 1991, S. 92). Willard, Christopher: *Kindlicher Geist – Anfängergeist: Wie Kinder durch Achtsamkeit zu innerer Ausgeglichenheit und Resilienz finden können.* Freiburg, Arbor Verlag, 2017 *(orig. Ders.: Child's Mind: Mindfulness practices to help our children be more focused, calm, and relaxed.* Berkeley: Parallax Press, 2010).

8.   Hanh, Thich Nhat: *Interbeing: Fourteen Guidelines for Engaged Buddhism.* Berkeley: Parallax Press, 1998.

9.   Wansink, Brian: *Essen ohne Sinn und Verstand: Wie die Lebensmittelindustrie uns manipuliert.* Frankfurt: Campus Verlag, 2008 (*orig. Ders.: Mindless Eating: Why We Eat More Than We Think.* New York: Bantam Books, 2007, S. 73).

Kapitel 7: Mit dem Strom schwimmen

1. Ratey, John J. und Hagerman, Eric: *Superfaktor Bewegung: Das Beste für Ihr Gehirn!* Kirchzarten: VAK Verlag, 2013 (*orig.* Dies.: *Spark: The Revolutionary New Science of Exercise and the Brain.* New York: Little Brown, 2008).

2. Louv, Richard: *Das letzte Kind im Wald: Geben wir unseren Kindern die Natur zurück!* Freiburg: Herder Verlag, 2013 (*orig.* Ders.: *Last Child in the Woods: Saving Our Children from Nature-Deficit Disorder.* Chapel Hill: Algonquin Books, 2005).

3. Schoeberlein David, Deborah: *Mindful Teaching and Teaching Mindfulness: A Guide for Anyone Who Teaches Anything.* Somerville: Wisdom Publications, 2009.

4. Bays, Jan Chozen: *Achtsam durch den Tag - 53 federleichte Übungen zur Schulung der Achtsamkeit.* Oberstdorf: Windpferd Verlag, 2012 (*orig.* Ders.: *How to Train a Wild Elephant. And Other Adventures in Mindfulness.* Boston: Shambhala, 2011).

5. Bryant, Fred Boyd und Veroff, Joseph: *Savoring: A New Model of Positive Experience.* Mahwah: Lawrence Erlbaum Associates, 2007, S. 120.

6. Carney, Dana R.; Cuddy, Amy J. C. und Yap, Andy J.: Power Posing: Brief Nonverbal Displays Affect Neuroendocrine Levels and Risk Tolerance. In: *Psychological Science 21, Nr. 10,* Oktober 2010, S. 1363-1368.

7. Vgl. für mehr Achtsamkeit im Wettkampfsport auch Mumford, George: *Mindful Athlete: Secrets of Pure Performance.* Berkeley: Parallax Press, 2015.

Kapitel 8: Abkürzung zur Gegenwart

1. Dieses Zitat erscheint im Vorwort von Stephen R. Covey zu: Pattakos, Alex: *Gefangene unserer Gedanken: Viktor Frankls 7 Prinzipien, die Leben und Arbeit Sinn geben.* Wien: Linde Verlag, 2005 (*orig.* Ders.: *Prisoners of Our Thoughts: Viktor Frankl's Principles for Discovering Meaning in Life and Work.* San Franzisko: Berrett-Koehler, Aufl. 2010.

2. Keller, Helen: *Three Days to See.* In: *Atlantic Monthly,* Januar 1933, S. 35-42.

Kapitel 9: Mit Aufmerksamkeit spielen

1. Candyland ist ein beliebtes Kinder-Brettspiel in den USA. Es gibt keine Einflussmöglichkeit durch die Spieler, die ihre Figuren entsprechend gezogener Karten über einen farbkodierten Weg bewegen. Der Sieger ist vorab durch die Reihenfolge der gemischten Karten festgelegt (Anm. d. Verlags).

2. Hanh, Thich Nhat: *Innerer Friede – Äußerer Friede.* München: Knaur Verlag, 2010 (*orig.* Ders.: *Being Peace.* Revised edition. Berkeley: Parallax Press, 2005).

3. Hanh, Thich Nhat: *Achtsamkeit mit Kindern.* München: Nymphenburger, 2012 (*orig.* Ders.: *Planting Seeds: Practicing Mindfulness with Children.* Berkeley: Parallax, 2011).

4. Zeman, Adam u. a.: By Heart: An fMRI Study of Brain Activation by Poetry and Prose. In: *Journal of Consciousness Studies 20, Nr. 9*, 2013, S. 132-158.

5. Lacey, Simon; Stilla, Randall und Sathian, K.: Metaphorically Feeling: Comprehending Textural Metaphors Activates Somatosensory Cortex. In: *Brain and Language 120, Nr. 3*, 2012, S. 416-421.

6. Bowen, Daniel; Greene, J. und Kisida, B.: Learning to Think Critically: A Visual Art Experiment. In: *Educational Researcher 43, Nr. 1*, 2014, S. 37-44.

Kapitel 10: Das Virtuelle redlich machen

1. Stone, Linda: *Are You Breathing? Do You Have Email Apnea?* (Englischsprachiger Blog-Eintrag vom 24. 11. 2014 auf *lindastone.net,* letzter Zugriff: 03. September 2016).

2. Uhls, Yalda T. u. a. : Five Days at Outdoor Education Camp without Screens Improves Preteen Skills with Nonverbal Emotion Cues. In: *Computers in Human Behavior 39*, 2014, S. 387-392.

3. Eisenberger, N. I.: Broken Hearts and Broken Bones: A Neural Perspective on the Similarities between Social and Physical Pain. In: *Current Directions in Psychological Science 21, Nr. 1*, 2012, S. 42-47.

Kapitel 11: Damit Achtsamkeit auch haften bleibt

1. Siegel, Daniel: *Aufruhr im Kopf: Was während der Pubertät im Gehirn unserer Kinder passiert*. München: mvg Verlag, 2015 (*orig*. Ders.: *Brainstorm: The Power and Purpose of the Teenage Brain*. New York: Tarcher/Penguin, 2013).

2. Goldstein, Elisha: *Der Weg zurück ins Glück. Depression durch Achtsamkeit und Selbstmitgefühl überwinden*. Freiburg: Arbor Verlag, 2016, S. 102 (*orig*. Ders.: *Uncovering Happiness*. New York: Atria, 2015, S. 72).

3. Willard, Christopher: *Kindlicher Geist – Anfängergeist: Wie Kinder durch Achtsamkeit zu innerer Ausgeglichenheit und Resilienz finden können*. Freiburg, Arbor Verlag, 2017 (*orig*. Ders.: *Child's Mind: Mindfulness practices to help our children be more focused, calm, and relaxed*. Berkeley: Parallax Press, 2010).

Kapitel 13: Erleuchtete Gemeinschaft

1. Singh, Nirbhay N. u. a. : Mindful Staff Can Reduce the Use of Physical Restraints When Providing Care to Individuals with Intellectual Disabilities. In: *Journal of Applied Research in Intellectual Disabilities 22, Nr. 2*, 2009, S. 194-202.

Schlussbemerkung

1. Ellsberg, Robert (Hrsg.): *Thich Nhat Hanh: Essential Writings*. Maryknoll, NY: Orbis, 2001, S. 162.

ANHANG

Die richtige Übung für ein Kind finden

Sie finden nachfolgend eine Liste aller in diesem Buch beschriebenen Übungen. Obwohl sich bestimmte Übungen besser für bestimmte Situationen eignen, kommen die meisten Übungen für die meisten Situationen in Frage. Ich habe als Orientierungshilfe neben jeder Übung anhand der nachfolgenden Legende aufgeführt, wofür sie sich am besten eignet.

Es gibt keine verbindlichen Regeln, sehen Sie dies daher bitte wirklich nur als Orientierungshilfe, die auf meiner Erfahrung und den Erfahrungen anderer Eltern und mit Kindern Tätigen beruht. Passen Sie die Übungen an Ihre Kinder an. Sie finden viele Übungen auch in meinem englischsprachigen Audioprogramm *Practices for Growing Up Mindful* (Sounds True, 2016).

EU = einführende Übungen. Diese Übungen sind für Kinder gedacht, die ihre ersten achtsamen Schritte machen, kleinere Kinder oder Kinder mit einer kurzen Aufmerksamkeitsspanne.

A = Angst. Diese Übungen beruhigen die Kampf-oder-Flucht-Reaktion. Viele benutzen den Geist, um Angst generell zu reduzieren, während andere das Gewahrsein fördern und den Körper entspannen. Wieder andere kultivieren eine Perspektive, die über die ängstliche Einstellung hinausgeht.

Atemübungen sind besonders heikel. Wenn sie funktionieren, was meistens der Fall ist, funktionieren sie schnell und effektiv. Längere

Atemübungen können Angst jedoch verschlimmern, weil man schnell glaubt, man mache etwas falsch. In angstfreien Situationen zu üben ist daher entscheidend.

D = Depression. Die meisten dieser Übungen sind kognitiv, emotional und körperlich „aktivierend" und führen uns aus dem depressiven Grübeln und aus der erlernten Hilflosigkeit heraus. Manche geben uns Bodenhaftung, was uns auch aus dem Grübeln heraushilft. Andere sorgen für eine größere und positivere Perspektive, was zu einer Verbesserung der Stimmung führt. Übungen, die zu sehr entspannen, sind eine schöne Einführung in die Achtsamkeit, aber sie sind langfristig bei Depressionen nicht sehr hilfreich.

F = Fokus. Solche Übungen vermitteln uns, wie wir auch bei Ablenkungen selektiv aufmerksam sein können. Sie verkleinern den Fokus des Geistes, fördern die Konzentration und stärken die exekutiven Funktionen.

S = Stress / Burnout. Fast alle Übungen in diesem Buch eignen sich gut für Menschen, die unter Stress stehen. Die mit „S" gekennzeichneten Übungen helfen uns unsere Kampf-oder-Flucht-Reaktionen zu erkennen und uns von ihnen zu befreien. Sie regulieren das Nervensystem neu und helfen dem Geist, sich von einer auf Stress basierenden Perspektive wegzubewegen.

T = Trauma. Die am häufigsten benutzten Übungen in Traumafällen sind erdende Übungen, die über die fünf Sinne eine Verbindung zu äußeren Ankern herstellen. Ich stelle auch einige Übungen vor, die helfen, Trauma-Auslöser zu erkennen, sowie einige selbstberuhigende Übungen.

Es ist schwer vorherzusehen, ob eine bestimmte Übung für einen traumatisierten Menschen schwer sein wird oder nicht. Die meisten Übungen sind kurz und können mit offenen Augen gemacht werden.

Visualisierungen können hilfreich sein. Ich empfehle jedoch, zuerst die Grundlage einer positiven Achtsamkeitspraxis zu schaffen.

L = Leistungsangst. Diese Übungen sind gedacht für Menschen, die Probleme haben mit Situationen wie Prüfungen, öffentliches Reden, Sportveranstaltungen und gesellschaftlichen Veranstaltungen umzugehen. Sie vermitteln uns ein fokussiertes Gewahrsein hinsichtlich unserer Gefühle und sorgen schnell für einen entspannteren Zustand.

R = Resilienz. Wir alle erleben Rückschläge und Enttäuschungen. Für manche Menschen sind sie jedoch besonders schwer zu ertragen. Die Übungen für emotionale Resilienz fördern das Selbstwertgefühl, Selbstmitgefühl und Gelassenheit angesichts der Herausforderungen und Veränderungen des Lebens.

EI = Emotionale Intelligenz. Die Übungen zur Verbesserung der emotionalen Intelligenz unterstützen uns darin, unsere innere Erfahrung zu erkennen, zu ertragen und mit ihr und dem Einfluss, den die äußere Welt auf uns hat, zu arbeiten.

E = Emotionsregulation. Die empfohlenen Übungen helfen uns schwierige Emotionen zu beruhigen, zu lernen uns selber zu beruhigen, problemlos zwischen emotionalen und kognitiven Zuständen hin und her zu wechseln und von einem zum nächsten Kontext überzuwechseln. Sie helfen bei starken emotionalen Auslösern.

I = Impulskontrolle. Diese Übungen sind geeignet für Menschen, die es schwer finden, ihre Impulse zu kontrollieren. Sie helfen, Auslöser zu erkennen, und vermitteln, wie man diese Auslöser blockiert. Sie bauen Geduld auf und helfen auch bei selbstverletzendem Verhalten, Aggression und Substanzmissbrauch.

Übungen

KAPITEL 2: WAS GENAU IST ACHTSAMKEIT?

Einfache Achtsamkeitsmeditation (Seite 50): gibt einen ersten Einblick darüber, wie Achtsamkeit unser Verhältnis zu Gedanken und Gefühlen verlagert und wie man im gegenwärtigen Moment bleibt. Diese Übung eignet sich für sämtliche Situationen.

KAPITEL 3: DAS FUNDAMENT LEGEN

Einzeltasking (Seite 67): lenkt die Aufmerksamkeit vom Gedanken auf die körperliche Erfahrung im Hier und Jetzt. *EU; A; D; E; F; I; L; S; T*

Wie weiß ich es? (Seite 72): schaltet den Autopilot des Grübelns aus. *EU; A; D; S*

Was hat gut geklappt? (Seite 73): verlagert die Perspektive auf Positives. *EU; A; D; EI; R; S*

KAPITEL 4: KINDER MIT ACHTSAMKEIT BEKANNTMACHEN

Auf sein Bauchgefühl hören (Seite 74): stimmt den Geist auf die Weisheit des Körpers ab. *A; D; EI; R; S*

KAPITEL 5: ACHTSAMKEIT VISUALISIEREN – DIE FANTASIE NUTZEN

Baum-Übung (Seite 103): kultiviert Gelassenheit angesichts der Herausforderungen des Lebens. *A; D; E; F; R; S*

Wolken am Himmel (Seite 105): kultiviert eine umfassendere Sichtweise. *A; D; EI; E; F; I; R; S*

Stein im See (Seite 107): kultiviert Gelassenheit angesichts der Herausforderungen des Lebens. *A; D; E; F; R; S*

Glitzerglas (Seite 110): wirkt beruhigend bei sich verändernden Emotionen. *EU; E; I; R*

Beruhigungsübung (Seite 113): erdet und beruhigt Geist und Körper. *EU; A; E; F;R; S; T*

KAPITEL 6: AUF DEN KÖRPER ACHTEN – KÖRPERBASIERTE ACHTSAMKEITSÜBUNGEN

Los, Körper-Geist! (Seite 120): Entwickelt emotionale Bewusstheit. *EU; EI*

Eis, Baby, Eis (Seite 120): ermöglicht es, schwierige Emotionen zu ertragen. *EU; A; D; EI; E; F; I; S; T*

Persönliche Distanzzone (Seite 123): entwickelt emotionale Intelligenz, persönliches Wohlbefinden und das Setzen von Grenzen. *EU; EI; T*

Adaptierter Body-Scan (Seite 124): hilft zu verstehen, wie Emotionen im Körper entstehen. *EU; A; D; EI; S*

Achtsames Essen (Seite 129): bringt uns gesunde Selbstfürsorge und Wertschätzung des Positiven bei. *EU; D; EI; F; I*

KAPITEL 7: MIT DEM STROM SCHWIMMEN – ACHTSAMKEIT UND BEWEGUNG

Einfache Gehmeditation (Seite 139): sorgt für mehr Energie (ermöglicht einen besseren Fokus als Sitzmeditationen). *A; D; L; S; T*

Mit Worten gehen (Seite 140): beruhigt Geist und Körper. *A; D; F; L; R; S; T*

Mit Emotionen gehen (Seite 140): vermittelt ein Bewusstsein der emotionalen Erfahrung und Körper-Geist-Verbindung. *EU; A; D; L; EI; I*

So gehen wie …(Seite 141): kultiviert ein Bewusstsein davon, wie körperliche Zustände unsere Stimmung beeinträchtigen. *EU; A; D; EI; E; L; S; T*

In verschiedenen Rollen gehen (Seite 142): ermöglicht es Kindern sich in andere Menschen hineinzuversetzen und fördert Empathie und ein Bewusstsein davon, wie verschiedene emotionale Zustände einen Einfluss darauf haben, wie sie selber und ihre Körper auf die Welt reagieren. *EU; A; D; T; L; R; EI; E*

Albernes Gehen (Seite 144): hilft dabei, Befangenheit zu überwinden und Übergangssituationen zu meistern. *EU; D; F; E; I*

Mit sensorischem Bewusstsein gehen (Seite 144): richtet die Aufmerksamkeit von wandernden Gedanken und Emotionen wieder zurück auf die Sinne und Erfahrungen im gegenwärtigen Moment. *F*

5-4-3-2-1-Gehen (Seite 145): bringt die Aufmerksamkeit zurück auf unsere Sinne und die Welt um uns herum und lässt uns beide wieder wertschätzen. *F; D; S*

Pfennig-Gehen (Seite 146): fokussiert die Aufmerksamkeit auf Bewegung sowie das emotionale Erleben von Frustration. *EU; F; I*

Mit Dankbarkeit gehen (Seite 146): fördert eine umfassendere Sichtweise. *EU; A; D; EI; L; R; S; T*

KAPITEL 8: ABKÜRZUNG ZUR GEGENWART – ÜBER GERÄUSCHE UND UNSERE SINNE

Verschwindende Geräusche (Seite 155): erdet und beruhigt Körper und Geist. *EU; A; F; S; T*

Klangduell (Seite 155): fokussiert die Aufmerksamkeit von vielen Orten auf einige wenige Orte und fördert so die selektive Aufmerksamkeit. *EU; A; F; I*

In der Klanglandschaft surfen (Seite 155): erdet und beruhigt Körper und Geist. *A; EI; E; F; L; R; S; T*

Ein-Titel-Achtsamkeit (Seite 160): erdet Körper und Geist. *EU; A; F; L; S*

Sich von der Musik (emotional) bewegen lassen (Seite 161): lässt uns Emotionen erkennen, während sie entstehen. *EU; EI*

Mehr als Worte (Seite 162): hilft uns emotionale Auslöser zu erkennen. *EI*

KAPITEL 9: MIT AUFMERKSAMKEIT SPIELEN – SPIELE, SPIELEN UND KREATIVE ACHTSAMKEIT

Dr. Ablenko (Seite 168): zeigt, wie man Impulse angesichts von Versuchung und Ablenkung unterdrückt. *I*

Finde den Klang (Seite 168): verlagert und fokussiert die Aufmerksamkeit. *F*

Lächeln-Meditation (Seite 169): macht glücklich und fördert interpersonelles Gewahrsein. *EU; D; F; R; EI*

Den Atem weiterreichen (Seite 170): zeigt uns, wie wir entschleunigen, uns abwechseln und Impulse unterdrücken. *F; I*

Der menschliche Spiegel (Seite 171): vermittelt interpersonelles und körperliches Gewahrsein. *EU; F; L; EI; I*

Das menschliche Kaleidoskop (Seite 172): eine Gruppenübung zum achtsamen Körperbewusstsein, die räumliches Bewusstsein und interpersonelle Verbindung vermittelt. *EU; F; L; EI; I*

Achtsames Ausmalen (Seite 172): fördert Fokus, Entspannung und sensorisches Gewahrsein. *A; F; T*

Wolken wegschieben (Seite 173): lässt uns auf eine größere Bandbreite an Emotionen zugreifen. *EU; A; D; EI; F; I; R; S; T*

Seine eigene Meditation zum achtsamen Atmen aufschreiben (Seite 176): ermutigt Kinder in ihrer eigenen Praxis, bietet einen soliden Anker und Metaphern im Umgang mit schwierigen Emotionen. *EU; A; D; F; L; S; T*

KAPITEL 10: DAS VIRTUELLE REDLICH MACHEN – ACHTSAMKEIT UND TECHNIK

Das 79. Organ (Seite 186): vermittelt Gewahrsein und Toleranz unangenehmer Erfahrungen. *EI*

Achtsamkeitsübung für soziale Medien (Seite 195): steuert nachteiligen Vergleichen entgegen. *A; D; EI; S*

KAPITEL 11: DAMIT ACHTSAMKEIT AUCH HAFTEN BLEIBT – KURZE ÜBUNGEN IN DEN ALLTAG INTEGRIEREN

Innehalten (Seite 201): reißt den Geist aus dem Grübeln heraus. *EU; A; D; EI; F; L; S*

Suppen-Atmen (Seite 210): beruhigt das Nervensystem in Körper und Geist. *EU; A; E; L; S*

7-11-Atem (Seite 211): vermittelt tiefes Atmen und beruhigt. *EU; A; E; S*

11-7-Atem (Seite 212): vermittelt tiefes Atmen und erhöht das Energie- und Konzentrationsniveau. *D*

Stiller Seufzer (Seite 212): setzt negative Emotionen und Frustrationen frei. *EU; A; D; F; L; S*

Mit allen Sinnen atmen (Seite 213): vermittelt Atembewusstsein und Fokus. *EU; A; D; R; I*

Fünf-Finger-Atmen (Seite 214): beruhigt das Nervensystem in Körper und Geist. *EU; A; E; F; L; R; S*

Vier-Quadrat-Atem (Seite 215): beruhigt das Nervensystem in Körper und Geist. *EU; A; S*

Metta-Atem (Seite 215): kultiviert Mitgefühl für die eigene Person. *A; D; EI; E; L; R; S; T*

Der Raum dazwischen (Seite 216): verengt den Fokus und fördert die Aufmerksamkeit. *F*

Schmetterlingsumarmung (Seite 216): kultiviert Selbstmitgefühl. *EU; A; D; S; T*

Sensorischer Scan (Seite 217): baut ein Körpergewahrsein auf und fokussiert die Aufmerksamkeit. *EU; A; F; EI*

3-2-1-Kontakt (Seite 218): erdet und beruhigt Körper und Geist. *EU; A; F; L; S; T*

Entschleunigen (Seite 219): entspannt Körper und Geist. *A; L; S*

Innehalten und die Grundbedürfnisse überprüfen (Seite 219): bringt uns bei, wie wir unsere Grundbedürfnisse erkennen. *EI; I*

Nachdenken, bevor man spricht (Seite 220): fördert das Nachdenken über das, was man sagen will, und hilft bei der Impulskontrolle. *EI*

Stille suchen (Seite 220): erdet und beruhigt Körper und Geist. *EU; L; S, T*

Grüntöne (Seite 221): verlagert die Perspektive auf Positives hin. *EU; A; D, S; T*

Den Blick nach innen auf unsere Erfahrung richten (Seite 222): lässt uns Gedanken und Emotionen erkennen. *EI; L*

Mini-Body-Scan (Seite 222): lässt uns Emotionen erkennen, während sie im Körper entstehen. *EI*

Nörgelige Gefühle (Seite 223): bringt uns bei, wie wir Auslöser oder Stimmungen vorübergehen lassen. *A; D; EI; L; S; T*

Empfindungscountdown (Seite 224): verengt den Fokus und verlagert die Aufmerksamkeit. *F*

Geräuschcountdown (Seite 224): verengt den Fokus und erdet den Geist im gegenwärtigen Augenblick. *EU; A; F; L, I*

Zoomobjektiv und Weitwinkelobjektiv (Seite 225): verlagert die Aufmerksamkeit. *F*

Der Farbendetektiv (Seite 225): übt Aufmerksamkeit und Gewahrsein. *EU; F; L; T*

Mit anderen Augen sehen (Seite 226): visuelle Bewusstseinsübungen zur Änderung der Sichtweise. *EU*

Samurai-Augen (Seite 226): verbessert Aufmerksamkeit und Gewahrsein. *F*

Kinderaugen (Seite 226): verlagert die Sichtweise weg von einer depressiven Einstellung. *D*

Künstler-Augen (Seite 226): verlagert die Sichtweise. *A; D; F*

Einfach nur sein x 3 (Seite 226): erweitert die Sichtweise. *A; D; L; S; T*

Liebende Güte verschicken (Seite 227): fördert Mitgefühl und Selbstmitgefühl. *D; T; R; EI*

KAPITEL 13: ERLEUCHTETE GEMEINSCHAFT – EINE KULTUR DER ACHTSAMKEIT SCHAFFEN

Metta-Meditation (Seite 215): kultiviert Mitgefühl für die eigene Person und andere. *A; D; S; T*

Dank

Dieses Buchprojekt war mehr Montage als Kreation: Die Worte der Weisheit, die beschriebenen Praktiken, sind viel universeller als meine eigenen Worte und Beschreibungen. Ich habe versucht diejenigen ausfindig zu machen, die sie inspirierten oder zu ihnen beitrugen, um ihnen Anerkennung dafür zu zollen. Aber das ist bei einer mündlichen Tradition immer eine Herausforderung. Daher sage ich Danke zu allen in den nächsten Abschnitten Genannten und zu allen, deren Namen nicht aufgeführt sind, deren Geist aber zweifelsohne auf diesen Seiten zu finden ist.

Zuerst möchte ich meiner Frau Olivia Weisser danken, die mir geduldig zuhört, wenn ich weitschweifig von meiner neuesten Idee erzähle, und mir dann die Zeit und den Raum gibt, um daran herumzubasteln und sie aufzuschreiben. Autor zu sein erfordert viele Opfer und viel Unterstützung – nicht die eigene, sondern auch die der Menschen, die Autoren lieben! Und ich danke auch meinem Sohn Leo! Ich möchte mich bei meinen Eltern Ann und Norman Willard dafür bedanken, dass sie in mir die Liebe für Achtsamkeit und fürs Schreiben weckten. Und mein Dank gebührt ebenso meiner Schwester Mara Willard und ihrer Familie.

Mein Kollege Mitch Abblett las viele meiner Entwürfe und bot viele Einblicke in das Schreiben. Er ist, was andere Lehr- und Schreibprojekte anbelangt, der Partner geworden, von dem man nur träumen kann. Andere Kollegen und Kolleginnen sind Freunde und Unterstützer dieses Projektes geworden, wie Mark Bertin, Geoff Brown, Fiona Jensen, Adria Kennedy und Dzung Vo. Ihre Meinung zu bestimmten Kapiteln war mir sehr wichtig. Kristen Bettencourt war eine große Hilfe beim Durchlesen verschiedener Entwürfe und beim Index – keine leichte Aufgabe! Mein Dank geht auch an Mark, der mich meiner Agentin Carol Mann vorstellte.

Viele Mentoren standen mir in Zeiten der Frustration und Enttäuschung zur Seite, damit ich weitermachen konnte – mit meiner Sitzpraxis, mit der Psychotherapie, als Vater, als Autor. Ihre Worte klingen auch auf diesen Seiten nach. Chris Germer, Susan Kaiser Greenland, Maddy Klyne, Susan Pollak, Jan Surrey und Ed Yeats sind eine besondere Inspiration für mich und ich verbeuge mich in Dankbarkeit vor diesen meinen Mentoren. Joan Klagsbrun, Tom Pedulla und Ron Siegel, zusammen mit weiteren Vorstandsmitgliedern des Institute for Meditation and Psychotherapy, waren ebenfalls eine große Hilfe.

Viele Ideen haben ihren Ursprung in Gesprächen oder Vorträgen. Ich kann mich nur an einige wenige Namen erinnern: Chas DiCapua, Jeff Goding, Eddie Hauben, Brian Callahan, Ashley Sitkin und andere, die für viele kluge Worte und Praktiken in diesem Buch verantwortlich sind. Lee Guerette beschrieb die „Schwan- und Tiger-Energie". Ich dachte zuerst, „So gehen wie" gehe auf ein Gespräch mit einer Schauspiellehrerin zurück. Ich habe aber inzwischen eine ähnliche Praxis in Deb Schoeberleins Buch *Mindful Teaching and Teaching Mindfulness* entdeckt. Sam Himelstein teilte auf sehr großzügige Weise sein Wissen mit mir, wie man Zugang zu schwierigeren Kindern findet. Seine Gegenwart ist in Kapiteln 4 und 12 deutlich zu spüren. Wenn Sie jemals die Gelegenheit haben, an einem Workshop von ihm teilzunehmen, tun Sie das – ich kann es Ihnen nur wärmstens empfehlen. Die Gemeinschaft der jährlichen Bridging-Konferenz an der University of California in San Diego inspiriert mich immer wieder aufs Neue. Gespräche auf dem Gang und beim gemeinsamen Abendessen mit Steve Hickman und Alan Goldstein, Lisa Flook, Randye Semple, Meena Srinivasan und vielen anderen hallen auf diesen Seiten nach. Ich habe so viel auf Workshops des Programms Mindful Schools mit Vinny Ferraro, Megan Cowan und

Chris McKenna gelernt. Mein ganz besonderer Dank gebührt Vanessa Gobes, Francis Kolarik und Peter Rosenmeir, deren Namen und Präsenz auf diesen Seiten zu finden sind.

Ich danke meiner Agentin Carol Mann dafür, dass sie den Kontakt mit Sounds True herstellte, einem wirklich sensationellen Verlag. Und vielen Dank Jennifer Brown und allen in der Akquise von Sounds True, die mein Projekt unterstützten. Ein besonderer Dank geht an Amy Rost, die mich mit Einblicken durch das Lektorat führte, die ich selber nie gehabt hätte. Ich bedanke mich ebenfalls bei Steve Lessard, der mich durch das erste Audio-Programm führte, und bei Allegra Huston, meiner Korrektorin, die ihr großes Wissen ebenfalls mit mir teilte.

Vielen Dank an jeden, der jemals an einem meiner Workshops teilnahm oder anderswo mit mir zusammenarbeitete: an meine Kollegen und Kolleginnen des Mindfulness in Education Network, des Institute for Meditation and Psychotherapy, und an Zev Schuman-Olivier und jede und jeden am CHA Center for Mindfulness and Compassion.

Aber ganz besonders danke ich all meinen Patienten, den Kindern und Erwachsenen unter ihnen. Ihr seid der Grund, warum ich schreibe und unterrichte. Für euch bin ich Autor und Pädagoge.

Über den Autor

Dr. Christopher Willard ist Psychologe und arbeitet als pädagogischer Berater in Boston. Er hat sich auf Achtsamkeit mit Heranwachsenden und jungen Erwachsenen spezialisiert. Er praktiziert seit über fünfzehn Jahren Meditation. Zurzeit ist er Vorstandsmitglied des Institute for Meditation and Psychotherapy und des Mindfulness in Education Network. Dr. Willard hat fünf Bücher über kontemplative Praktiken geschrieben. Er lehrt an der Harvard Medical School und der Lesley University und war an Dutzenden von Schulen und Einrichtungen beratend tätig. Er hat ebenso Workshops auf vier Kontinenten gehalten. Seine Gedanken zur psychischen Gesundheit sind in Artikeln der *New York Times*, auf *CNN* (*cnn.com*), *ABC News* (*abcnews.com*) und anderen Medien erschienen.

Wenn er nicht gerade arbeitet, verbringt er Zeit mit seiner Familie, reist, kocht, isst, liest und schreibt oder beschäftigt sich mit jeder ihm möglichen Kombination dieser Tätigkeiten.

Sie finden Videos, Downloads und weitere Informationen über seine Workshops und Schulungen sowie eine Liste von Ressourcen zum Thema Achtsamkeit auf seiner Internetseite *drchristopherwillard.com*.

Weitere Literatur
aus dem Arbor Verlag

Christopher Willard

Kindlicher Geist – Anfängergeist

Wie Kinder durch Achtsamkeit zu innerer Ausgeglichenheit und Resilienz finden können

Das Interesse daran, Kinder mit der Praxis der Achtsamkeit vertraut zu machen, wächst beständig. Das Buch unterstützt sowohl Eltern als auch all diejenigen, die beruflich mit Kindern zu tun haben, Achtsamkeit in ihre Arbeit zu integrieren, und die Kindern und Jugendlichen im Erfahren der Grundlagen von Achtsamkeit und Meditation zur Seite stehen.
Christopher Willard liefert damit eine wichtige Grundlage für Menschen, die mit Kindern arbeiten, seien es Leitende von Kinder- oder Familiengruppen in Retreat-Zentren, Therapeuten oder im medizinischen Umfeld Tätige sowie in einer religiösen Tradition verwurzelte und im schulischen Bereich tätige Lehrende.
Das Buch soll es Kindern ermöglichen, die Kraft und Ausgeglichenheit zu erfahren, die aus dem bloßen Sein entspringt und daraus, aufmerksam und in Einklang mit sich selbst zu sein.

ISBN 978-3-86781-172-9

Susan Kaiser Greenland

Wache Kinder

Wie wir unseren Kindern helfen, mit Stress umzugehen und Glück, Freude und Mitgefühl zu erleben

Einzigartige und effektive Praktiken für den Alltag, die den Einfallsreichtum, das Konzentrationsvermögen und die Belastbarkeit von Kindern und Jugendlichen beleben.

Jede Mutter und jeder Vater sollte Wache Kinder lesen, das praktische Strategien vermittelt, wie man Jungen und Mädchen beibringt, mit Stress umzugehen und ihre Aufmerksamkeit auf das zu richten, worauf es wirklich ankommt.

Ein Gegenmittel zur rechten Zeit – gegen die hyperaktive Kultur der supervernetzten Turbokids, die abgekoppelt von sich selbst und anderen durch eine seelenlose Welt treiben.

Anhand wahrhaft packender Beispiele lädt Susan Kaiser Greenland uns ein, unser Leben zu öffnen – hinein in den Erfahrungsraum der Achtsamkeit, als einem Gesundheit fördernden, Stress reduzierenden und Mitgefühl erzeugenden Weg.

Ein grandioses und vor Einfallsreichtum berstendes Destillat der Essenz der Achtsamkeit – in einer altersgerechten, weisen und spielerischen Form zugänglich gemacht für Kinder, Eltern und Lehrer.

Jon Kabat-Zinn

Eines der besten Bücher über Achtsamkeit für Kinder, das ich jemals gelesen habe.

Jack Kornfield

ISBN 978-3-86781-047-0

Daniel Siegel & Tina Payne Bryson
Achtsame Kommunikation mit Kindern
12 revolutionäre Strategien aus der Hirnforschung für die gesunde Entwicklung Ihres Kindes

Ihr Kind hat mitten im Supermarkt einen Wutanfall? Ihre Fünftklässlerin schmollt auf der Bank, statt mit den anderen Kindern zu spielen? Haben Kinder die Absicht, ihren Eltern andauernd das Leben schwerzumachen? Nein – hier zeigt sich nur, dass sich das Gehirn Ihrer Kinder noch entwickelt!

In diesem richtungsweisenden praktischen Buch enträtseln der Neuropsychologe Daniel Siegel und die Erziehungsexpertin Tina Payne Bryson die emotionalen Zusammenbrüche und ausweglosen Situationen im Leben mit Kindern. Für jeden verständlich, erklären sie die neuen wissenschaftlichen Erkenntnisse über die Prägung und Entwicklung des kindlichen Gehirns. Durch die Anwendung dieser Erkenntnisse auf das tägliche Leben mit Kindern können Sie Wutausbrüche, Streit oder Ängste zu einer Gelegenheit machen, um die Integration des Gehirns Ihres Kindes zu unterstützen und wirkliches Wachstum zu ermöglichen.

„Jeder, der für Kinder sorgt oder der ein Kind liebt, sollte dieses Buch lesen."

Daniel Goleman

ISBN 978-3-86781-082-1

Online

Umfangreiche Informationen zu unseren Themen,
ausführliche Leseproben aller unserer Bücher,
einen versandkostenfreien Bestellservice und
unseren kostenlosen Newsletter. All das und mehr
finden Sie auf unserer Website.

www.arbor-verlag.de

Mehr von Christopher Willard:

www.arbor-verlag.de/christopher-willard

Seminare

Die gemeinnützige *Arbor-Seminare gGmbH* orga-
nisiert regelmäßig Seminare und Weiterbildungen
mit führenden Vertretern achtsamkeitsbasierter
Verfahren. Nähere Informationen finden Sie unter:

www.arbor-seminare.de